反日種族主義との闘争

李栄薫［編著］

文藝春秋

日本語版　序文

　この本は、前作である『反日種族主義』に対し提起された数々の批判の中で、重要だと思われるいくつかを選別し、それに対し反論したものです。その過程で我々は、前作で披瀝《ひれき》した我々の主張に深刻な誤謬《ごびゅう》を見つけることはできませんでした。ただ、いくつかの主題に関してはより詳論する必要を感じ、その結果、この本は前作に比べ、竹島《たけしま》（韓国で言う独島《トクト》）紛争と、いわゆる〝強制動員〟について、より多くの紙面が割り当てられています。

　竹島紛争について執筆した私に、韓国のある読者は、これで韓国側の主張は事実上解体されたも同様だ、という感想を伝えて来ました。だからと言って、韓国の多くの読者は誤解しているようですが、私が日本側の主張を支持している、というのではありません。私は、領土の変更はどこまでも政治的、軍事的次元の問題だと考えています。そのような視点から私は、一九五二年に李承晩《イスンマン》大統領が竹島を韓国領に編入した措置は、強大国米国と日本を相手にした新生大韓民国の精神的独立を宣布した事件であり、一九六五年に朴正煕《パクチョンヒ》大統領が竹島紛争を知恵深く収めた措置は、韓国人が心に銘じ継承すべき進取的事件であることを強調しました。

二〇一八年、韓国の大法院（日本で言う最高裁判所）が新日鉄住金（現日本製鉄）に対し、戦時期に旧日本製鉄で働いた韓国人四名に慰謝料を支給するよう命ずる判決を下したことは、一九六五年に日韓両国が国交を正常化し締結した基本条約（日韓基本関係条約）自体を否定する暴挙、と言うことができます。共著者である朱益鍾《チュイクチョン》、李宇衍《イウヨン》の両氏は、訴訟を起こした四名の原告の「強制連行され虐待を受けた」という主張の大部分が、捏造《ねつぞう》された嘘であることを実証的に明らかにしました。たいへん残念なことに韓国の大法院は、その嘘を〝基礎的事実〟として裁判の前提にし、両国間の関係を破綻に導く判決を下しました。

両国間の関係だけではありません。前作『反日種族主義』韓国語版のサブタイトルは「大韓民国　危機の根源」でした。そのタイトル通り、この国の国家体制自体が、数年先が予想できないほど深刻な危機に逢着しています。この国の政治、社会、文化に深く潜在する種族主義、その野蛮性が、危機の根本原因です。身に危害が及ぶかも知れない状況下にありながらこの本の刊行に加わった八名の共著者は、種族主義の野蛮性を告発することがこの国の発展に大いに役立つ、という確信を共有しています。去る一年を回顧すると、我々の努力が無駄ではなかったということに気づきます。その間、政府や言論がいくたびか反日感情を煽りましたが、それに対する国民の反応は冷静でした。まだ楽観はできないものの、過去のような無分別な反日煽動の時代は過ぎ去ったようです。

前作『反日種族主義』日本語版の序文に私は、その本を通して「両国の自由市民の（国際的）連帯が結成され強化されるならば、これ以上望ましいことはない」と記しました。そのような期待は、この本の日本語版刊行に当たっても同様です。

前作に続きこのたびの出版でも、産経新聞の久保田るり子記者（編集委員）の仲介役としての役割が重要でした。文藝春秋の小田慶郎氏は、前作と変わりなく編集と校閲に力を注いでくださいました。前作と同様に日本語への翻訳は、ソウルの鈴木喜久子さんと大阪の林寿泉《イムスチョン》さんが引き受けてくださいました。以上の方々に、紙面を借りて深く感謝の念をお伝えします。

二〇二〇年九月

李承晩学堂校長　**李栄薫**《イヨンフン》

韓国語版　はじめに

二〇一九年七月に刊行された『反日種族主義』は、共著者の一人である私にとって自由人の宣言のようなものでした。韓国の種族主義が強要した自己検閲によって実に長い間できずにいた話を、みなすっきりと明かすことができたからです。一編、二編とペンを進めながら、いかなるタブーも設けまい、と固く決心しました。そうして大きな解放感を味わいました。大学で三三年間研究・教員生活を送り、韓国社会から大きな恩恵を受けましたが、それに対する最小限のお返しはできただろう、という安堵感も感じました。

刊行後、『反日種族主義』は、主要書店で総合ベストセラー一位になりました。いくつかの偶然の要因があったとはいえ、基本的に多くの韓国人がこの本を通し、解放と自由の喜びを味わうことができたからではないかと思います。「これ以上幻想的、狂信的種族主義で外交と通商をするわけにはいかない。そのような低級な知性では先進的な国民統合を成すことはできない。自由で、寛容で、互恵の国内・国際社会を建設して行かなければならない」。『反日種族主義』が投げかけた対国民メッセージは、こういうものでした。

初めから予想はしていたことですが、良いことばかりではありませんでした。大学と言論の周辺を彷徨《ほうこう》する種族主義の群像からは、強烈な抵抗と罵倒がありました。彼らの開催した何度かの討論会に、我々は招請されませんでした。前作は、まだわずか六名の研究者が提起した少数意見に過ぎないのに、そんなにも歴史的事実を直視するのが辛いのでしょうか？　その討論会は、怒りに満ちた群衆を陪審員にした人民裁判のようなものでした。彼らは我々を〝反民族〟あるいは〝与敵（裏切り者）の群れ〟と断罪し、「特別法を制定してでも口にくつわを嵌《は》めなければいけない」と主張しました。

この本は、この一年我々に降り注いだ批判に誠意をもって答え、加えて、前作では説明の足りなかったところを補充したものです。どうかこの本が、我々を支持する読者の皆さんに大きな解放と自由の喜びとして迎えられることを願ってやみません。金洛年《キムナクニョン》教授をはじめとした以前の編集陣が、身に降りかかるかも知れない危険をものともせずに引き続き関与してくださったことに、深い感謝の辞を呈します。それに加え嶺南大学校経済学科の車明洙《チャミョンス》教授は、日政期[注1]の韓国人の生活水準に関する貴重な論考を寄稿してくださいました。車明洙教授は、韓国経済史学界の代表選手として国際的に最も広く知られた研究者です。また、ＭＢＣ報道局出身の朴尚厚《パクサンフ》先生も、中国共産革命と反日感情の実体について、示唆豊富な内容の論考を寄稿してくださいました。

注1　**日政期**：日本による植民地時代。日帝期とも言う。近年韓国では日帝強占期とも呼ぶようになった。

お二人の参与で、この本の学術的水準が以前に増して高くなりました。
前作と同様にこの本の出版を引き受けてくださった未来社の高栄倈《コヨンネ》社長に、感謝の辞を申し述べます。良い本を作るため、創意的なアイデアで編集と校閲の作業を引き受けてくださった作家朴智英《パクチヨン》先生に感謝いたします。そして何よりも、国内外各地で李承晩学堂を後援し、良い本を作るよう激励の言葉を送ってくださる皆さまに、この場を借りて深く感謝申し上げます。

二〇二〇年五月

李承晩学堂校長　**李栄薫**《イヨンフン》

反日種族主義との闘争◉目次

第2編 戦時動員

第3編 独島

装丁：石崎健太郎
本文デザイン・DTP：土屋文乃
図表作成：エヴリ・シンク
編集協力：久保田るり子、西岡力
編集補助：嶋津弘章

〈編集部より〉

●本書は『反日種族主義』（韓国・未来社、二〇一九年七月刊）に続いて刊行された『反日種族主義との闘争』（韓国・未来社、二〇二〇年五月刊）の日本語版です。ただし、全てを訳出したわけではなく、著者らの判断で元版の第10章「学徒志願兵の〝時代的奮闘〟だって？」（鄭安基《チョンアンギ》）、第15章「土地調査事業のとき虐殺があっただと？」（朱益《チュイク》鍾《チョン》）、第22章「『日帝種族主義』の荒唐無稽な統計解析」（金洛年《キムナクニョン》）、第25章「我々は〝抗日戦争〟によって解放されたのですか？」（金容三《キムヨンサム》）の四つの章は割愛しています。

●本書に登場する人名については、「教授」「記者」などの肩書や「先生」「様」などの敬称は、原則として省略しています。

●韓国語による読みは、人名や、必要と思われる語句（両班《ヤンバン》など）に限り、原則として各章の初出にルビを付しました。人名のルビは、音便化などのために実際耳に聞こえる音とは異なる場合があります。

●文中で研究や論考について引用・叙述したあとに、（ ）を付けて研究者名、発表年、当該資料の掲載頁数等を示している出典情報は、原則として各章末の参考文献リスト、ないしは巻末の参考文献一覧にその詳細なデータがあります。なお、その際、研究者名のあとにａあるいはｂが付いているものがあります。このａ・ｂは、同じ発表年に二つの研究や論考があって、その二つを区別するための符号です。

プロローグ：幻想の国

李栄薫《イヨンフン》

新型コロナウイルス

この国の精神文化は、その起源が中世にある、あらゆる幻想に支配されています。現在世界中で、中国湖北省の武漢で発生した新型コロナウイルス（COVID-19）感染症が猖獗《しょうけつ》を極めています。それを話の糸口として、この国が幻想の国であることを説明して行きます。

ワクチンも、これといった治療薬もない感染症の流行で、国民は恐怖に陥り、諸般の社会活動は麻痺しました。まさしく人間と自然との闘いです。人間が、生存のために科学を武器にして自然を相手に闘う戦争なのです。しかし、文在寅《ムンジェイン》政権は、新型コロナウイルスに対する防疫を政治と外交の領域と捉え、そのレベルの対応をしています。

例えば、新型コロナウイルスの感染者が韓国で出たとき、イスラエル政府は韓国人の旅行客の入国を拒否しました。すると、我が外交部（日本で言う外務省）はそのことに強く抗議し、再びそうした措置を取らぬよう要請しました。私はその点が理解できません。イスラエル政府の措置は、自国民の健康のために自然を相手に繰り広げる戦争の一環なのです。韓国人だけを対象にした差別でも何でもありません。それなのに、イスラエル国民の健康に責任を持たない我が政府が抗議をしました。要するにこの国の政府は、各国が自国民の健康のために一種の自然権として保有する防疫の権利と、双務的交渉の外交を混同したのです。イスラエル政府の措置に対して我が政府ほど不快な態度を示した国はないと思います。それほど、この国の政府を支配する精神文化は独特なものだと言うことができます。

さらに私が理解できないのは、新型コロナウイルスの発生地である中国に対する、我が政府の態度です。去る一月二〇日、中国から渡航して来た女性が最初の患者として確認されて以来、大韓医師協会をはじめ多くの専門家団体は、中国から渡航する旅行客の入国禁止を政府に要請しました。しかし、政府は無視しました。中国湖北省から出発する旅行客の入国だけを禁止しました。その間、新型コロナウイルスに感染していたかも知れない中国からの旅行客が、一日一万人以上国内に入って来ました。二月の中旬以降、国内で新型コロナウイルスが急速に猖獗を極めたのは、政府のこのような安易な防疫が大きな原因の一つに見えます。

その渦中、文在寅大統領は中国の習近平主席に慰労の電話をかけ、韓国と中国は「運命共同体」だと言いました。補佐官たちとの会議で大統領は、「中国の痛みは、そのまま我らの痛みだ」と言いました。大統領が中国から来る旅行客の入国を禁止しなかったのは、そのような親善外交の立場からです。しかし、問題のレベルは自然を相手に闘う戦争です。政府間の外交や通商のレベルではないのです。中国の血盟と言える北朝鮮さえも迅速に中国との人的交流を遮断したのは、そのレベルからすれば当然で賢明な措置です。北朝鮮の措置に対して、中国政府が遺憾の意を表明したり、抗議をしたという話を聞いたことがありません。ともあれ、文在寅大統領は、防疫の問題を外交のレベルで取り扱い、その結果、新型コロナウイルスが国内に広く伝播することにひと役買いました。中国の痛みは、本当に我々の痛みになってしまいました。

運命共同体

「中国と我々とは運命共同体だ」という文在寅大統領の発言は、今回が初めてではありません。以前にも二、三回ありました。私は、〝民族〟を「歴史的に形成された運命共同体」と定義して来ました。したがって、私は大統領の言葉が理解できません。「運命共同体」というのは中国の政治家や学者たちがよく使う言葉です。歴史的に中国は、世界の中心として周辺の小さい国々を〝徳〟をもって世話をし、周辺の国々は中国に〝誠《まこと》〟をもって仕えた、それだから世界は中国を中心とした「運命共同体」だった、と言うのです。中国の習近平主席は、彼が提唱する〝中国の夢〟の基本精神がこのような国際的紐帯《ちゅうたい》の共同体意識であることを、さりげなく強調して来ました。文大統領の言う「運命共同体」も、そのような意味に解釈するしかありません。文大統領は韓国の未来を〝中国の夢〟の一環として設定しており、その点を機会のあるたびに露わにしています。文在寅大統領は、正しいか間違っているかに関係なく、非常に強靭な理念の政治家です。

私は、大統領のそのような理念を受け入れることができません。彼が固執する理念の政治は、韓国の自由民主主義が立脚している〝共和〟の枠を越えています。しかし、半数の国民は大統領の発言を支持しています。彼と政権を争う野党さえも、それを容認しているのか無視しているのか、沈黙しています。大学と言論界も同じです。前作『反日種族主義』の中で私は、「韓国の大学は嘘の温床だ」と記しました。その言葉は今もなお有効です。この国の大学は魂のないゾンビのようです。果たして中国と我々とは「運命共同体」なのでしょうか？　なぜこの問題について討論しないのでしょうか？　突拍子もない話に聞こえるかも知れませんが、問題の根源は、大統領をはじめ多くの国民を今もなお支配している、中世起源の幻想にあります。

湖はどこに？

一つ例を挙げます。この国の国土感覚に関したものです。

この国の西半分は〝湖の地〟ということになっています。忠清北道と忠清南道を指して「湖西」と言い、全羅北道と全羅南道を指しては「湖南」と言います。湖西と湖南ほど広く使われてはいませんが、京畿道、忠清北道、忠清南道を合わせた「畿湖」という地域別称もあります。つまり、この国の東半分である江原道、慶尚北道、慶尚南道を除いた西半分の五つの道は、全て〝湖の地〟なのです。しかし、「その湖は、どこにあるどのような湖か？」と聞かれると、誰も答えられません。答えたとしても辻褄《つじつま》が合わないデタラメです。国の半分が湖の地なのに、その湖が、どこにあるどのような湖か知らない、あるいはデタラメしか答えられないというのは、おかしくありませんか？　答えから言いますと、それは幻想の湖です。

記録を探ると、湖南という地域別称が出て来るのは一四世紀末からです。湖西は一六世紀からで、畿湖は一七世紀からです。湖南と湖西という言葉が民間で日常的に使われるようになるのは、一六世紀末の壬辰《じんしん》倭乱注2以後からです。それが公式化されるのは、朝鮮王朝が各道から収めた大同米《だいどうまい》注3を管理する倉庫として、一六五二年に湖西庁を、一六五七年に湖南庁を設立してからです。

一七世紀後半になると、「全羅道を湖南と別称で呼ぶのは、碧骨堤という大きな湖が全羅道の北辺の金堤にあるからだ」という何人かの学者の解説が出て来ます。しかし、もしそうだとすると、全羅道より北に位置する忠清道は、湖西ではなく湖北でなければなりません。この矛盾を解決しようと、一八世紀に「忠清道が湖西であるのは、堤川の義林池があるからだ」という解説が出て来ますが、これも要領を得ないものです。義林池は、地域の境界になるほどの大きい湖でないだけでなく、忠清道の最北端にあるからです。義林池が理由ならば、忠清道も湖南にならなければなりません。そのため一九世紀の大学者である丁若鏞《チョンヤクヨン》（丁茶山《チョンダサン》）は、「湖南と湖西の言葉に対してあれこれの説明があるが、自分としては信じ難い」と記しています。その通りだと思います。

そうこうするうち一八世紀末、朝鮮王朝の為政者たちはいつの間にか、前述した一七世紀後半に出された説の、「全羅道の北辺の金堤に碧骨堤というとてつもなく大きな湖があった」という幻想を再び抱くようになりました。一七九八年六月、ひどい旱魃《かんばつ》が起こりました。国王の正祖《チョンジョ》

注2　**壬辰倭乱**：日本で言う文禄・慶長の役。1592～98年、豊臣秀吉の命を受けた日本軍が朝鮮全土に侵入した。

注3　**大同米**：王朝に上納される米。17世紀に実施された大同法により、それまでの鉱産物、水産物、毛皮などの現物に代わって、米が上納されるようになった。

は、「以前は碧骨堤があって、その大きさは一二の郡県を合わせるほどだったのに、今は湖が塞がれて昔の姿を見ることができない、非常に残念だ」と嘆きました。金堤と、それを巡る一一の郡県を列挙すると、万頃、臨陂、沃溝、益山、全州、金溝、任実、泰仁、井邑、古阜、扶安です（図0-1参照）。今日の全羅北道のほぼ半分に該当する、直径四〇キロメートルに達する大きさです。そんなに広い超大型湖が、正祖が描いた碧骨堤のイメージでした。正祖は「湖南と湖西という言葉ができたのは碧骨堤のためだ」とも言いました。正祖のこのような発言があってから数カ月後、地方のある儒生は上疏[注4]の中で、「今、碧骨堤を昔の姿のままに復元すると、全羅道は永遠に凶年にならず、中国の蘇州や杭州のように暮らしやすい所になる」と主張しました。

国王の正祖や地方の儒生が持っていた碧骨堤への理解は、幻想でした。ここで詳しく説明することはできませんが、金堤は、全国の三百三十余りの郡県の中で最も標高の低い海岸低地帯です。碧骨堤は、元々海水の浸入を防ぐための防波堤として造られた、三国時代（四~七世紀）の遺跡です。堤防の高さは五メートル程度に過ぎません。そんな見すぼらしい堤防で一二の郡県にわたる巨大な湖を囲ったと思うのは、碧骨堤の遺跡を一度も見たことのない人々の妄想に過ぎません。中国の蘇州と杭州は、「豊年になれば天下足る」と言われたほどの広闊で肥沃な稲作地帯です。蘇州と杭州こそ真の湖の郷です。一望無際[注5]に広がる水田が湖の上に浮かんでいる、と言えるほどです。朝鮮王朝の支配層は、碧骨堤を復旧すれば湖南（全羅道）がそんな蘇州や杭州のようになる、と想像しました。山地が国土のほぼ八割を占める国にいながら、とんでもない思い違いをしていたのでした。

注4　**上疏**：臣下が王に書をもって自分の意見を伝えること。
注5　**一望無際**：一目で見ることのできないほど遠くて広い様子。

図0-1　湖西・湖南関連地図

朝鮮王朝は、中国の明《みん》の諸侯国として樹立されました。朝鮮という国号は箕子《きし》朝鮮注6に由来します。中国から渡った聖人である箕子の道統を継ぐ、という趣旨でした。そのような歴史意識から朝鮮王朝の支配層は、自分たちの国土さえも、次第に中国的な風景であるかのごとく感じ取るようになりました。中国の湖南省には、直径が三〇〇キロメートルにも達する洞庭湖という湖があります。中国の湖南と湖北の二省は、洞庭湖を境界にしています。中国人たちは、洞庭湖周辺の八カ所を「瀟湘《しょうしょう》八景」と呼び、「天下第一の景色だ」と自慢しました。朝鮮のソンビ注7たちは、瀟湘八景を素材にして詩を作りました。朝鮮の画家たちは、瀟湘八景をモデルにして想像の風景画を描きました。両班《ヤンバン》家の主人部屋には、瀟湘八景が描かれた屛風が広げられていました。「山水屛風」と言います。

そうした幻想の詩と絵が作られている間に、朝鮮の国土は徐々に中国的風景に変わって行きました。彼らは、碧骨堤を中国の洞庭湖であるかのごとく感じ取り、同時に碧骨堤があった全羅道を湖南と呼びました。続いて忠清道を湖西と呼びました。方位感覚上、湖南とはまったく無関係だったのにそう呼んだのは、それもまた中国風に作られた名前だったからです。

大報壇

国土感覚だけではありません。生と死の原理に対する精神世界が、中国化しました。一七〇四年、朝鮮王朝は、壬辰倭乱に際し援軍を派遣してくれた明の万暦《ばんれき》帝を祀る大報壇を、宮中の後苑

注6　**箕子朝鮮**：紀元前11～前2世紀に朝鮮にあったとされる国。国を建てた箕子は殷の紂王（ちゅうおう）の親族という。
注7　**ソンビ**：漢字の「士」に該当する固有韓国語（日本語における訓読みのようなもの）。

の奥に建立しました。一七四九年には、明の始祖で朝鮮という国号を下賜した洪武《こうぶ》帝と、明の最後の皇帝である崇禎《すうてい》帝を、追加で祀りました。大報壇での年間の祭祀は、三人の皇帝の即位日、忌日、そして三月の春享《しゅんきょう》大祭[注8]と、全部で七回行なわれました。三人の皇帝を同時に祀る春享大祭は、国王が文武百官[注9]を引率して自ら執り行なう、最高レベルの国家儀礼でした。一七九三年、正祖は、大報壇での春享大祭を終えてから、次のような教旨を発しました。

我々の東国が東国たる所以《ゆえん》は大報壇にある。九州が暗く四海に蛮族の臭いが満ち溢れているのだから、洋々たる皇帝の霊魂が、我々の東方でなくてどこにお戻りになれるのか。供物を捧げ、身体を起こし、屈んでいたら、涙で襟が濡れていたのにも気づけなかった。

正祖の教旨は、朝鮮の精神世界を貫徹した幽霊と祭祀の原理を前提にしてこそ、正しく理解できます。単純に、諸侯国の王として天子を誠意を込めて祀ることで臣下たちから王自身に対する忠誠心を誘発する、といった政治的パフォーマンスとだけ見てはなりません。正祖は、祭祀を執り行なう途中、三人の皇帝の霊魂が目の前に本当に現われて、彼が捧げる供え物を歆饗《きんきょう》[注10]し降福する場面を、まざまざと体験したのかも知れません。民間の孝心深い息子が、三日前から身を清めて父親の祭祀を誠意を尽くして執り行なうと、父親が目の前に現われて微笑み、「息子よ、ご馳走になった、ありがとう」と言いながら祝福してくれるのと、同様の原理であり感覚です。

そのように朝鮮王朝は、現世を彷徨《さまよ》いながら子孫が呼んでくれるのを待っている祖先の霊魂に、

注8　**春享大祭**：春に行なわれる大きな祭事。
注9　**文武百官**：国王周辺の文武両班を合わせた臣下たち。
注10　**歆饗**：神が祭祀の礼を受けること。

支配される国でした。そのような世界で王は、生きている者たちの宗主であるだけでなく、死んだ幽霊たちの宗主でもありました。王室の至高の権威が歴代国王の霊魂を祀る宗廟祭礼に基づいていたのは、そのような理由からです。さらに、一八～一九世紀の朝鮮王朝の国王たちは、大報壇での祭祀を通じて明の皇帝たちの霊魂と接触し、既に消滅した明の皇室の一員として昇格しました。朝鮮の王朝は、その血統が中国化したのです。そのため、蛮族の臭いで満ち溢れる四海の中で独り、中華の嫡統を燦然《さんぜん》と輝く状態で保存したのです。

私は、拙著『世宗《セジョン》は果たして聖君なのか』（二〇一八年刊）の中で、「朝鮮王朝の国家体制は、中国の皇帝を頂点とした〝天子 - 諸侯 - 大夫 - 士 - 庶 - 賤〟の位階により組み立てられた礼の国際秩序をその本質とする」と主張しました。「そのような国家体制の原理は、朝鮮王朝の五〇〇年間、政治と外交を超えて物質生活と精神生活の隅々にまで行き渡り、それに相応する〝文化的遺伝子（meme《ミーム》）〟を生成した」と指摘しました。前に言及した湖南と湖西という別称が生まれる過程は、そのような国家体制が整備される過程と、歴史の軌を一にします。自ら複製能力を持つ遺伝子は、環境が変わったとしても簡単には消滅しません。朝鮮王朝が滅びた後も、国土を中国の一部、国体を中華帝国の一環であるかのごとく感じ取る〝文化的遺伝子〟は、姿を変えながら生き残りました。私は、「中国と我々とは『運命共同体』である」と規定した文在寅大統領の発言は、このような長期持続の観点からこそ、その歴史的脈絡を正しく把握できると思います。

文化的遺伝子の複製

韓国史学界の元老である韓永愚《ハンヨンウ》教授が著述した『取り戻す我々の歴史』（一九九七年刊）は、韓半島の地理環境に対する叙述から始まります。そこで韓教授は、「我が韓国人は、伝統的に国土を生命体と見なす独特な地理観を持っている」と指摘しています。正しい話です。私は『反日種族主義』の中でそれを「シャーマニズムと風水地理に立脚した、韓国特有の〝国土身体論〟である」と定義しました。韓教授の国土生命体論は、周辺国家との関係を巡り次のように展開されます。

韓半島は、人間が両足を広げて西方の中国に向けて手を広げているような形をしている。韓国と中国は、地理的にも、歴史的にも親しい。しかし、日本とは背を向けているような形だ。韓国と日本は、地理的にも歴史的にも親しくない。

韓教授自身は意識しなかったかも知れませんが、彼の国土生命体論は、一八世紀中頃に李重煥《イジュンファン》注11が書いた『択里志』のそれとほぼ同じです。李重煥は「我が国は、老人のような姿の地勢で西方に顔を向けて揖《ゆう》す（両手を前に組み合わせて挨拶する）形状で、昔から中国と親しい」と記しました。韓教授は、若いときに読んだ『択里志』のこの内容を、無意識のうちに複製して後

注11　**李重煥**：実学者。1690年～？。全国を訪ね歩いて地理、社会、経済を研究し、その成果を『択里志』としてまとめた。

世に伝える役割を立派に遂行したのです。それで私は、「朝鮮王朝を貫徹した国土感覚は、王朝が滅びた後も姿を変えながら、今に至るまで存続したのだ」と言うのです。

その文化的遺伝子を複製し伝達する役割は、大学の歴史学だけが果たしたのではありません。我々の政治、社会、教育、芸術など全ての分野で、誰も意識しないうちに、複製者と伝達者の役割が忠実に遂行されて来ました。

再び文在寅大統領の精神世界に戻ってみましょう。彼と同年輩の私は、彼がどのような教育環境で成長したのか充分に推測することができます。私と同世代と思われるある詩人が、自分の幼少期を回顧しながら「私たちは放牧されていた」と言いました。その言葉のように、我々は荒野に投げ出されたままで育ちました。高級な教養教育を受けたことがありません。教えることのできる先生もいませんでした。文明としての近代の本質は何なのか、近代の基底を成す根本要素と言える個人、私権、自由、市場とは何なのか、それがどのように人間内面の幸福を高めて行くのかを、読書し、探求する機会に恵まれていませんでした。そのような荒涼とした心性からすれば、近代とは、もっぱら資本と権力だけを求める暗い欲望の産物であるかのように思われました。我が世代にとっての近代は、それを打ち破ろうとする革命の、狂気のトートロジー（同義反復）でした。

このような私や大統領の世代の心性に火をつけたのは、私の記憶では、一九七〇年代に李泳禧《リヨンヒ》が書いた『転換時代の論理』と『八億人との対話』が初めてで、大流行したのは一九八〇年代の、宋建鎬《ソンゴンホ》、姜万吉《カンマンギル》、朴玄埰《パクヒョンチェ》などが編集した『解放前後史の認識』シリーズの六冊です。これらの書籍によって、今日この国の政治を左右する、いわゆる〝民主化勢力〟の歴史観が完成しました。前者は、当時、中国の毛沢東が主導した文化大革命がいかにヒューマニスティックなものだったのかを強調しました。後者は、この国が米国の植民地として従属権力と買弁資本の支配下にあることを力説しました。反面、北朝鮮は、民族・民主革命を遂行した基地として評価されました。『解放前後史の認識』シリーズは最後の巻で、「韓国の民族・民主革命のためには北朝鮮の主体《チュチェ》思想の指導を受ける必要がある」と力説しました。

周知のように、文在寅大統領を政界に導いた、彼が秘書室長として仕えた盧武鉉《ノムヒョン》大統領は、『解放前後史の認識』を教科書にこの国の歴史を勉強しました。文大統領も同じでしょう。その精神世界では、中国は人本主義に溢れる革命の国です。将来、米国に代わって世界をリードする先進文明の国です。北朝鮮は、米国の圧迫を受けて物質的には苦しいが、精神的には豊かな国です。韓国の物質と北朝鮮の精神を統合する必要があります。つまり、低い段階の連邦制を通じた平和統一の道なのです。それが、韓国で実現できなかった民族・民主革命の道です。私は、このような歴史認識もやはり、中国を世界の中心と見なした、自国の国体を中華帝国の一環と見なした、朝鮮王朝が培養した文化的遺伝子の複製版だと思います。

地球は丸い

このような精神文化の中では、地球はいまだに平らな大陸です。韓国の〝民主化勢力〟は、ユーラシア大陸を渡って来た革命の歴史と哲学を、つまり、一七八九年のフランス革命、一九一七年のロシア革命を経て一九四九年の中国革命（中華人民共和国樹立）へと続く革命の連鎖を、世界史の主流と見ています。しかし、これらの革命は全て失敗しました。中国の文化大革命がどれほど反人間的だったかは、説明する必要もありません。その革命の連鎖が、北朝鮮ではどのような地獄図を描いたのか、指摘するのも恥ずかしいほどです。しかし、彼らはその点を認めていません。文大統領が、就任初期に中国を訪問して「毛沢東主席を尊敬する」と表明したのは、また後で、「中国と我々とは『運命共同体』だ」と宣布したのは、このような世界観と歴史認識からです。

しかし、地球は丸いのです。一七世紀末、英国で始まった名誉革命が、大西洋を渡って一八世紀末にアメリカ革命（独立戦争）を起こし、それが一九世紀半ばには太平洋を渡って日本に至り、とうとう我が朝鮮に上陸しました。それは、自由と通商の理念が海を渡って西進した歴史でした。この国の政治勢力は、海を渡って西進した自由と通商の歴史と哲学を知らず、大陸を東進した革命の歴史だけが真の世界史だと思っています。そのようにして成立したユーラシア大陸中心の革命史観は、前述した中国中心の国土生命体論と絶妙に結合します。中国をG2だと高く評価する国は、地球上に韓国しかないそうです。このように、政治理念の左右とは関係なく、人々は伝統社会が生成した中華史観を熱心に複製し伝達して来ました。

ヤヌスの二つの顔

文在寅政府とその支持勢力は、ヤヌス（古代ローマの双面神）の二つの顔を持っています。いや、全ての韓国人の顔がそうかも知れません。一つの顔は、中国に向け、両手を広げて笑っている顔です。〝運命共同体論〟で生まれ変わった親中事大主義の顔です。他の顔は、日本に向け、腕を組んで顔をしかめている顔です。前作で説明した〝反日種族主義〟の顔です。

去る三月五日、日本政府は、新型コロナウイルスの拡散を遮断するために、韓国と中国からの入国者を二週間、隔離収容し、両国人に発給した既存のビザの効力を停止し、両国から出発した飛行機が着陸する空港を制限することを決定しました。それに対して中国政府は、「自国と外国市民の健康と安全のための、科学的かつ専門的で適切な措置だ」と評価した後、新型コロナウイルスの拡散を防止するため日本との協力を強化したい、という立場を表明しました。

しかし、韓国政府の態度はまったく異なるものでした。「非科学的で非友好的」な措置だと規定した上に、「その政治的底意が疑わしい」と逆上しました。外交部長官（日本で言う外務大臣）は在韓日本大使を召致しました。日本大使が腰を折って挨拶したにもかかわらず、顔を横にそむけ、怒った表情をしたのです。握手もしなかったそうです。私は、新聞に報道された長官の顔を見て、我々の〝反日種族主義〟の仮説がまたも立証されたようで、悲しい気持ちになりました。

その一〇日前だと思います。中国政府が韓国人の旅行客を相手に日本政府と同様の措置をとりましたが、そのとき我が政府は、何の反応も示しませんでした。その反面、日本政府の措置には逆上し、直ちに同様の措置で対抗したのです。その措置を説明する、外交部のスポークスマンの記者会見が開かれました。ある外国人記者が「中国政府の措置は非科学的で非友好的なものでなかったということか」と聞きました。するとそのスポークスマンは、しばらく答えられませんでした。私は、その外国人記者は無駄な質問をしたと思います。韓国人には、世界の市民が納得することのできない、ヤヌスの二つの顔があります。記者はそれを知らず、外交部のスポークスマンは、それを合理的に説明しようがなかったのです。

事実が勝利する!

去年の七月、我々の『反日種族主義』が出版されたとき、主要言論機関と左派勢力が見せた反応は、「この国は種族主義社会だ」という我々の仮説を充分に証明してくれる、その程度のレベルでした。主要言論機関は、最初から沈黙することで我々の本の普及を妨げました。歴史学界の本陣も沈黙しました。しかし、大学と言論の周辺をうろつく左派運動勢力は逆上しました。我々にありとあらゆる形態の憤怒《ふんぬ》と罵倒の言葉を浴びせかけました。ある小説家は、「新反民族行為処断法」を制定してでも我々を処断しなければならない、と主張しました。彼の言う歴史は、彼らが作り出した幻想に過ぎないものなのにです。教授出身で現政権の核心の一人であるある政治家は、我々を「反逆売国親日派」と罵倒しました。また、他のある有名な教授は我々を、日帝のために命を捧げる「回天」だ、と糾弾しました。回天とは、日帝が米国との戦争末期に開発した人間魚雷です。ある法学教授は私を名指しして「学問的人生は終わった」と言いました。私が一生をかけてどのような研究をし、どのような成果を挙げて来たのかも知らないはずの人物です。

近代化は、単に法と制度の問題だけではありません。前近代と近代の間には、簡単に渡れない文化と宗教の渓谷があります。韓国の知性史において、このような近代の関門を突破しようとする努力はあまり見られません。それがゆえに今でも、『反日種族主義』においても強調しましたが、朝鮮王朝がどのようにして滅びて行ったのかを知らないのです。未だにこの国が、どのようにして建国されたのかを知らないのです。それだから「滅びるのにも、再建するのにも失敗した」と記したのです。文化と宗教のレベルで近代の関門を通過したことがないので、未だに中世的幻想、狂信、偏見、憎悪が横行しています。

しかし、我々は勝利します。まだ少数派ではありますが、『反日種族主義』は相当数の読者層を確保できました。以前は期待できなかった新しい現象です。やはり歴史は少しずつ進歩しています。

ある従属状態の後進国が自由で独立的な国家として立ち上がるためには、相応する精神革命が必要です。長い間、ハプスブルク帝国の支配下で事大主義と奴隷根性と非科学的迷信の中で生きていたチェコ民族とスロバキア民族が、一九一八年、チェコスロバキアという独立国家を樹立できたのは、偉大な哲学者で政治家のトマーシュ・マサリク建国大統領の功労でした。彼はいつも次のように主張しました。「中世的幻想と狂信に基づいて新しい国を建設することはできない」。多くの誤解と偏見の攻撃に対抗して、彼は叫びました。「事実が勝利する（Veritas Vincit）」。彼に少し遅れて、同じレベルの民族を自由で独立的な国家に導くための犬馬の労を厭《いと》わなかった我々の建国大統領李承晩の精神も、同じものでした。もう一度叫びましょう。Veritas Vincit！

〈参考文献〉

韓永愚（ハン・ヨンウ）『取り戻す我々の歴史』経世園、一九九七年刊
［한영우(1997),『다시 찾는 우리 역사』, 경세원］

琴章泰（クム・ジャンテ）『鬼神と祭祀―儒教の宗教的世界―』J&C、二〇〇九年刊
［금장태(2009),『귀신과 제사 - 유교의 종교적 세계 -』, 제이앤씨］

桂勝範（ケエ・スンボム）『停止した時間―朝鮮の大報壇と近代の入口―』西江大学校出版部、二〇一一年刊
［계승범(2011),『정지된 시간 - 조선의 대보단과 근대의 문턱 -』, 서강대학교출판부］

金学恩（キム・ハクウン）『李承晩とマサリク』BOOK & PEOPLE、二〇一三年刊
［김학은(2013),『이승만과 마사리크』, 북앤피플］

李栄薫（イ・ヨンフン）『世宗は果たして聖君なのか』百年の間、二〇一八年刊
［이영훈(2018),『세종은 과연 성군인가』, 백년동안］

李栄薫『湖はどこに?』百年の間、近刊
［이영훈(근간),『호수는 어디에』, 백년동안］

〈注〉韓国語の文献情報を日本語に訳して掲示しました。それぞれの左に併記したのは元の韓国語です。

第1編

日本軍慰安婦

1

慰安婦強制連行説に対する再批判

李栄薫《イヨンフン》

反日種族主義者による強弁

日本軍慰安婦の〝強制動員〟は確かに存在した。もちろん、軍人が前に出て人々を連れて行くような形態ではなかった。その必要性がなかった。日本軍は、公娼制と周旋業（紹介業）を〝強制動員〟に利用した。国際法で規定する〝強制〟とは、「本人の意思に反すること」を指す。日本軍は、慰安婦の募集において、そのように制度化された〝強制動員〟の道を選択した。慰安婦たちは、慰安所に監禁され、人間と女性としての尊厳を侵害された国家犯罪の被害者だった。

（尹明淑《ユンミョンスク》、二〇一九年、要約引用）

鬼郷

まず、何年か前に上映された「鬼郷」という映画注12を紹介したいと思います。韓国語で「鬼郷《クイヒャン》」の発音は故郷に帰ることの「帰郷《クイヒャン》」と同じですが、その意味は別です。映画「鬼郷」は「鬼神の故郷」という意味です。この国、大韓民国は、怨恨に苦しむ鬼神が空中を彷徨う故郷だ、という意味です。家族や親族が鎮魂祭を行なえば、巫女《みこ》の体を借りて生前の姿で現われ、生きている人々と痛哭《つうこく》しながら対話し、お祓いの舞によって怨恨を慰められる、そのような鬼神の故郷です。私が「反日種族主義」という言葉を新たに作り出したのは、この映画の影響も大きかったのです。

一九四三年の六月、慶尚南道の居昌の、ある平和な村でした。一四歳の少女が友だちと無邪気に遊んでいる場面から映画は始まります。ある日、日本の軍人が現われて、少女たちを連れて行きます。娘を奪われた少女の父母は号泣します。少女は、他の少女たちと共に遥か遠くの満洲吉林省の、ある日本軍慰安所に連れて行かれます。少女たちは刑務所のような施設の各部屋に監禁されます。それから、日本の軍人によって強姦されます。部屋に入って来た日本の軍人は、いきなり少女たちを殴ります。その後、獣のように少女たちの衣服を剝ぎ、犯します。少女たちの顔と体は、いつも痣《あざ》だらけです。

ある日、日本の軍人たちは少女たちを銃殺します。銃殺の理由は分かりません。ただ上部の指

注12　**「鬼郷」**：2016年に公開され、韓国内で350万人を超える観客を集めた大ヒット映画。

示だそうです。それから遺体の上に石油をかけて燃やします。ちょうどそのとき、朝鮮独立軍が銃殺現場を襲撃します。その渦中で辛うじて生き残った二人の少女がいます。一人の少女は映画の主人公で、居昌から連れて来られた少女です。他の少女は京畿道の加平から連れて来られた少女です。ある悪辣《あくらつ》な日本の軍人が、二人の少女も殺そうと銃を撃ちます。すると、居昌の少女は加平の少女をかばって代わりに死にます。そのようにして生き残った加平の少女が、老いて、京畿道の北漢江辺のある神木下で行なわれた鎮魂祭に参加し、自分の代わりに死んだ居昌の少女の霊魂に出会います。二人の少女は抱き合い、痛哭します。そのようにして怨恨を慰められた居昌の少女の霊魂は、故郷に飛んで行き、親に抱かれます。

強制動員の拡大解釈

日本軍慰安婦問題を長い間研究して来た尹明淑は、『ハンギョレ新聞』への寄稿文の中で、「映画『鬼郷』のように、日本軍が銃剣で脅迫して少女たちを連れて行くことはなかった。映画で描いた場面は度が過ぎた」と指摘しました。韓日両国の慰安婦研究者たちは、以前からそのような理解を共有していました。日本における慰安婦研究の権威と言える吉見義明教授は、「権力による慰安婦の強制連行は証明されていない」と、数回表明したことがあります。韓国内でもよく知られている方ですが慰安婦運動を主導して来た和田春樹教授も、「官憲による直接的な強制を立証できる文書史料が、未だに発見されていないのは確かである」としています。

戦時期の朝鮮総督府は、慰安婦に関して、労務者動員のような募集や斡旋政策を施行したことがありません。一九四〇年に発布された国民職業紹介令や付属の施行規則も、慰安婦を対象とはしていませんでした。制度と政策のレベルで、「総督府が慰安婦を動員した」と主張できるような証拠はありません。

数年前にお亡くなりになりましたが、戦時期に忠清南道の論山郡で各種の戦時動員の実務を担当しておられた金栄漢《キムヨンハン》という方がいらっしゃいます。大量の古文書を所蔵していらっしゃったことがきっかけで、親交を結ぶようになりました。その方も、「女性を動員の対象とした公文書が下達されたり、そのような政策が施行されたことはなかった」とおっしゃいました。私の、動員の有無を問うような質問に、むしろ私が変な質問をしたかのような表情でした。要するに日本軍慰安婦募集は、戦時期の各種動員政策の対象ではありませんでした。

それでも、尹明淑をはじめ多くの慰安婦研究者は、冒頭の「反日種族主義者による強弁」に見られるように、「実態としての〝強制動員〟や〝強制連行〟はあった」と主張しています。「一九三七年に日本軍慰安所が設置される前から存続していた公娼制と周旋業が、その役割を果たした」と言うのです。周旋業者は、貧しい家の一八歳前後の無学な娘を、暴力や強圧によって連れて行ったり、良いところに就職させてあげるという甘言で騙したりして、連れて行ったそうです。刑法では、前者を「略取」と言い、後者を「誘拐《ゆうかい》」と言います。このように、当事者を意思に反して特定の被支配状態に置く略取と誘拐行為は、当時の刑法が禁じ、処罰する犯罪でした。日本軍が周旋業者にそのような犯罪を依頼し、総督府がそれに協調したのだから、日本軍の慰安婦募集は事実上〝強制動員〟と変わらないものだ、というのが尹明淑の主張です。ところが、私が『反日種族主義』の中でその点を否定したため、「ただの見解の相違という言葉で済ませることはできない」と脅迫的な憤怒を表出しています。

同様な主張は尹明淑以外にも、『反日種族主義』を糾弾するさまざまな学術会議の場において、あるいは文章によって表出されています。例えば、民族問題研究所が主催した「『反日種族主義』緊急診断」という学術会議で康誠賢《カンソンヒョン》は、「強制とは本人の意思に反して連れて行く略取と誘拐の犯罪だが、日本軍がそれを指嗾《しそう》し、総督府が幇助《ほうじょ》したのだから、強制動員と変わらない」と主張しました。彼らは私を「極右派」と罵倒し、さらには私の発言を「法律を制定してでも規制すべき」と叫んでいます。

略取と誘拐犯罪の推移

実はこのような強制動員の拡大解釈は、日本の吉見義明教授が嚆矢《こうし》です。韓国の多くの研究者たちは、吉見教授の説を無批判に受け入れて、日本の国家責任を執拗に追及したあまり、慰安婦問題を出口のない洞窟に押し込んでしまいました。『反日種族主義』の中で朱益鍾《チュイクチョン》氏が指摘した通り、両国関係が破綻してしまっても良い、というような無責任により、この国の国家体制に大きな危機を招いてしまいました。私は、このような強制動員の拡大解釈に疑問を抱いています。実は『反日種族主義』では、その点を詳細に叙述する余裕がありませんでしたが、ちょうど多くの研究者が、その点に焦点を当てて私を敵対的に批判しているので、ここで詳しく私の立場を明らかにしたいと思います。

次頁の表1-1は、一九二〇〜四三年に略取と誘拐の疑いで警察に検挙された件数と人数、その中で検事に送致された件数と人数、また、その中で起訴または不起訴処分された人数を表わしています。一九二〇年には、警察の検挙件数は七三三件に過ぎなかったのですが、一九二〇年代を経過する中で二倍以上に急増しており、一九三〇年には、年間二一六〇件でピークを迎えます。その後、急速に減少し、一九四一年には七一八件となり、一九四三年は三四七件に過ぎませんでした。

一九二〇年代に警察の検挙が急増したのは、それほど農村社会の貧困が深刻な時期だったからです。一九二九年と一九三〇年が件数や人数の面でピークを迎えていたのは、その時期が世界大恐慌期だったのと密接な関連があります。それからは減少して行きますが、一九三四年と一九三九年に一時反騰したのは、両年が深刻な凶作の年だったからです。このような事実は、誘拐と略取犯罪が、主に下層民の貧困から来る社会問題だったことを示唆しています。

一九三〇年代に入り、略取・誘拐の検挙件数が減ったのは、下層民の貧困が改善された社会経済的変化を反映しています。一九二〇年代が相対的に停滞と貧困の時期だったとしたら、一九三〇年代は活発な開発と成長の時期でした。一人当たりの所得水準が改善されました。落星垈《だい》経済研究所の推計によると、一九三〇〜四〇年の間に一人当たりの実質所得は一・三三倍にも増加しました。それだけ、貧困のために前借金を貰って娘を周旋業者に渡す家父長たちの非情な行為も

年度	警察検挙		検事送致		検事捜査		不起訴率
	件数	人数	件数	人数	起訴人数	不起訴人数	%
1920	733	1,198					
1921	914	1,637				1,648	
1922	1,031	1,599	963	1,499		1,681	
1923						2,074	
1924	1,473	2,329	1,329	2,100	163	2,098	90.1
1925	1,810	2,751	1,673	2,534	183	2,505	91.1
1926	1,928	2,865	1,761	2,638	149	2,674	93.3
1927	1,971	3,005	1,808	2,753	118	2,741	91.2
1928	2,095	3,193	1,920	2,956	154	2,940	92.1
1929	2,152	3,393	1,971	3,106	172	3,055	90.0
1930	2,160	3,372	1,959	3,022	171	2,975	88.2
1931	1,616	2,732	1,450	2,442	90	2,582	94.5
1932	1,611	2,710	1,423	2,396	92	2,215	81.7
1933	1,645	2,703	1,463	2,402	130	2,337	86.5
1934	1,817	3,077	1,597	2,713	201	2,530	82.2
1935	1,580	2,310	1,402	2,000	112	2,139	92.6
1936	1,507	2,452	1,319	2,163	139	1,936	79.0
1937	1,207	1,794	1,087	1,594	118	1,659	92.5
1938	1,108	1,790	1,002	1,631	103	1,494	83.5
1939	1,164	1,940	1,007	1,662	141	1,523	78.5
1940	1,011	1,631	889	1,445	170	1,297	79.5
1941	718	1,096	663	996	100	921	84.0
1942	505	799			56	644	80.6
1943	347	487	313	446	45	477	97.9

資料：1920～42年は朝鮮総督府『朝鮮総督府統計年報』各年度版、1943年は南朝鮮過渡政府『朝鮮統計年鑑1943年』。なお、不起訴率は「人数」基準

表1-1　略取・誘拐犯罪の検挙、送致、不起訴の推移（1920～43年）

少なくなりました。生活水準の改善は、適齢期児童の就学率においても観察されます。普通学校（のちの小学校）への就学率は、一九三三年から明らかに改善され、一九四三年頃になると、適齢期の男子児童の六〇%、女子児童の四〇%が就学しました。女性の人権意識が次第に高まって来たことも、主要原因の一つでした。「女の子が勉強すると狐にしかならない」と言って、自分の目を盗んで学校に行った娘をひどく殴った家父長の非情な暴力も消えて行きました。

一九三七年以降、多くの男性が労務者、軍人、軍属として日本、中国などに出て行きました。一九四二年以降の農村では人手不足が甚だしく、したがって、女性が農業労働の中心となって行きました。また、戦時統制の政策と機構が、農村社会の底辺にまで深く浸透するようになりました。総督府は、金融組合を通じて一九三三年から施行して来た自作農地設定事業に、拍車をかけました。それに従い、戦時期にかけて農地を所有しなかった純小作農の相当部分が、若干の自作地を所有した自小作農へと上昇しました。これ以上詳しく説明はしませんが、以上のような一九三〇年代以降の社会経済的変化は、下層民の娘を相手にした略取と誘拐犯罪を大きく減少させる原因として作用しました。

再び表1-1を見ると、一九三七年以降、日本軍慰安所が朝鮮、満洲、中国の各地域に設置されますが、それが、略取と誘拐犯罪を増加させる契機として作用しなかったことを確認することができます。『反日種族主義』の中で強調したことですが、日本軍慰安婦制は、以前からあった公娼制の一部分でした。慰安所の設置により、新規に約三六〇〇名に達する朝鮮人慰安婦に対する需要が発生しましたが、それによって略取と誘拐犯罪が増加することはありませんでした。むしろ、急速な減少に推移しました。新規需要のおよそ三六〇〇名を面[注13]に割り当てると、一つの面当たり平均一・六名です。面を出て国内外で働く娼妓、酌婦、芸妓、女給の数は、一つの面で平均七〜八名でした。そのような状態では、一・六名程度の追加需要は既存の娼妓や酌婦で充当できました。また、三六〇〇名の一定部分が新しく募集されたとしても、社会的に大きな問題になる状況ではありませんでした。既存の公娼制市場の規模を考えると、新しく発生した慰安婦市場は、それほど大きな規模ではありませんでした。当時の新聞を検索してみても慰安婦に関する記事がまったくないのは、そのためでした。もう一つの要因があります。多くの場合、慰安婦の募集は、合法の要件を備えたか、それを偽造した、という点です。以下では、それについて見て行きます。

不起訴の事由

表1-1で分かるように、警察によって検挙された犯罪被疑者は、九〇%近くが検事に送致されました。警察は、彼らなりの使命感で犯罪嫌疑者を熱心に逮捕し、検察に渡した、と言えます。しかしその後、検事によって起訴され、裁判にかけられた人は少なかったのです。一九二四〜四一年の間で、合わせて四万五五三名が検察に送致されましたが、検察が起訴したのは二五〇六名に過ぎず、三万九六二一名は不起訴処分にしました。起訴と不起訴の合計が送致数と一致しないことについては、正確に説明することができません。とにかく、警察の検挙人数を基準にして不

注13　**面**：地域を区分する行政単位。日本の村に相当する。より大きな単位が郡、より小さな単位が洞や里。

起訴率を算出すると、一九二四～四三年の間で平均八七・八％です。表1-1にはありませんが、実際に裁判に回付された人々の中で、有罪判決が下り懲役刑に処せられた人々の比率は八五％でした。残りの一五％は、無罪でした。総合すると、当初警察によって犯罪嫌疑者として検挙された人々の中で、最終的に有罪判決を受けたのは一〇％程度に過ぎませんでした。

なぜ、このような結果になったのでしょうか？　『朝鮮総督府統計年報』によると、不起訴処分の最も大きな事由は、「罪を構成する要件を満たさない」ということでした。この事実は、現在の慰安婦論争において何を示唆するのでしょうか？　不快に聞こえるかも知れませんが、全ての慰安婦が略取と誘拐犯罪の犠牲者というわけではない、ということです。彼女たちの一定部分は、もともと娼妓、酌婦、芸妓、女給として性売買産業に従事していた女性たちでした。『反日種族主義』の中で紹介したことですが、一九四二年にビルマ（現ミャンマー）に行った文玉珠《ムンオクチュ》が属した二〇名のチームの中の七名は、文玉珠のような元芸妓か娼妓、酌婦でした。残りの一三名の中の何名かもそのはずなので、少なくとも文玉珠チームの半数は、元娼妓、酌婦、芸妓でした。他の半数は、家族の負債を償還し、東南アジアの新天地で看護婦などとして働きながら高所得を得、良質の人生を送ることができる、という希望を持ち、そのような甘言に騙されてビルマ行きの慰安婦チームに参加しました。では、そういう彼女たちが皆、略取や誘拐犯罪の犠牲者として〝強制連行〟された女性たちだったと言えるのでしょうか？　彼女たちを連れて行った業主ら皆が警察にそのような嫌疑で逮捕されたとしても、右記のように、捜査と裁判の結果、彼らの一〇％だけが本当の意味での犯罪者として処罰されたと思われます。

氏名	本籍地	備考
薛濬東	開城府満月町721	館主
張福実	開城府満月町721	妻？
呉〇孫	開城府南山町757	
李〇徳	平壌府新里119	
舎〇江	慶尚北道清道郡雲門面梧津洞	
車〇子	開城府東町63	
李〇〇子	開城府雲鶴町96	
咸〇子	平安南道平原郡能湖面薬田里100	
裵〇子	開城府宮町470	
金〇源	黄海道海州郡松林面借坪里674	

資料：白川秀男『在支半島人名録』（第3版、1942年）白川洋行、125頁

表1-2　中国安徽省の当塗にあった朝日館における業主と慰安婦（1942年）

残りの九〇％は、なぜ訓戒放免されたり、無罪判決を受けたりしたのでしょうか。それは彼らが、慰安婦本人の就業理由書、戸主の就業同意書、戸籍謄本、印鑑証明書、警察署長の旅行許可書、またこれらの書類に基づいて発行された旅券などを備えていたからです。つまり形式要件上、周旋業者や慰安婦業主の行為は合法でした。

それに関連して一つの事例を紹介します。一九四二年、中国の華北、華中、華南で暮らす朝鮮人の姓名、本籍、事業体、職場、住所を収めた『在支半島人名録』が刊行されました。中国に進出した朝鮮人社会の、情報疎通と団結を図るためのものでした。それには、日本軍慰安所と見える事業体と、そこに所属している慰安婦が含まれています。慰安婦であっても朝鮮人同胞社会の一員であるという、その所属感をよく表わしている資料だと思います。彼女らを、同胞社会に所属できない奴隷的存在と見てはなりません。

表1-2は、その本に収められている、中国安徽省の当塗にあった朝日館という慰安所の、業主夫妻と慰安婦たちの姓名と本籍地です。所属した慰安婦は全部で八名です。周知のように、慰安婦たちは大体無学でした。自分の名前はもちろん、本籍地の住所を漢字で書けるだけの学歴はありませんでした。それでも右記の人名録は、彼女たちの名前と本籍地が全て登載されています。戸籍謄本のような書類があったからです。彼女たちが略取と誘拐犯罪の犠牲者だったら、あり得ないことです。戸籍謄本は、戸主の意思と承認があってこそ発給できる文書です。彼女たちが、遥か遠くの中国安徽省の当塗の慰安所にまで行けたのは、戸主たちの就業承諾書と、それを証明できる戸籍謄本のような書類があったからです。同人名録には、中国全域にわたって、慰安婦と見られる五百八十余名の女性の名前が収録されています。彼女たちは皆、漢字で表記された姓名と本籍地の保有者たちでした。つまり、実際の内容はともかく形式要件上では、合法的な経路から慰安婦になった女性たちだったのです。

もっと遠くの東南アジアや南洋に行った慰安婦たちも同様でした。城田すず子という日本人の女性がいました。父親の事業の失敗で家庭が崩壊し、慰安婦になった女性です。彼女は二回にわたって南洋に行きました。一九四四年頃でしょうか、彼女が二回目の南洋行きの船に乗ったとき、海軍特別慰安隊所属の慰安婦二〇名が同乗しました。彼女たちは皆、朝鮮と沖縄の女性たちでした。彼女たちは、パラオ諸島の紅樹園という慰安所に行きました。そこで城田は帳場人として働きました。とうとう米軍がパラオ諸島に上陸したとき、城田は慰安婦たちと共に密林に避難しました。その慌ただしい状況下でも城田は、責任として慰安婦たちの借金帳簿と戸籍など、「(彼女たちが）パラオにきているという証拠書類だけは、風呂敷に包んでいつでも持ち出せる用意をしてい」たと言っています（城田すず子、一九七一年、六二頁）。

つまり、遥か遠くの南洋のパラオ諸島まで朝鮮の女性たちを送ったのは、誘拐のような犯罪ではなく、戸主たちの就業承諾とそれを証明する戸籍でした。表1-1で分かるように、朝鮮の警察が熱心に嫌疑者を逮捕して検察に送致しても、その九〇%が訓戒放免処分か無罪判決を受けたのは、まさにそのような理由からでした。

人身売買の実態

したがって私は『反日種族主義』で、「日本軍慰安婦問題を単純に国家権力による国家犯罪の問題としてだけ追及してはならず、朝鮮に移植された民法をはじめとした近代的法制、戸主制家族、家父長権力、貧困などが総合的に作用し、極貧下層の娘たちに強要した悲しい運命として再評価する必要がある」と強調したのです。慰安婦問題は、略取と誘拐の犯罪の角度から見ると、国家権力、周旋業者、慰安婦業主だけでなく、男性、家父長、社会が加担した犯罪であり、また、当時の固有の歴史的、文化的現象でもあったのです。

そのことについては、当時の新聞から多くの情報を得ることができます。『反日種族主義』では、一九三七年、京城（現ソウル）の鍾路で金草香《キムチョヒャン》という妓生《キーセン》が、父母が自分を満洲のある遊郭に娼妓として売ろうとしたとき、極力抵抗した事件を紹介しました。その前の一九三四年、京畿

写真1-1　京城の東大門警察署管内の妓生養成所に抑留されていた少女たち
資料：『東亜日報』1939年7月14日

道の素沙でも類似する事件がありました。三人娘の父親が、既に売った長女と三番目の娘に続き、残りの二番目の娘までも売ろうとしたのです。その二番目の娘が素沙警察署に飛び込んで泣訴しました。警察署は、その非情な父親を呼んで「説諭」しました。「説諭」というのは、説得して分からせる、という意味です。処罰はできず、説得したのです。家父長が、自分に属する家族成員の地位を変更することは、家父長に与えられた合法的権利だったからです。

また、極貧階層の父母は、幼い娘を周旋業者や仲介人に養女として譲り渡しました。京城の鍾路に住んでいたある愚かな父母は、家に来た行商人から「あなたの娘は妓生をしなければ短命になる運命だ」と言われました。その話に騙されて、自分たちの娘をその行商人に養女として譲り渡してしまったのです。何年か後、その行商人は娘を満洲の遊郭に売りました。後日、自分たちの愚かさに気づいた父母は、警察に行って娘を見つけてほしいと涙で訴えましたが、既に時は遅過ぎました。元慰安婦の中には、「四柱推命（占いの一つ）のために慰安婦になった」と言っている女性たちがいますが、彼女らはこのようなケースに該当します。

一九三九年は深刻な凶作の年でした。全国的に略取と誘拐の犯罪が横行しました。河允明《ハユンミョン》という女性と彼女の夫が犯した大規模の略取・誘拐犯罪が、連日大々的に新聞で報じられました。この夫婦の魔手にかかり、数年間で約一五〇名の女性たちが満洲や中国に売り飛ばされました。この事件を契機に、同年七月、京城の東大門警察署は、管内の妓生養成所の実態を調査しました。その結果、一五歳前後の少女百余名が抑留されているのを確認しました（前頁の写真1-1）。彼女たちの相当部分は、父母によって妓生養成所の業主に養女として譲り渡された子供たちでした。その中の一部は、一八歳になったら日本軍慰安婦として売られたでしょう。

それでは、河允明夫婦や妓生養成所の業主は、どのような処罰を受けたのでしょうか。私は、彼らが有罪判決を受けた可能性はそんなに高くないと思っています。彼らに抑留された少女たちの多数は、父母が養女として譲り渡した子供たちでした。業主らは、若干の金銭を支払い、養女にするために必要な書類を少女たちの父母から貰ったでしょう。あるいは、貧困と暴力に満ちた家庭から脱出して彷徨った後、人身売買業者に辿り着いた女性たちもいました。この場合、業者らは、書類を適当に作り、女性たちの身分を独立戸主に変えました。そのことにより女性たちは、自己の意思で慰安婦となる形式要件を揃えたことになるのです。

このような業者らを、検察が起訴したり裁判官が懲役刑に処したりするのは、簡単ではありませんでした。ある研究者が河允明夫婦に関する尋問と裁判記録を探しましたが、見つけ出せなかったそうです。世論の厳しい非難にもかかわらず、法の世界では処罰するのが難しかったのです。おそらく河允明夫婦や業主らは、検察によって訓戒放免されたと思います。

歴史学の横暴

歴史家は裁判官ではありません。日本軍の慰安婦募集を一意的に略取と誘拐犯罪であると規定し、それに対する日本の国家責任を問うのは、その時代の社会、文化、法、制度を総体として叙述しなければならない歴史学の職分を超えています。当時も、専門的訓練を受けた法律家としての警察や検事や裁判官がいました。彼らは職務に従って異なる判断をしました。治安の最前線を担当する警察の目からは犯罪ですが、起訴するかどうかを決定する検事の立場や、有罪か無罪かを判断する判事の見方は異なりました。歴史家は、そのような当時の現実をありのままに描写するだけです。歴史家にそれ以上の能力はなく、それ以上の権限は許されていません。本物の歴史家なら、特定の時代や事件の全体像を忠実に復元するには、自分たちの収集した史料がどれほど不足し、自分たちの知力がどれほどみすぼらしいものかに、常に気づくはずです。

私も慰安婦問題を研究すればするほど、知っていることよりも知らないことが多いのに気づきます。歴史家として私は、日本軍慰安婦という事件の輪郭をスケッチとして描くだけです。新しい研究書を読み、また、新しい史料を分析しながら、その輪郭さえも常に修正しなければならなくなります。二〇〇七年に出版した拙著『大韓民国の物語』という本で私は、「日本の官憲が女性を拉致、連行したのではないが、慰安婦の動員は〝日本軍の戦争犯罪〟であり、慰安婦は〝行動の自由が奪われた性奴隷〟である」と記しました。吉見義明教授の見解に共感したからです。

しかし、その後の十余年間、もろもろの研究書を読み、新しい史料を発掘した結果、私には、日本軍慰安婦制は日本と朝鮮の公娼制が軍隊内で再現されたものであると分かりました。そのため私は、〝日本軍の戦争犯罪〟だとか、慰安婦は〝性奴隷〟だったとかの主張に、もう同調しません。ある人が私を「なぜ主張を変えるのか」と批判しましたが、私としては、研究で得た見解を率直に述べるだけ、という歴史家の責務を回避できません。

私は、『反日種族主義』の出版後、もう一回、日本軍慰安婦問題に関する諸史料や研究書に目を通し、確認しました。この問題がこれまでの三〇年間、衰えるどころか、むしろ益々深刻になって来たのは、自分を歴史の法廷を主管するクリオ（CLIO ＝歴史の女神）と錯覚する韓国と日本の歴史家たちの傲慢で無知な姿勢が、最も大きな原因だったということをです。韓国の歴史家が被《かぶ》っているその傲慢で無知な仮面を外せば、そこには、不変の敵対感情に囚われた反日種族主義の顔があります。

〈参考文献〉
康誠賢（カン・ソンヒョン）「韓国ニューライトの歴史修正主義の論理と欲望―日本軍慰安婦問題を中心に」（民族問題研究所、日本軍慰安婦研究会『「反日種族主義」緊急診断：〝歴史否定〟を論駁する』〔学術会議論文集、二〇一九年刊〕所収）
［강성현 (2019),「한국 뉴라이트의 역사수정주의 논리와 욕망 - 일본군 위안부 문제를 중심으로」, 민족문제연구소・일본군위안부연구회,『「반일 종족주의」긴급진단 : '역사부정' 을 논박한다』］
金洛年（キム・ナクニョン）他『韓国の長期統計：国民計定一九一一－二〇一〇年』ソウル大学校出版文化院、二〇一二年刊

[김낙년 외 (2012), 『한국의 장기통계 : 국민계정 1911 - 2010』, 서울대학교출판문화원]

尹明淑（ユン・ミョンスク）「稼ぎの良い個人営業者だなんて」（『ハンギョレ新聞』二〇一九年九月五日付）

[윤명숙 (2019), 「돈벌이 좋은 개인 영업자라니」, 『한겨레신문』 2019년 9월 5일자]

李栄薫（イ・ヨンフン）「日本軍慰安婦問題の真実」（『反日種族主義』未来社〔二〇一九年刊〕所収）

[이영훈 (2019), 「일본군 위안부 문제의 진실」, 『반일 종족주의』, 미래사]

＊城田すず子『マリヤの讃歌』日本基督教団出版局、一九七一年刊

〈注〉頭に＊が付いたものは日本語文献です。

2

慰安婦運動の暴力的心性

李栄薫《イヨンフン》

反日種族主義者からの罵倒

『反日種族主義』が日本軍慰安婦問題より先に米軍慰安婦や韓国戦争[注14]当時の韓国軍慰安婦の話をしたのは、日本軍慰安婦制度に対する日本の国家責任を要求する視線を、国内に向けさせるための意図と判断される。日本政府を叱責する前に、我々の中の問題を先に追及しようとするものだ。しかし、これは順序の問題ではない。民族内部の、どの問題点をどのように指摘するかの問題だ。

（尹明淑《ユンミョンスク》、二〇一九年、要約）

注14　**韓国戦争**：日本で言う朝鮮戦争。1950年6月25日の北朝鮮の南侵から始まったことから6.25（ユギオ）戦争とも言われる。

残忍な教育

二〇一八年七月、『朝鮮日報』に「慰安婦歴史、小学生が学ぶべきか」というタイトルのコラムが掲載されました。金泰勳《キムテフン》記者が書いたものです。

同月、ソウル市は、小学校五・六年生と中学生を対象に、日本軍慰安婦被害に関する教育を実施しました。ソウル市が制作した教材には「日本軍慰安婦は性奴隷」「朝から晩まで絶えない性暴力」などの表現があります。度を超えたのではないかという指摘に対して、教師たちは「子供たちは性教育を受けているため、この程度は問題にならない」と答えました。金記者は、疑問を呈しました。ドイツ政府がナチのホロコーストについて教育するときも、生徒たちの年齢を考慮するということです。ナチのユダヤ人収容所を見学できる歳は満一四歳以上に制限されるし、子供たちのための教育用資料はそもそも作らないそうです。

金記者は、セウォル号事故[注15]を伝える教育現場も告発しました。毎年、セウォル号事故の発生日が近づくと、全教組[注16]の教師たちは、「おい、僕、本当に死ぬの？」などの、事故当時に生徒たちが書いた携帯電話の文字メッセージを読ませ、「もし自分がセウォル号にいたら言ったと思う言葉を想像してみろ」と言うそうです。そういうことに対して、ある精神科医師は、「外国では想像すらできない児童虐待」と断言しました。状況を客観化する能力に欠ける子供たちは、時には残忍な真実から保護されるべき、と金記者は主張します。子供たちの心理に、恐怖感、敵

注15　**セウォル号事故**：2014年4月16日、大型フェリー「セウォル（歳月）号」が全羅南道沖で転覆・沈没した事件。乗客乗員476名のうち修学旅行中の高校生を含む299名が死亡した。
注16　**全教組**：全国教職員労働組合。韓国の教職員組合の一つで、民主労働組合総連盟の主要な加盟団体である。

対心などの、回復できない傷を残してはいけないからです。

コラムが掲載される前、タイの少年サッカーチームが暴雨のため洞窟に閉じ込められた後、奇跡的に生還した事件がありました。ある記者が子供たちに、当時の心情はどうだったのか聞きました。このことを知ったタイの法務省は、「そのような質問は子供たちの意識に残っている恐怖を呼び戻す可能性がある」と嘆きました。金泰勲記者は、「これが常識だ。タイ政府が我が国の教室で起きていることを見たら、同じことを言ったのではないか」という嘆きでコラムを終えました。

私は、日本軍慰安婦を〝性奴隷〟と規定したり、彼女たちが朝から晩まで絶えることのない性暴力に苦しめられた、という認識に同意しません。私の基準から見て、この国の小・中学校の教室では、嘘が教えられています。しかし、そのことは別として私が金記者のコラムに共感するのは、この国の教育の深いところに根づいている暴力的心性を、よくこのコラムが描き出しているからです。

全教組の教師たちが、セウォル号事故をそんなに執拗に教える理由は何でしょうか。その事故が起きたときの右派政府を攻撃し、呪うための政治的意図からです。その点を否定することは難しいと思います。この国の教育は、そのような政治的な偏りの中で、子供たちに限りなく残忍な心性を教え込んでいます。慰安婦問題に対する教育も同様です。日本との友好は永遠にできないという憎悪心を植え付けるために、そのような教育をしているのです。

金記者のコラムはこの国の世論にいくらかでも肯定的な影響を及ぼすのではないか、という私の期待は見事に裏切られました。そのような教育をして来て、既にひと世代の歳月が過ぎました。その教育を受けた若い世代を含めて、我々韓国人の心性は、気づかないうちに残忍になりました。金泰勲記者のコラムに反響がなかったのは、そのためです。

挺対協の水曜集会

一九九一年に日本軍慰安婦問題が提起されてからの二八年間、韓国挺身隊問題対策協議会[注17]（以下、挺対協と略称）は、毎週水曜日にソウルにある日本大使館前で、日本の国家責任と補償を要求する集会を続けて来ました。二〇一一年には、慰安婦を形象化した少女像をその場に建てました。私はその集会と造形物を、我々韓国人の、国際的に見て臆面《おくめん》もない、礼儀を知らない所為《しょい》だと思います。一九六一年に締結され我が政府も署名した「外交関係に関するウィーン条約」の第二二条二項は、「外国公館の接受国は、公館の平和を乱し、威厳を侵害する攻撃や損傷から公館を保護する特別な義務を有する」と規定しています。挺対協のデモと造形物は、日本大使館の平和的な業務を妨害するだけでなく、日本国家を冒瀆《ぼうとく》しています。政府も、何回かそのような懸念を挺対協に表明しましたが、挺対協は気にしていません。運動家たちの心性が、我が政府の権威などは眼中にないほど暴力的に変質したからです。

近年では、全教組の教師たちによって、小学生までその集会に動員されているのが実情です。ある小学校の女子児童は、集会で次のように叫びました。「私たちは学校で授業を受け、お母様

注17　**韓国挺身隊問題対策協議会**：日本軍従軍慰安婦問題に対する日本の責任を追及する、1990年11月に設立された団体。戦時期の女子勤労挺身隊を慰安婦と誤解してそう命名した。2018年、「日本軍性奴隷制問題解決のための正義記憶連帯」と改称。

と一緒に過ごしているけど、日帝は、私たちと同じ年齢の少女たちを慰安婦として連れて行った」。おそらく、その女子児童は、全教組の教師が教室で見せた映画「鬼郷」の該当場面を思い浮かべていたのでしょう。前章で指摘しましたが、日本軍がいきなり平和な農村を襲撃して少女を連れて行ったりしたことはありません。挺対協所属の研究者たちもその点は認めています。それでも、そのような映画が作られて数百万人の観客を動員し、その一部の映像が小・中学校の教室で補助教材として活用されているのが実情です。その教育を受けた子供たちは、将来、どのような人生を生きるのでしょうか？　嘘と敵対心と恐怖心にまみれた彼らの心性が、彼らの未来にあまりにも高い代償を要求しないよう祈るばかりです。

写真2-1　中国雲南省の松山における日本軍慰安婦（1944年9月3日撮影）

この一枚の写真

二〇一九年二月、慰安婦運動の暴力的心性に関連して、また注目すべきニュースが報じられました。上の写真2-1は、これまでの三〇年間、慰安婦問題となれば出て来る最も広く知られている写真です。教科書や歴史本に、必ずと言ってよいほど載せられて来たものですが、実はオリジナルは、ある米国人が所蔵しており、これまで知られて来た写真はそのコピーでした。今回、ソウル大学校の鄭鎮星《チョンジンソン》教授のチームがその米国人を探し出して、オリジナルの写真を購入し、そのことが諸新聞と放送で報じられてニュースとなりました。記者たちは、またもや韓国人の憤怒と嘆きを引き出す記事を書きました。例えば『世界日報』は、「目を閉じた臨月の妊婦、彼女たちの勇気を記憶しながら」と書きました。写真の中の臨月の妊婦は平壌出身で、中国の南京とビルマで慰安婦生活をした後、一九四四年九月、中国雲南省の松山で捕虜となった人です。私は、オリジナル写真を手に入れたのが、どうしてそんなに大きなニュースになるのか、よく理解できません。「彼女たちの勇気」となっていますが、その勇気が何の勇気なのかも理解できません。

私が昔から抱いて来た疑問は、その臨月の慰安婦の写真を歴史教科書にそのまま載せても良いのか、ということです。写真を見る子供たちは、どのように感じるのでしょうか？　写真が憤怒、絶望、敵対心しか引き起こさないことは、どのような論理で正当化できるのでしょうか？　教科書を編纂した歴史学者や教育学者は、そのような疑問に対して討論したことがあるのでしょうか？　子供たちは残忍な真実から保護されるべき、という教育学的配慮は、韓国の歴史教育では必要ないのでしょうか？

私は一人の研究者として、鄭鎮星教授のチームや言論機関の皆さんに聞きたいと思います。写真の中の女性のように妊娠の被害を被った慰安婦が、全ての慰安婦の中にどれほどいたのでしょうか？　史料が探し出され歴史家たちの手に渡るというのは、本質的に偶然の所産です。歴史家は、その史料が関連事件をどの程度まで一般的に代弁するのかを、慎重に検討しなければなりません。日本軍慰安婦が無分別な性暴力に日常的にさらされた中で、大量の妊娠被害を被ったことが事実であれば、写真2-1は代表性があると言えます。そうでなければこの写真は、撮影者の個人的な嗜好に起因する偶然かも知れません。鄭鎮星のチームは、その問題を真剣に検討したことがあるのでしょうか？

私は、この妊娠被害の問題に『反日種族主義』で言及しました。日本軍は、慰安婦を求める将兵にサック（ゴム）の着用を強制しました。そのため、慰安婦の性病への感染と妊娠に対する危険が非常に低いレベルに統制できました。それに関連して、朴治根《パクチグン》という人の日記を紹介します。ビルマとシンガポールの慰安所の帳場で勤務した人で、その人が管理した朝鮮人慰安婦は全部で三十余名と考えられますが、その中で妊娠を経験した女性は一人です。日記の関連部分は次の通りです。

一九四四年七月四日：慰安稼業婦の許◯祥は、目下妊娠七カ月で休業届を提出した。

一九四四年九月五日：本倶楽部の稼業婦の許◯祥は、妊娠中だったが、今晩、中央病院に入院し、二三時半に男児を無事出産した。

朴治根の日記には、他の慰安所に所属していた女性が妊娠七カ月で自然流産した話が書かれています。そのように、彼が一九四三〜四四年の間にビルマとシンガポールで見聞した女性の妊娠事例は、二件に過ぎません。したがって私は、韓国の言論が「オリジナル写真を購入した」と言って興奮した、その写真の史料としての代表性を疑うのです。

我々の中の慰安婦

多くの慰安婦が妊娠の被害にさらされるのは、むしろ解放後の〝我々の中の慰安婦〟の時代です。韓国軍、米国軍、民間の慰安婦の総数は、なんと解放以前の一〇倍以上に膨張しました。彼女たち、即ち〝我々の中の慰安婦〟の境遇は、労働強度、所得水準、性病感染、妊娠被害、業主との関係などの面で、解放以前の日本軍慰安婦よりも遥かに劣悪なものでした。その点を、私は『反日種族主義』の中で納得しやすく伝えたと自負しています。

妊娠被害と関連して私は、一九六四年、群山市の民間慰安婦と米国軍慰安婦の事例を紹介しました。民間慰安婦は、一八八名中三七名が流産を経験しました。自然流産が六名、人工中絶が三一名です。米国軍慰安婦は、一三二名中、流産を経験したのは八九名で、自然流産が二一名、人工中絶が六八名でした。後者の場合、一人当たりの人工中絶の回数は、平均三・五回で、不幸なケースでは一五回や二〇回にも達しました。そのように、鋭い外科医のメスが、数え切れないほど頻回に女性たちの子宮を掻き回したのです。これが一九六四年当時、米国軍基地村で行なわれていた反人権と反女性の実態でした。

この本では、追加で他の地域の事例を紹介します。

江原道原州は第一軍司令部が置かれている軍事都市です。周辺には米軍の駐屯地もあります。一九六七年、原州駅付近には、主に韓国軍を相手にした慰安婦二七一名がいました。駅から北方三キロメートルに位置する原州台壮洞には、米国軍を相手にした慰安婦三四名がいました。彼女たちの履歴と健康状態に関する調査が、一九六七年一〇月、ソウル大学校保健大学院によって行なわれました。まず、性病感染の実態を見ると、同年九月三〇日現在、彼女たち三〇五名のうち、淋病と梅毒を患っているのは一八五名（六一％）もいました。梅毒血清反応検査で陽性と判定されたのは二九％でした。過去九カ月間に性病に感染した回数を見ると、一回が五六名、二回が一〇六名、三回が二二名です。次は妊娠と流産ですが、慰安婦になって以来、妊娠を経験した女性は三〇五名中二五四名（八三％）もいました。妊娠の回数を見ると、一回が一四八名、二回が七五名、三回が二七名、四回が四名です。妊娠後の措置を見ると、正常分娩と自然流産はなく、例外なく人工中絶でした。

このように、女性たちが性病感染と妊娠被害に無防備にさらされたのは、国家が女性たちと兵士たちとの性を管理しなかったからです。慰安婦を対象にした性病予防と治療の保健行政は、杜撰《ずさん》なものでした。淋病にかかった女性たちのほとんどが、自腹で薬局からマイシンやペニシリンなどの抗生剤を購入して治療しました。兵士たちには、サックを着用しなければならない義務はありませんでした。

最近の若い人たちには想像できないと思いますが、一九七〇年代初め、兵役を務めるために最前線で軍隊生活を送っていた私には、駅の周辺に形成された、兵士たちを相手にした集娼村[注18]がどのようなところだったのか、よく分かります。休暇を貰い、駅に到着すると、よほど強い意思を持たない限り何ごともなく通過することができないほど、女性たちが執拗に袖を引きました。

注18　**集娼村**：多数の売春施設が集まっている地域。

急いで帰隊している兵士たちに女性たちが、「軍靴を履いてすれば五〇〇ウォン、軍靴を脱いですれば一〇〇〇ウォン」と誘っていた姿は、当時は見慣れた風俗画でした。

一九四六年、米軍政は公娼制を廃止しました。彼らのキリスト教文化がそのように作用しました。しかし性売買産業は、私娼の形態で一層繁盛しました。その産業に従事した女性たちが耐えなければならなかった性病、妊娠、流産の危険は、日政期よりも遥かに高くなりました。だから私は、公娼制の廃止が果たして歴史の進歩なのか、と懐疑するのです。公娼制の廃止は、段階的に慎重に推進しなければならないことでした。解放後の〝我々の中の慰安婦〟と解放前の日本軍慰安婦と、どちらが良かったのでしょうか。慰安婦女性の立場からすれば、答えるのは決して難しくないはずです。

海外への養子縁組

最後に、我が韓国人の人権意識や歴史意識を検証する問題を、もう一つ提起します。

前述した通り、妊娠被害にあった慰安婦たちは、ほとんどの場合、人工中絶で対応しました。基地村の場合、抱え主たちは人工中絶を強要しました。それでも辛うじて生き残り、この世に生まれ出た子供たちがいました。米軍基地村の混血児たちです。

次頁の表2-1は、一九五五～六九年の間の毎年の混血児の総数と、その中で海外に養子として送られた子供たちの人数を示しています。混血児の人数と国際養子の人数の関係は少し曖昧で、

年度	混血児	国際養子縁組			
		総人数	白人系	黒人系	その他
1955	439	59	43	9	7
1956	538	671	467	151	53
1957	355	486	283	128	75
1958	701	930	396	227	307
1959	1,023	741	289	92	360
1960	1,075	638	184	61	393
1961	1,354	665	325	36	304
1962	1,389	254	127	31	96
1963	1,463	442	169	27	246
1964	1,511	462	203	29	230
1965	1,378	451	178	23	250
1966	1,541	494	224	25	245
1967	1,564	626	226	50	350
1968	1,623	949	258	59	632
1969	1,393	1,190	229	79	882
総計	17,347	9,058	3,601	1,027	4,430

資料：保健社会部『保健社会統計年報』各年度版

表2-1　出生混血児の人数と国際養子縁組の人数（1955～69年）

毎年の混血児の人数が養子の人数を除外した数値か含めた数値か、何らかの一貫性があるのかどうかは分かりませんが、いずれにしても混血児は、一九五五年から毎年、平均すると一〇〇〇名以上生まれ、一九六九年まで減ることはありませんでした。海外に養子縁組された人数は、一九六九年までに九〇五八名で、主な縁組先は米国でした。

一九五〇年代の『保健社会統計年報』を見ると、不思議にも混血児を、後天性小児麻痺や先天性心身障碍《しょうがい》者のような障碍者として取り扱っています。正常な人間とは見ていなかったのです。一九五〇年代の韓国社会の人権意識はそんなレベルでした。だからこそ基地村の抱え主たちは、妊娠被害にあった慰安婦たちに人工中絶を強要し、また辛うじて生まれた子供たちを母親の下から引き離し、遥か遠くの米国に送ったのです。基地村の多くの女性が生きる意欲を失い、自殺しようと薬を飲んだり、線路に身を投げたりしたのは、そのような妊娠、流産、出産、国際養子縁組問題などの衝撃からです。

もう一度聞きたいと思います。〝我々の中の慰安婦〟の歴史がこのようなものなのに、大学の研究チームや言論機関が、臨月を迎えたある日本軍慰安婦のオリジナル写真を入手した、と騒がしく喧伝《けんでん》しても良いのでしょうか？　そのような写真を気兼ねなく歴史教科書に載せる暴力的心性の底には、我らの現代史において繰り広げられた、もっと残酷な反人権かつ反女性の悲劇的歴史に対しては目をつぶる偽善性が、潜んでいるのではないでしょうか？

最後に、私のこのような主張に対する日本軍慰安婦研究者側の批判について、簡単に言及します。冒頭で紹介したように尹明淑は、私が『反日種族主義』の中で日本軍慰安婦問題より先に〝我々の中の慰安婦〟の話をしたのは、日本に対する批判的視線を国内に向けさせる意図と判断される、と非難しました。私は『反日種族主義』の中で、日本軍慰安婦に関するこれまでの研究が、朝鮮王朝時代から現代に至るまでの、国家権力、支配身分、男性、家父長による弱小女性に対する性支配の長い歴史の中で、日本軍慰安婦制が存続した一九三七〜四五年という短い期間だけを切り離して分析することで、どんなに深刻な誤謬を犯して来たのかを指摘しました。そのような問題意識から、〝我々の中の慰安婦〟に続けて、朝鮮王朝時代に遡って妓生《キーセン》の歴史を掘り下げたのです。私が知っている限り、弱小女性に対する性支配の全史をそれほどロングスパンで連続的に叙述した研究成果を、これまで私以外に発表した人はいません。初めての試みだったので完璧《かんぺき》ではないでしょう。しかし、「それは日本に対する批判の視線を国内に向けさせるためだ」と罵倒するのは、非常に残念なことです。そのような批判は、我々を切ない気持ちにさせます。

果たしてこの国の歴史学は、近代の関門を通過したことがあったのでしょうか？　そのような懐疑と共に、絶望感まで抱かされます。

〈参考文献〉

安秉直（アン・ビョンジク）翻訳、解題『日本軍慰安所管理人の日記』イスップ、二〇一三年刊
［안병직 번역 · 해제 (2013), 『일본군 위안소 관리인의 일기』, 이숲］
魏滋炯（ウィ・ジャヒョン）「軍事都市での淪落女性に対する社会医学的調査研究」（ソウル大学校保健大学院修士学位論文、一九六七年）
［위자형 (1967), 「군사도시에서의 윤락여성에 대한 사회의학적 조사연구」, 서울대학교 보건대학원 석사학위논문］
尹明淑（ユン・ミョンスク）「稼ぎの良い個人営業者だなんて」（『ハンギョレ新聞』二〇一九年九月五日付）

［윤명숙(2019),「돈벌이 좋은 개인 영업자라니」,『한겨레신문』2019년9월5일자］

李栄薫（イ・ヨンフン）「我々の中の慰安婦」（『反日種族主義』未来社〔二〇一九年刊〕所収）

［이영훈(2019),「우리 안의 위안부」,『반일 종족주의』, 미래사］

3

彼女たちは果たして手ぶらで帰ったのか？

李《イ》栄薫《ヨンフン》

反日種族主義者による暴論

日本軍慰安婦は、非常に稼ぎの良い職業だったのか。それに関して、日本の良心的知識人と市民らが運営する日本戦争責任史料センターは、次のように批判している。敗戦時、ビルマのインフレは東京の一二〇〇倍に達していた。慰安婦の文玉珠《ムンオクチュ》がビルマで貯蓄した二万数千円は、その一二〇〇分の一、即ち二〇円程度の価値しかなかった。ビルマなど、東南アジア地域での深刻なインフレのため、日本政府は、為替差額が生ずることを防ごうと、一九四五年に外資金庫を設立した。ビルマで巨額を蓄えても、日本の円に交換できなかったのだ。

（尹明淑《ユンミョンスク》、二〇一九年、抜粋引用）

東南アジアでの貯蓄の実質価値？

私は『反日種族主義』の中の一つの章「日本軍慰安婦問題の真実」で、日本軍慰安所を、後方の公娼制に比べて〝高労働、高収益、高危険〟の市場だったと記しました。

日本軍慰安婦やその父母は、周旋業者から通常一〇〇〇円の前借金を受け取りました。それは、当時の紡織工場の男子職工の四年分の年収に相当する大金でした。そのような大金を慰安婦たちは、おおよそ一年以内に償還しました。東南アジアに行った慰安婦に対する米軍の尋問記録や、ビルマとシンガポールで慰安所の帳場人として生活した朴治根《パクチグン》の日記、また、他の記録から、そのような事実を確認することができます。したがって、慰安所と慰安婦営業が高収益であったことを否定するのは難しいと思います。

私のそのような主張に対して、慰安婦研究者として有名な尹明淑が、「戦争期の東南アジアの激しいインフレーションを考慮すると、慰安婦たちが現地の通貨で成した貯蓄の実質価値は非常に少ないものに過ぎなかった」と異議を唱えました。もし文玉珠が、一九四五年八月以前にその貯金を日本で引き出そうとしたら、実質価値は二〇円ほどの少額に過ぎなかったはずだ、という話です。

次頁の図3-1は、アジア・太平洋戦争期に大東亜共栄圏の各地で示された物価上昇率を比較・提示したものです。激しいインフレーションは一九四一年からでした。これは、各地の日本軍が

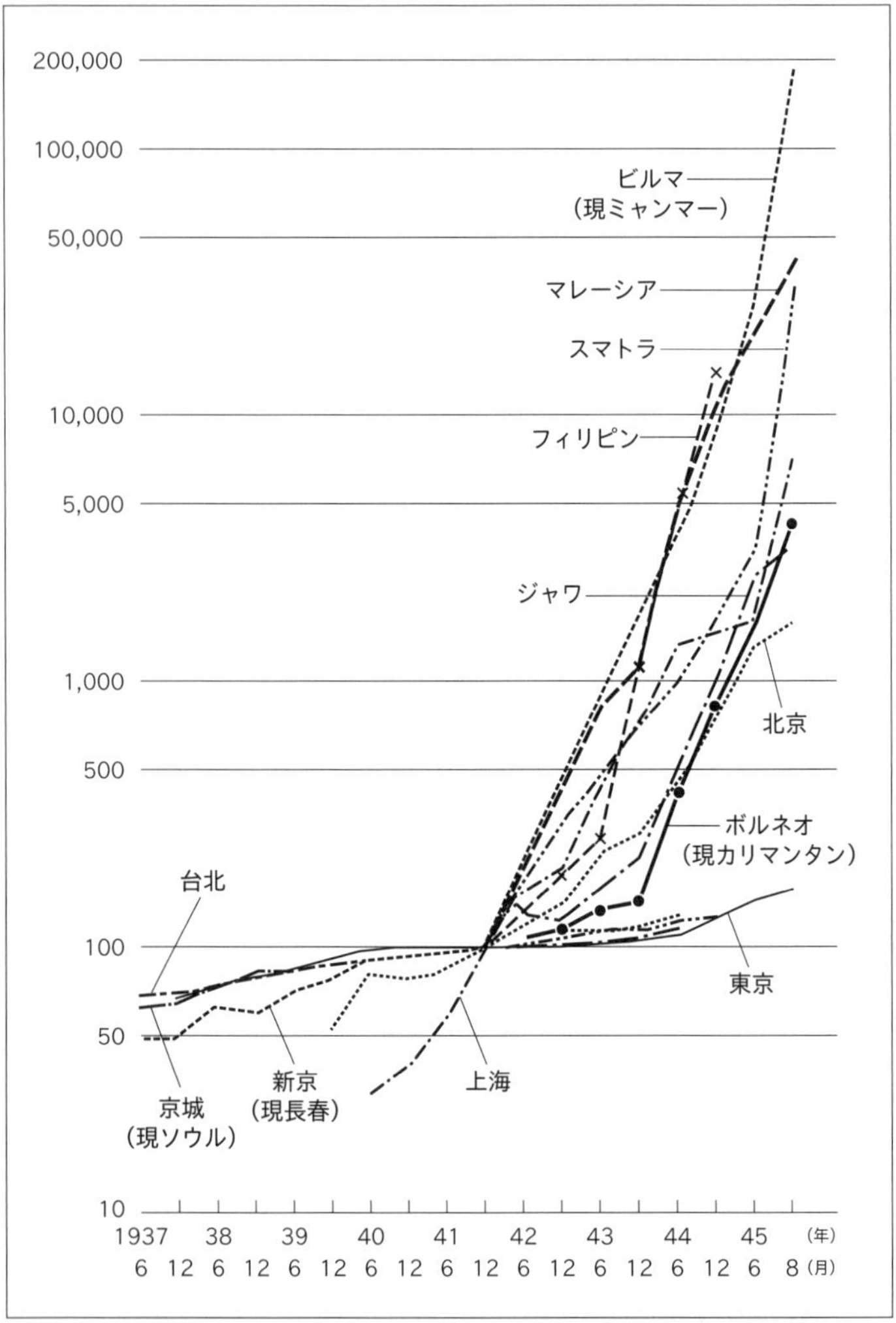

資料：板垣竜太他『"慰安婦"問題と植民地支配責任』サムチャン、2016年、62頁

図3-1　大東亜共栄圏各地の物価指数（1941年12月を100とする）

戦費支出のため、各地の中央銀行を通じて現地通貨や軍当局の軍票を乱発したからです。尹明淑の私に対する批判はその論旨がはっきりしませんが、次のように理解しています。尹明淑の言うところによれば、慰安婦の文玉珠は一九四三年三月から一九四五年九月までの間に二万六千五百余円の軍事郵便貯金をした。ビルマのインフレ率は、日本の一二〇〇倍だった。したがって、文玉珠がビルマで貯蓄した二万六千五百余円を日本で引き出したとしたら、実際の引き出し額は一二〇〇分の一である二二円に過ぎず、二年六カ月間、死ぬ気で貯蓄したのに、実際には紡織工場の職工の一カ月の給料に過ぎなかった。そのように、ほとんどの慰安婦は手ぶらで帰って来たのだ、ということになります。

大東亜共栄圏の通貨制度

私に対する尹明淑の批判は、一九三七〜四五年の戦時期における大東亜共栄圏の通貨制度に対する誤解に基づいています。

日本は、日本、朝鮮、台湾、満洲、中国、東南アジアから成る大東亜共栄圏の各地の通貨と日本銀行券の円が一対一で交換される、等価固定為替制度を採用していました。実は一九三九年以来、各地域通貨の実質価値が、地域によって異なるインフレ率で変わってしまうので、固定為替制度を諦めて変動為替制度を採用しようという論議が数次にわたって提起され、一時その実施が真剣に考慮されたこともありました。しかし日本は、基軸通貨である円と各地域の通貨が等価で交換される等価為替制度を、最後まで放棄しませんでした。

変動為替制度への転換については、何より日本軍部の反対が強かったのです。大東亜共栄圏に対する帝国日本の支援及び支配に関する政策的意思が大きく疑われる可能性がある、という理由からです。また、各地域に進出して投資を行なった日本の資本家たちの反対も、重要な要因でした。変動為替制度を実施すれば、円貨で表示された彼らの投資資産の価値が大きく切り下げられるからです。つまり、大東亜共栄圏の各地域で現地通貨で成された貯蓄や送金を日本や朝鮮から引き出すときに、尹明淑が主張するように、インフレ率を考慮した実質為替で評価が切り下げられる、といったことはありませんでした。

その代わりに、日本の大蔵省を中心とした戦時金融当局は、送金及び引き出しを制限する政策を取りました。そのことに関しては、『朝鮮銀行史』（一九八七年）をはじめとしたいくつかの研究成果があって、その具体的な状況を把握することができます。等価固定為替制度が固守される中で、送金及び引き出しが自由であれば、各地域のインフレはそのまま日本に押し寄せて来るはずです。これを防止するために戦時金融当局は、送金の用途を制限したり、月別送金額の限度を設けたり、日本で引き出すときに相当金額を強制貯蓄させたりし、のちには、一定限度の少額の引き出しだけを許容する政策を行ないました。

ここで、送金と引き出しに対する統制政策が、朝鮮ではどのくらい徹底的に行なわれたのかは、史料不足のため詳しい実状は分かりかねます。そのことに関しては『朝鮮銀行史』には、「一九四四年五月以降、中国から朝鮮に送金された金額に対して、その四～五割を強制貯蓄の対象にした」と記されています。大体その頃から朝鮮でも、送金や引き出しを制限する政策が本格化した、と言うことができます。つまり一九四四年五月以前は、送金や引き出しが比較的自由に行なわれていたと言えます。一九四四年五月以後でも、朝鮮総督府と朝鮮銀行による統制政策がどこまで徹底的に行なわれていたのかは疑問です。生産・物資・金融の統制と関連して朝鮮総督府はいつも「朝鮮は日本とは状況が異なる」と言い、日本で施行される諸般の統制政策と一定の距離を置いていました。朝鮮銀行も同様でした。日本の大蔵省は、朝鮮銀行が本国の方針に反して頻繁に大量の資金を日本支店に送金することを指摘し、その是正を要求しました。

外資金庫について

そんなに重要な問題ではありませんが、一つ指摘しておきたいことがあります。

尹明淑は、「地域間で相異なるインフレにより為替差額が生ずることを防ぐために、日帝は一九四五年二月に外資金庫を設立した」と主張しています。この外資金庫に関しては『日本金融史資料』第三〇巻（一九七一年）や前掲『朝鮮銀行史』から、大概の情報が得られます。中国、東南アジアなどの日本軍の占領地で物価が暴騰したため、日本政府は、それまでの租税増収や公債発行の方式では軍事費を賄うことができなくなりました。そこで大蔵省外資局の傘下に金融機関を一つ設立し、為替を変更しなくても同じ効果をもたらす資金操作を行なって、占領地の軍事費に充当するようにしました。それが外資金庫です。

資金操作の方式は、おおよそ次のようなものです。仮に、中国の華中地域の日本軍が儲備券《ちょびけん》と呼ばれる現地通貨の一〇〇ドルの軍事費を大蔵省に要請した、としましょう。これに応えて大蔵省は、外資金庫に資金の支給を命じ、外資金庫の外資調整委員会は一〇〇ドルを日本銀行券一八円の額面に調整します。調整比率は流動的でした。それから外資金庫は、外資金庫資金証書を発行し日本銀行に提出します。日本銀行は、それを政府貸上金の口座の資産として処理し、政府預金一八円を発生させて日本軍に支給します。日本軍は、これを外資金庫の上海支店に入金し、同支店はこれを横浜正金《しょうきん》銀行の上海支店に預金します。ここまでは、もっぱら外資金庫の帳簿操作だけで行なわれる過程です。その後、横浜正金上海支店は、占領地の中央銀行である儲備銀行との預金協定により、一八円を同銀行に預金し、現地通貨の一〇〇ドルを引き出します。

要するに外資金庫というのは、占領地の日本系銀行に虚偽の政府預金を発生させ、それに基づいて占領地の中央銀行から現地通貨を無制限に引き出させるという、資金操作の機構でした。戦争が終わると日本政府は、占領地の日本系銀行に保管中だった少量の政府保有金をもって占領地の中央銀行に対する日本政府の債務を清算しましたが、それは詐欺的な金融操作でした。激しく誘発されたインフレによって金の価値はそれ以上に膨れ上がったので、そのように言えます。

外資金庫は各占領地に支店を設置しました。主要取引銀行は、華中を担当した横浜正金銀行上海支店、華北を担当した朝鮮銀行北京支店、東南アジアを担当した南方開発金庫でした。朝鮮銀行が外資金庫に貸し出した金額は、総額で五六五億円に達しました。外資金庫は他にも、占領軍が行なった煙草専売事業の収益金と現地企業の寄付金などを収入源としましたが、その詳細な実態は極秘となっていて分かりません。外資金庫が作り出した資金は、占領地での軍事費の中で、主に物品費の支給に使われました。ともあれ、外資金庫の役割は個人や企業の地域間金融取引とは無関係なもので、それに関しては戦争が終わるまで固定為替制度が固守されました。地域間で相異なるインフレに伴い為替差額が生ずるのを防ぐために外資金庫を設立した、という尹明淑の理解は正しくありません。

慰安婦たちの送金と引き出し

シンガポールで活動した朝鮮人慰安婦たちの送金に関しては、朴治根の日記が具体的な情報を伝えてくれます。

彼は、シンガポールで菊水倶楽部という慰安所の帳場人として働きました。彼は慰安婦たちに頼まれ、シンガポールの横浜正金銀行の支店か郵便局を通じて、彼女たちの実家に送金する業務を代行しました。一九四四年の彼の日記には、合わせて三〇回以上の送金代行の記録があります。

一例を挙げると、五月三一日には、「正金銀行に行って、金川光玉の送金許可申請を提出した」と記されています。廃業をした後、朝鮮に帰る慰安婦でした。その送金許可申請に対して正金銀行が送金許可を通知するのは、六月一〇日でした。そして四日後の六月一四日、朴治根は正金銀行に行って送金をしました。同じ六月一四日、朴治根はシンガポールの中央郵便局に行って、大邱にいる自分の妻にも六〇〇円を郵便為替で送金しました。この事実は、家族の生活費のための少額の送金には何ら制約がなかったことを示しています。反面、金川光玉の送金許可に一〇日もかかったのは、その金額がかなり大きなものであり、現地で取得した事業所得だったからだ、と考えられます。

その金額がどのくらいだったのかについては、次のような例を紹介したいと思います。

一九四四年一一月二四日、朴治根は、金〇守という慰安婦の代わりに横浜正金銀行に送金許可を申請します。それが許可されたのは、一週間が過ぎた一二月一日でした。以後、一二月四日、朴治根が金〇守のために送金した金額は一万一〇〇〇円です。その程度の金額は、申請し、許可を貰って送金するまで、おおよそ一〇日かかったと言えます。

金額が大きいほど送金許可に長い時間がかかりました。一九四四年一一月四日、朴治根は大邱に帰る決心をし、三万九〇〇〇円の送金を申請します。それが許可されたのは一二月一六日でした。四二日もかかったのです。そのように、一定レベル以上の大金を送金するときは、許可されるまで相当な制約があったことが分かります。しかし、彼が申請した三十余件の送金業務の中で、断られたものは一件もありませんでした。個人の営業所得であり、その金額は大きくても一万～三万円だったからです。

それでは、故郷に帰った慰安婦やその家族が、送金したお金を受け取るのに何か制約があったのでしょうか。少額の生活費を引き出すのには、何ら支障がありませんでした。朴治根が大邱の妻や金海の弟に五〇〇～六〇〇円の少額を送金すると、しばらくしてから、「お金を無事受け取った」という電報が届きました。一万円またはそれ以上の金額はどうだったのでしょうか。

年度(年末)	国際郵便為替		郵便為替貯金	
	金額(円)	増加率(%)	金額(円)	増加率(%)
1936	29,178,637		6,774,376	
1937	35,690,047	22.3	8,707,755	28.5
1938	47,211,274	32.3	10,706,240	23.0
1939	81,750,498	73.2	14,974,211	39.9
1940	121,587,521	48.7	18,827,491	25.7
1941	150,390,391	23.7	24,957,361	32.6
1942	204,401,248	35.9	31,728,612	27.1
1943	286,726,899	40.3	40,609,447	28.0
1944	315,729,575	10.1	112,578,000	177.2
1945(6月)	30,298,617	-90.4	123,037,000	9.3

資料：1936～42年は朝鮮総督府『朝鮮総督府統計年報』1942年度版、1943年は南朝鮮過渡政府『朝鮮統計年鑑1943年』、1944～45年は朝鮮銀行調査部『経済年鑑1949年』

表3-1　戦時期における国際郵便為替の受け取りと郵便為替貯金の動態

表3-1は、一九三六～四五年における、日本、満洲、中国、東南アジアなどから朝鮮に発行した国際郵便為替の受け取り状況を表わしています。一九三七年、日本と中国の間で戦争が勃発すると、数多くの朝鮮人が労務者、軍属、移民の形で日本と満洲に移住しました。中国の関内へは、一九三九年以後に朝鮮人の移住が急増し、一九四二年には総人口が一〇万名に達しました。表で分かるように、一九四三年まで毎年、朝鮮の国際郵便為替の受け取り額が大きく増加したのは、これらの各地域に移住した朝鮮人の、実家への送金が大きく増えたからです。もちろんその中には、一九三七年以後に各地域に出て行った日本軍慰安婦たちの送金も含まれています。例えば、遥か遠くの南洋のラバウル島まで行った春子という源氏名の朝鮮人慰安婦は、軍事郵便を通じて、毎月一〇〇円を両親に欠かさず送金

しました。

表3-1の郵便為替貯金とは、国内為替も含めて郵便為替を受け取った人が、それを全額は引き出さず、貯金の形で残しておいたものです。一九四三年までの趨勢を見ると、国際郵便為替の増加とほぼ同じ比率で郵便為替貯金も増加しています。つまり一九四三年までは、国際郵便為替の引き出しには何ら制約がありませんでした。制約が生じるのは一九四四年からです。その年に郵便為替貯金が突然一七七%も増加しました。前に、一九四四年五月以降、中国から送金された銀行為替の場合、その四~五割が強制貯蓄された、と指摘しましたが、同じ制約が郵便為替にもかかり始めたと見えます。

要するにそれ以前は、銀行為替であれ郵便為替であれ、地域間送金と引き出しには何の制約もありませんでした。制約がかかるのは一九四四年五月以降ですが、それもその年末までは禁止的なレベルではありませんでした。前に紹介した通り、その期間もシンガポールから帰還する慰安婦たちは、稼いだお金を朝鮮に送金しましたが、金額の大小に応じて送金許可を受けるのに若干の時間差が生ずる程度の制約でした。朝鮮でお金を引き出すときにも、金額や用途に応じて同様の制約がかけられただけだったと見られます。しかしながら一九四五年になると、まったく違う状況になりました。表で見るように、その年の六月まで、国際郵便為替の受け取り額は、前年度の一〇分の一に過ぎないほどに急減しました。まさしく大東亜共栄圏全体が崩壊する破局でした。送金と引き出しは、ほとんど禁止的なレベルだったように見えます。

誇張は困る

結論を言うと、一九四四年五月まで、個人の数万円ほどの送金と引き出しには、大きな制約はありませんでした。日本におけるような強力な統制がなかったのは、企業の海外進出による大規模営業所得がなく、ほとんどが小規模営業所得か家族への生活費の送金が中心だったので、総通貨量に大きな影響を与えなかったからです。大きな制約がかかるのは、破局と言える一九四五年からです。最も可哀想な人々は、一九四五年八月に戦争が終わるまで慰安所にいた女性たちです。文玉珠もそうした中の一人でした。戦勝連合国は、現地通貨で成された貯蓄の引き出しを、しばらくの間、禁止しました。

しかし、一九四四年までに運良く帰還した人々が一攫《いっかく》千金の巨額を摑んだ、と誇張するのは困ります。いくつか知られている慰安婦たちの送金額や貯蓄額の現在における価値を推定するのは難しいのです。換算基準を何に置くのかによって推定値は変わります。何よりも、その実質価値がいくらであろうが、お金を引き出しても物資がなく、使い道がない時期でした。解放後は、より深刻なインフレという事態に直面しました。場合によっては、実質価値がさらに下がる可能性もありました。

世の動きに鋭敏な人なら、無理をしてでも預金を引き出して、土地や家屋を購入したでしょう。そういうケースではひと財産を築けたでしょう。シンガポールから三万九〇〇〇円を送金した朴治根は、故郷の金海で果樹園を購入しました。これは成功したケースだったでしょう。女性たちには思いもつかない投資だったかも知れません。忠清南道の論山面では、二人の帰還慰安婦が論山駅前で食堂を始めました。いくらかお金を持って年配の独身男性と結婚した女性もいたし、結婚はしたものの過去のことが明るみに出て追い出された女性もいました。慰安婦生活は、非常に辛くて危険であることの見返りとして収益が良かったのは事実です。「彼女たちは手ぶらで帰った」というのは間違いです。だからと言って、「彼女たち皆が大金を儲けた」というのも間違いです。時代は深刻な混乱期で、帰還以降の慰安婦たちの人生も、決して平坦なものではありませんでした。

〈参考文献〉

安秉直（アン・ビョンジク）翻訳、解題『日本軍慰安所管理人の日記』イスップ、二〇一三年刊
[안병직 번역 · 해제 (2013),『일본군 위안소 관리인의 일기』, 이숲]
尹明淑（ユン・ミョンスク）「稼ぎの良い個人営業者だなんて」（『ハンギョレ新聞』二〇一九年九月五日付）
[윤명숙 (2019),「돈벌이 좋은 개인 영업자라니」,『한겨레신문』2019년 9월 5일자]
李栄薫（イ・ヨンフン）「我々の中の慰安婦」（『反日種族主義』未来社〔二〇一九年刊〕所収）
[이영훈 (2019),「우리 안의 위안부」,『반일 종족주의』, 미래사]
＊日本銀行調査局『日本金融史資料』第三〇巻、大蔵省印刷局、一九七一年刊
＊柴田善雅『占領地通貨金融政策の展開』日本経済評論社、一九九九年刊
＊朝鮮銀行史研究会『朝鮮銀行史』東洋経済新報社、一九八七年刊
＊堀和生「東アジアの歴史認識の壁」（二〇一五年の手稿）
＊千田夏光『従軍慰安婦・慶子』光文社文庫、一九八五年刊

第2編

戦時動員

4

日本に行ったらみな強制動員なのか？

李宇衍《イウヨン》

> **反日種族主義者による強弁**
>
> 動員の強制性と暴力性は、（戦争）末期になるほどに露骨になった。内務省嘱託小暮《こぐれ》泰用《たいよう》は次のように報告している。「出動は全て拉致と同じ状態だ。なぜならもし事前にこのことを知らせるならば、皆逃亡してしまうからだ。それで夜襲、誘出、その他各種の方策をめぐらせ人質のような拉致状態の事例が多いのだ」。
>
> （金敏喆《キムミンチョル》、二〇一九年、抜粋引用／鄭恵瓊《チョンヘギョン》、二〇一九年、抜粋引用）
>
> 一九三九年から朝鮮民衆の離脱が始まった。脱出者は一九三九年には全体の五・二％である二〇〇〇名だったが、一九四〇年には三七・二％に、一九四三年には四〇％に増えた。〝ロマン〟なのに、なぜ脱出し官憲を暴行し集団抗挙をしたのか。
>
> （鄭恵瓊他、二〇一九年、抜粋引用）

〝強制動員〟と〝強制徴用〟という用語について

『反日種族主義』が刊行された後、私に提起された最初の批判は、〝強制徴用〟や〝強制動員〟を否定した、ということでした。記者たちだけでなく、研究者たちもこのような批判をぶちまけました。まず〝強制徴用〟の否定についてお話しします。

私は徴用を否定したりしていません。一九四四年九月から徴用が実施され、これにより二十二万余名の朝鮮人が日本に動員されました。徴用に応じなければ、一年以下の懲役か〇〇〇円以下の罰金に処されました。このように、徴用は明白な強制でした。したがって私は、「法律が規制する強制的な動員方法」だったと記しました。それにもかかわらず、〝強制徴用〟を否定している、という批判が提起されるのは、私の文章を間違って読んだのでなければ、私が、「〝強制徴用〟という言葉自体が事実を歪曲する虚構的な概念だ」と批判したためだと考えられます。

徴用はそれ自体が強制であるにもかかわらず、わざわざ「強制」という単語を付けています。もし韓国で徴兵を「強制徴兵」と言えば、人々は笑うことでしょう。同じことです。それでもなお敢えて「強制」という言葉を付けたがるのは、徴用に「奴隷のように連れられて行った」という式の、奴隷狩りのイメージを塗り付けるためです。意図したことではないのかも知れませんが、結果的にはそうです。しかし徴用は、基本的にそういうものではありません。

当時、徴用令書と呼ばれた令状が出ると、対象者は令状を受領しなければならず、決められた時間と場所に出頭し、身体検査と適性検査を受けました。それを通過すると面事務所や郡庁に再度集まり、釜山や麗水に集団移動し、そこで日本の会社から来た労務担当者の引率下、連絡船に乗って海を渡りました。徴用にはこのような定められた法規があり、それに則って行なわれたのであり、デタラメに手当たり次第に捕まえてトラックに載せ、荷物のように日本に運ばれたのではありません。

〝強制動員〟も、事実を誇張し歴史を歪曲する概念です。徴用に先立ち一九三九年九月以降、満五年にわたり「募集」と「官斡旋」という方式で労務動員が行なわれました。募集と官斡旋は、基本的に個人の自発的な意思によるものでした。日本に動員された七十二万余名の労務者の中で、徴用されて行った二二万名ほどを除いた約五〇万名が、そうして日本に渡りました。徴用されて行ったとしても、一年足らずで戦争が終わったので、労務動員において徴用の持つ意味は、さらに小さくなります。

〝強制動員〟という概念の下では、日本に動員された全ての朝鮮人は奴隷になってしまいます。しかし、募集と官斡旋で重要だったことは、新しい場所で自身の運命を開拓しようとした朝鮮人たちの自発的な意思でした。このような意味で〝強制動員〟は、歴史の真実を歪曲する概念です。私は、「たんに『労務動員』とだけ表現すればよい」と主張しています。このことで「〝強制動員〟を否定した」と批判するのは、私の主張の論点をぼやかすことです。

動員の実態

私に提起された別の批判は、「徴用以前の募集と官斡旋も強制的だった」というものです。その根拠としていくつかの記録が提示されましたが、この章の冒頭に引用した小暮泰用の報告書が一番印象的です。その他に、水田直昌と鎌田沢一郎の記録が提示されています。

問題は、小暮らが記すような状況がどれだけ一般的だったのか、ということです。私はそのことについては否定的です。徴用が始まった一九四四年九月以前にそのような強制的動員が一般的だったとしたら、その期間に日本に動員された五十万余名という莫大な数に照らし合わせてみれば、官憲との暴力的対峙《たいじ》など、大規模な集団行動と争乱状態が朝鮮全土を覆っていなければなりません。しかし、そのような事態は起こりませんでした。

歴史学がある時代の特定の事件を扱うときは、まず、その時代のおおまかな流れを掴まなければなりません。小さく個別的な事件は、それがどんなに特殊で多様に見えても、同時代の大きな流れに制約されています。個別的な事件を羅列したり繰り返したりすることだけで、歴史学が成立するものではありません。右に提示された記録は、そういうレベルの個別的事件を物語っています。加えて、そういうレベルの記録をもっと多数提示するのも簡単ではないと思います。

姜寿煕《カンスヒ》という人が、一九四二年に官斡旋で日本に行きました。彼は、面長（日本で言う村長）と駐在所所長に「日本に行け」と言われて渡日しましたが、「日本は天国だと思っていました。

村から日本に行った人が帰ってくると、洋服を着て中折れ帽子を被って革靴を履いているんです。（中略）ですから、『日本に行け』と言われたとき、そんなに抵抗感もなかったのです」という言葉を残しています（『明日への選択』編集部、二〇〇四年、一六～一七頁）。

李斗煥《イドゥファン》という人も、似たような時期に官斡旋で日本に渡りました。

役所に呼び出されて「日本へ行ってくれ」と言われた。いやとも言えないしな。まあ正直いえば嬉しかったの。日本に来たくてもなかなか来られないんだから。韓国にあっても、仕事ないし、百姓ぐらいだから。おれだけじゃなくして、日本に来たがってたの、大勢いたんだ。（『明日への選択』編集部、二〇〇四年、一七頁）

このように、内心日本行きを望んでいた人たちがいたし、もっと積極的に官憲に〝頼み込み〟日本に行った人もいました。自発的に日本に行った人々の例は、これら以外にも数多くあります。官憲が朝鮮人に「渡航してくれ」と頼み込む事例もあります。

当時の関係者は「割当（ノルマ）がきたとき（朝鮮）駐在（警察官）は最初『どうだ行かんか』といってすすめていたようですが後になると『お前徴用が来たぞいけ』『どうしてもだんなさん私は行かれん』というふうに朝鮮語で話しているんですが、どうしても行けと云って遂に市街の巡査は『逃げても何でもかまわん、行くだけ行ってくれ、うまく逃げて来たら

お前の得だ』と、最後には苦しまぎれにそういうんです」と証言している。（田中直樹、一九八四年、六二二頁）

初めのうちは「どうだ行かんか」と言い、あとでは「行け」と言い、それでもだめなら「逃げても何でもかまわん、行くだけ行ってくれ」と泣き付いた、という話です。

もう一つ、〝最後の褓負商《ほふしょう》注19〟として有名な柳鎮龍《ユジンリョン》の口述を見て行きます。彼は一九四一年、二五歳で日本に動員されました。

ある日、支署から来いと言われたんだ。行くと「日本に行かないといかん」と言うんだ。「日本に何で行くんだ？　俺は行かん。俺が日本に行ったら残った家族はどうするんだ？誰が食べさしてくれるっていうんだ？」と食って掛かったんだ。「俺は行かん」って、やたら言い張ったんだ。そう言い張ったもんだから「家族の心配はするな。何がなくとも行かねばならん」と言う。「行って目をつぶって三年だけがまんして来い」と言う。「心配するなって？　お前さんらが食べさしてくれるとでもいうのか？」と言うと、俺が日本に行けば家族が食ってけるってことなんだ。自分らが配給して助けるから、心配しないで行けって言うんだ。支署の主任がそう言うんだ。「食べさすっちゅうのもみんなたわごとさ、俺は行かん」と言った。「ホントに行かんのか？　捕まえに行ったらどうする気なんだ？」「捕まったときは捕まったときさ、俺は今は絶対行かない。勝手にしてくれ」って出て来たんだ。だから毎

注19　**褓負商**：荷物を背負ったり褓（風呂敷）に包んだりして売り歩く行商人。

日毎日呼び出すんだ。支署に来い、面に来い、大騒ぎさ。こうして毎日毎日踏ん張ったんだが、ついに捕まえに来た。面の職員一人と巡査一人、俺んちに怒鳴り込んで来た。「もういい、捕まえなくていいさ」って、「行こう」「ついてくから行こう」って。そうしてついて行ったんだ。しかたなく連れてかれたってことさ。強制的に連れて行かれるんだから涙が止まらないのさ。（柳鎮龍、一九九二年、九四頁）

少し長いですが、生き生きとした描写には非常に興味深いものがあります。面事務所と支署の強制がありました。しかし、柳鎮龍は引っ張られて行く前に、つまり直接的な暴力がなされる前に、自ら従って行くことにしました。それまでの柳鎮龍の拒否の意思もはっきりしたものでした。何の憚《はばか》りもありません。双方共に執拗でしたが、暴力沙汰はありませんでした。どこまでが自発で、どこからが強制でしょうか？　複雑です。以後、柳鎮龍が日本に渡る過程を詳しく見て行くと、幾度か逃亡の機会がありましたが、そうはしませんでした。引っ張られて行く奴隷の行列ではありませんでした。釜山に到着した彼の気持ちは、次の通りでした。「どうせここまで来たんだ、日本見物でもして行こう」。

自由渡航

募集と官斡旋の時期、労務動員と関連し注目すべき重要な事実があります。表4-1に見られ

年度	渡航者(a)	労務動員渡航者(b)	一般渡航者(a-b)	在日人口(年末)
1939	316,424	53,120	263,304	961,591
1940	385,822	59,398	326,424	1,190,444
1941	368,416	67,098	301,318	1,469,230
1942	381,673	119,721	261,952	1,625,054
1943	401,059	128,296	272,763	1,882,456
1944	403,737	286,472	117,265	1,936,843
1945	121,101	10,622	110,479	2,000,000
計	2,378,232	724,727	1,653,505	—

資料：森田芳夫『在日朝鮮人処遇の推移と現状』1955年／日本の大蔵省管理局『日本人の海外活動に関する歴史的調査』1947年

表4-1　戦時期における日本への渡航者と在日朝鮮人

るように、一九三九年から解放以前までで、労務動員とは関係なく、お金を稼ぐためにだけ日本に渡った朝鮮人が、なんと一六五万名を超えました。それで日本に居住している朝鮮人は、一九三九年末の九十六万余名から一九四五年八月の二〇〇万名まで、二倍以上に増えました。徴用が実施される前の一九四三年までに、労務動員とは関係なく日本に渡った朝鮮人の総数は、百四十万余名にもなります。募集と官斡旋により動員された五十万余名の二・八倍に相当する、大きな規模です。

　日本に渡航する朝鮮人が一九三九年以後、大きく増加したわけですが、それが、それ以前になかった新しい現象というのではありません。早くから日本に向かう移民の群れがありました。一九一〇年代には年平均五〇〇〇名未満でしたが、一九二〇年代には年平均三万五〇〇〇名、一九三〇年代には年平均七万二〇〇〇名が、日本に移住して行きました。日本の各地に朝鮮人の移民社会が形成されました。朝鮮に一番近い福岡の場合、一九二八年に朝鮮人炭坑夫が既に六五〇〇名に達していました。一九二五年以後、日本では普通選挙が実施されました。それによって朝鮮人が密集した所では、朝鮮人の地方議会議員を出したりもし、果ては中央の衆議院議員に当選する人も現われました。移民社会の二世には、教師、公務員、医師のような階層上昇に成功した人々も少なくありませんでした。大体の移民社会がそうであるように、先に渡って行った朝鮮人は、故郷の親戚や知人を呼びました。一九三九年以後の朝鮮人の大規模自由渡航にも、そのような背景が作用しました。

また、この時期に密航が盛んに行なわれた、という事実にも注目すべきです。一九三九〜四二年の間で、高い金を支払い小さな船に自分の命を任せる密航を試み発覚した朝鮮人が、二万二八〇〇名いました。もちろん、どれだけ多くの人々が密航に成功したのかは分かりません。その他、偽名渡航というものも頻繁にありました。郡庁所在地や釜山・麗水の旅館のようなところで輸送便を待つ間に、日本に渡る朝鮮人の戸籍謄本を購入し、その人になりすまして代わりに行くのです。彼らは日本の事業所に到着した後、より条件のいい仕事場を探して逃亡しました。便乗渡航も盛んに行なわれました。便乗渡航とは、費用をかけず安全に、また合法的に日本に渡航する機会として労務動員を利用したものを言います。彼らもやはり到着直後、新しい職場へと逃げて行きました。

労務動員とは関係なく、百六十五万余名が合法的に渡航し、二万名以上が密航を試み発覚したというのは、何を物語っているのでしょうか？　私を批判するために提示された記録物は、決してその時代の一般的な流れを代弁していない、という事実です。その時代の大きな流れは「ロマン」と言っても過言ではない、新文明と高賃金の機会を求め日本に押し寄せた朝鮮人の大きなうねりでした。日本の労務動員も、このような時代の流れを前提にして、朝鮮人の労働力を軍需関連産業に誘導しようとしたものでした。

いわゆる〝抵抗〟の実態

炭鉱やその他の鉱山で働いた日本人の青壮年たちは、大部分が戦場に召集され、それによって著しい労働力不足が起こりました。労務動員で日本に渡った朝鮮の青年たちは、六割以上が炭鉱やその他の鉱山で働きました。彼らの大部分は農村出身でした。定められた時間に出退勤する近代的労働規律は、彼らにとって面倒で不馴れなものでした。また、炭鉱などの鉱山での地下労働も、相当な恐怖感を抱かせるものでした。

私を批判する人々の言う朝鮮人の〝抵抗〟とは、多くの場合、日本行きそれ自体に対するものというより、炭鉱・鉱山行きに対するものでした。今日、韓国に働きに来ている東南アジアの若い人たちを考えれば、理解しやすいと思います。彼らにとって韓国は一つのロマンです。しかし、彼らも三K（きつい、きたない、危険）の業種を忌避します。彼らに三K業種の就職の提案があったとしましょう。きっと断るでしょう。そのような彼らをして「韓国行き自体を拒否した」とは言えません。当時も同様でした。募集や官斡旋において一部で強制が行なわれ朝鮮の若者が抵抗したのは、そのような背景からでした。

前で紹介したように、一九三九年以後、多くの若者たちが日本に渡って行きました。募集や官斡旋とは関係なく、百六十五万余名もの人々が日本に渡って行きました。彼らは、都市周辺の作業や土木工事現場に仕事先を求めました。そのほうがより安全で高所得でした。炭鉱やその他の鉱山、軍需関連工場に就職しようとはしませんでした。それで一九三九年以後、日本の会社による募集と総督府の官斡旋が行なわれるようになったのでした。それでも、必要な労働力をみな満たすことはできませんでした。みなが忌避する、辛く危険な業種だったからです。募集と官斡旋の過程で一部で強制が行なわれ、朝鮮の若者たちの抵抗を受けたのも、そのためでした。どこまでも一部の現象でした。時代の潮流は、新しい仕事場とより良い暮らしの機会を求め、年間一〇万名以上の朝鮮人が日本に押し掛けて行く、というものでした。

〝脱出論〟批判

続いて、動員された人たちのうち逃亡する人が最大四〇%に達した、という問題について調べてみたいと思います。

鄭恵瓊は私を批判し、「日本が〝ロマン〟であったのなら、なぜそんなにも多くの人々が逃亡したのか、結局強制労働からの脱出だったのではないか」と主張しています。まず指摘しなければならないのは、逃亡する者が多かったことは事実ですが、彼らは朝鮮に逃げ帰ったのではなく、日本でより条件の良い職場を見つけて逃亡したのだ、という事実です。逃亡の目的が帰郷だったという記録や証言は、どこにも見当たりません。

逃亡した労働者の経験談を一つ紹介します。主人公は、一九四五年三月に大阪に徴用された創氏名（日本名）金山正捐です。彼は、四カ月で大阪の鋳鍛《ちゅうたん》工場から東京に逃げて行きました。逃亡するのは少しも難しくありませんでした。東京では飯場に所属し、木材運搬や防空壕を掘る仕事をしましたが、仕事は以前のものに比べずっと軽く、給料も多かったそうです。戦争が終わると、彼は大阪に戻ります。戻った理由は、朝鮮人の帰国に対して動員当時の事業所が責任を持っていたためと思われます。無料ですぐに帰国できたため、元の事業所に復帰しました。そのとき大阪警察署で調査を受け、それでその際の調書に記録が残りました。

逃亡は、日本に渡る前から計画されたものでした。前に紹介した便乗渡航がそういうケースです。日本行きを前にした朝鮮人は、日本にいる朝鮮人ブローカーと連絡を取ります。いつどこで会うのか、予《あらかじ》め約束しておきます。ブローカーは彼が働く新しい職場を準備し、そこへの移動の手筈《てはず》を整えます。そうしておいてある日、彼は一日の作業を終え寄宿舎に戻り、外出を申し出たあと、ゆっくりとそこを離れ汽車に乗ります。新しい職場というのは、飛行場、道路、防空壕などの土木工事現場がほとんどでした。とにかく労働力が不足していたときだけに、雇う側は、逃亡者であることを知りながらも、彼らを雇用せずにはいられませんでした。

このように〝ロマン〟と〝逃亡〟は両立し、併存しました。多数の逃亡者の存在は、強制労働や奴隷労働の証拠にはなりません。むしろその反対でもあり得ます。動員された人たちの四〇％近くが、静かに作業場を離れて行きました。奴隷狩りで連れて来られた人たちならば、そんなに簡単に多くの人々が逃亡できるような環境下にいられるでしょうか。鎖と鞭が横行する収容所のような所でこそ可能なことです。しかし、現実はそうではありませんでした。日本での労務環境は比較的自由でした。このような事実は、朝鮮での動員自体が奴隷狩りではなかったことを、つまり朝鮮人たちの同意に基づいた過程であったことを示唆しています。朝鮮での動員過程と日本での管理方式は、それなりに一貫性を持ったものでした。

〈参考文献〉

金敏喆（キム・ミンチョル）「陳腐なレパートリー、しかし悪意に満ちた嘘の煽動―強制動員、強制労働否定論批判―」（民族問題研究所、日本軍慰安婦研究会『「反日種族主義」緊急診断：〝歴史否定〟を論駁する』〔学術会議論文集、二〇一九年刊〕所収）

［김민철 (2019), 「진부한 레퍼토리, 그러나 악의에 찬 거짓 선동들 – 강제동원 · 강제노동 부정론 비판 –」, 『「반일종족주의」긴급진단 : '역사부정' 을 논박한다』］

柳鎮龍（ユ・ジンリョン）他『テキ屋の銭がなぜ臭うのか？』根の深い木、一九九二年刊

［유진룡 외 (1992), 『장돌뱅이 돈이 왜 구린지 알어 ?』, 뿌리깊은나무］

鄭恵瓊（チョン・ヘギョン）「強制動員でなく就職？　朝鮮人〝逃亡者〟四〇％はなぜ出て来たのか」（『ハンギョレ新聞』二〇一九年九月二日付）

［정혜경 (2019), 「강제동원 아닌 취업 ? 조선인 '도망자' 40%는 왜 나왔나」, 『한겨레신문』 2019년 9월 2일자］

鄭恵瓊他『反対を論ずる』鮮仁、二〇一九年刊

［정혜경 외 (2019), 『반대를 논하다』, 도서출판 선인］

＊『明日への選択』編集部編『「強制連行」はあったのか―朝鮮人・中国人「強制連行」論の虚構』日本政策研究センター、二〇〇四年刊

＊田中直樹『近代日本炭礦労働史研究』草風館、一九八四年刊

＊西岡力『でっちあげの徴用工問題』草思社、二〇一九年刊

5

日本での労働、報酬、そして日常

李宇衍《イウヨン》

反日種族主義者による強弁

（李宇衍は）朝鮮人炭坑夫の作業配置は不利なものではなかった、と主張しておきながら、すぐその後で、危険な仕事を任された朝鮮人の比率は日本人より二倍高かった、その結果死亡率も高かった、と言う。これは自己撞着《どうちゃく》ではないか？

（田剛秀《チョンガンス》a、二〇一九年、抜粋引用）

朝鮮人鉱夫の賃金と朝鮮人を含めた鉱夫一般の賃金を比較すると、足尾銅山の進鑿《しんさく》夫（進鑿とは掘り進めること）の場合五六・六％、内車夫の場合七四・二％、運搬夫の場合七六・八％に過ぎなかった。朝鮮人鉱夫の実際の賃金の受領額は、どの企業体においても一〇円程度に過ぎなかった。

（金敏喆《キムミンチョル》、二〇一九年、抜粋引用）

作業配置に差別があったのか

右で紹介したように田剛秀は、「炭鉱の勤労環境や作業配置において朝鮮人を特に差別したという事実はなかった」という私の主張を批判し、また私が、「朝鮮人のうちでは坑内夫などの比率が高く、そのため負傷率が高かった」と述べているのは、自らの主張と矛盾している、と批判しました。田剛秀の批判は、当時の炭鉱の労働力需要と朝鮮人労働力の供給、そして炭鉱における労働事情をよく知らないため出て来たものです。

まず、炭鉱労働というのは腕力だけでできる仕事ではない、ということを念頭に置いておかなければなりません。

安全で効率的に作業をしようとすれば技術が必要であり、それは、経験を積む中で練り上げられた熟練をもって得られるものです。しかし、朝鮮人は地下での労働を避け、契約期間の二年が過ぎると、大部分が朝鮮へと帰ってしまいました。したがって、坑内夫、特に石炭を掘り出す採炭夫、坑道を掘り進む掘進夫、坑道を維持する支柱夫の仕事は、朝鮮人たちが日本人と組むことなしに独立してできる作業ではなく、日本人と共に作業班を組んで、共同で進めなければなりませんでした。

炭鉱の場合、大部分の日本人青壮年が戦場に行ってしまっており、労働力不足が深刻になっていました。特に深刻だったのは坑外より坑内であり、坑内でも採炭夫、掘進夫、支柱夫の仕事でした。日本の炭鉱業者たちは、このような仕事に適合する体力のある若者を朝鮮から動員しました。その結果、朝鮮人坑内夫の比率は日本人に比べて高く、坑内夫の中でも採炭夫、掘進夫、支柱夫の比率が、日本人より高くなったのです。一九四三年の統計によれば、日本人炭坑夫のうち坑内夫の比率は六〇%ですが、朝鮮人の場合は九二%に達しました。坑内夫の中でも、前述した三つの職種の炭坑夫が占める割合は、日本人の場合は三八%ですが、朝鮮人はほぼその二培の七〇%でした。

簡単に推測できるように、炭鉱の事故とそれによる犠牲者は、坑外夫より坑内夫、坑内夫でも右の三つの職種でより頻繁であり、このことは高い災害率としても現われています。このような炭鉱での労働条件、朝鮮人炭坑夫の需要と供給状況によって、朝鮮人の災害率が日本人より高くなりました。

朝鮮人が日本人と一緒に作業をしたため作業配置において差別がなかったという事実と、朝鮮人の災害率が日本人より高かったという事実は、このようにして説明できます。両者は矛盾してはいません。田剛秀は「自己撞着だ」と言っていますが、それは、批判しようという熱意が先立ち、私の論旨を理解しようとする努力に欠けているためだと思います。

格差と差別の混同

田剛秀、金敏喆、鄭恵瓊《チョンヘギョン》は、「賃金は民族差別的であった」と主張して、それを否定する私を批判しました。これに対してはまず、賃金民族差別論の先駆と言える朴慶植《パクキョンシク》の主張について『反日種族主義』で私が提示した批判に対し、彼らがまったく言及していないことを指摘しておきたいと思います。

朴慶植は、民族的賃金差別を表わしているという民族別賃金分布表を提示しながら、その背景にある民族別年齢分布の差については、意図的に紹介しませんでした。しかし年齢分布の差は、賃金分布の差を生み出す重要な要因でした。朴慶植の的外れな主張は、その後、研究者間で〝自明な命題〟とされ、今に至るまで無批判に複写され、さまざまなバージョンで繰り返されて来ました。

また『反日種族主義』で私は、全基浩《チョンギホ》の研究を引用して、「日本人より朝鮮人のほうが賃金が高かったケースも意外に多かった」と指摘しました。私は二〇一六年に、論文「戦時期（一九三九〜一九四五）日本に労務動員された朝鮮人炭坑夫・鉱夫の賃金と民族間格差」を『経済史学』第六一号に掲載しました。「制度的賃金差別はなかった」という主張の根拠として私は、一九八七年に発表された長沢秀《しげる》の論文から二〇一三年のパルマー（B. Palmer）の研究書に至るまで、六つの先行研究を紹介しました。田剛秀や金敏喆は、それについて一切答えませんでした。

彼らも研究者であるならば、特定研究者を批判するに当たっては、その底本になる論文まで検討しなければなりません。参考文献として提示したので、その存在を知らないわけがありません。もし検討しなかったとしたら、知的に怠慢であるということだし、読んだのに無視したとするならば、学問的に卑怯だと言えます。田剛秀は、私が江迎《えむかえ》炭鉱の事例について述べたことに、「一つの炭鉱から出た史料だけで民族間の賃金差別がなかったという結論を出した」と言っているところを見ると、明らかに私の論文を読んでいません。まさに怠慢です。

金敏喆は、「朝鮮人の賃金は、鉄鋼業と金属鉱山で日本人の六〇％、石炭鉱山では七〇％だった」とし、これをもってして「民族差別だ」と断言していますが、残念ながら、根拠がどこにあるのか分かりません。その格差が賃金差別に繋がるのでしょうか？　もし韓国で東南アジアの人たちの賃金が韓国人の六〇～七〇％だとしたら、その三〇～四〇％の賃金格差が即ち差別になるのでしょうか？　韓国で男性と女性の間に三〇～四〇％の賃金格差があるとしたら、それが女性差別になるのでしょうか？　経済学者たちの答えは「ノー」です。民族間あるいは男女間の賃金格差は、労働生産性の差によるものと、純粋な差別によるものとで構成されます。前者は、教育期間や熟練度を決定する勤続期間によって発生する賃金格差、すなわち〝差〟です。後者は、異民族であったり女性であるという理由だけで賃金を少なくする差別です。経済学者というのは、この両者を区別する数学的モデルを推定し、差別の存否や深刻さを判断します。

金敏喆の言う三〇～四〇％の賃金格差が事実だとしても、このことを指して〝差別〟と断定することはできません。単なる〝差〟である可能性を排除してはいけません。これは経済学の基礎的な常識に属する問題です。金敏喆は、三〇～四〇％の格差をもって、これがどうして発生したのか、果たして労働生産性の〝差〟を除外したときに本当の意味での差別があったのか、あったとしたらどの程度のものだったのか、疑問を持たなければなりませんでした。彼はこれらの問題を無視したまま、格差をみな差別と見なす間違いを犯しました。

私は、「朝鮮人のひと月当たりの収入が日本人より少ないケースがしばしば見られたけれど、それは民族差別によるものではなかった」と主張しました。私は、江迎炭鉱の運炭夫の賃金資料を利用して、このことについて詳しく説明しました。当時、炭鉱やその他の鉱山の賃金は、基本的には成果給でした。大体日本人の熟練度は、朝鮮人より高いレベルにありました。このような要因を総合して考察してみたら、例えば運炭夫の一〇時間労働に対する基本給において、民族間の差別を見出すことはできませんでした。さらに、日本人のひと月当たりの収入が高くなったほかの要因もありました。それは、日本人の超過勤務が朝鮮人よりずっと多かった、ということです。これは民族間の勤労意識の差でもありますが、朝鮮人と違い日本人には、扶養しなければならない家族がいたためでした。したがって、ひと月当たりの収入だけを見て民族差別を語るのには、多くの問題があります。

現金支給額が少ない理由

次に、朝鮮人に現金で支給される金額について調べて行きます。

それが日本人より少なかったのは事実ですが、だからと言って、差別の結果、微々たる小銭が支給されたわけではありません。それにもかかわらず金敏喆はそのような主張を繰り返し、私を攻撃しています。「朝鮮人鉱夫の実際の賃金の受領額は、どの企業体においても一〇円程度に過ぎなかった」と言っています。前に述べたように、賃金総額の民族間格差についてと同様に、こ

年度	控除額				送金	残額	計
	食費	貯金	その他	小計			
1940	15.24 (21.2)	13.37 (18.6)	11.78 (16.4)	40.39 (56.1)	24.84 (34.5)	6.72 (9.3)	71.95 (100.0)
1941		11.50 (21.7)			21.52 (40.6)		52.96 (100.0)
1944	18.00 (12.0)	45.00 (30.0)	25.00 (16.7)	88.00 (58.7)	40.00 (26.7)	22.00 (14.7)	150 (100.0)
1945	67.16 (53.8)			67.16 (53.8)	36.88 (29.6)	20.75 (16.6)	124.79 (100.0)

（単位：円、カッコ内は%）　資料：李宇衍、2016年

表5-1　賃金の支出内訳

ここにおいても彼は、私の二〇一六年の論文にひと言も言及していません。

上の**表5-1**をご覧ください。まず、この表に利用したデータは目新しいものではない、ということを強調しておきたいと思います。この表は〝強制連行〟や〝奴隷労働〟を主張する研究者たちが編纂した資料から、私が関連事項を全部見つけ出して作成したものです。例えば一九四〇年の数値は、日本全国四六カ所の炭坑・鉱山の資料から平均値を計算したものですが、元々朴慶植が編纂した資料集の中にあるデータです。この表で分かるように、賃金から食費二〇%内外、貯金二〇%内外などが控除され、四〇%以上が朝鮮人の手に渡されました。彼らはこのお金を、朝鮮にいる家族に送金したり、現地で消費したりするのにあてがいました。送金したあと手元に残った現金は、賃金総額の九・三%から一六・六%でした。

話は**表5-1**から離れますが、金敏喆は、林えい

だいが発表した住友鴻之舞《こうのまい》金鉱の事例に言及しています。それによると、一九四一年一一月以降の六カ月間の月平均賃金は四四六・三九円で、控除額は平均四一三・〇一円、それを差し引いた手取金額は三三・三八円、つまり賃金の七・五％に過ぎません。しかし、当該資料を直接確認すると、「控除金総額」が出ているだけで、その内訳が分かりません。この七・五％という数値は**表5-1**の「残額」、即ち送金したあと手元に残った金額に近いものです。住友鴻之舞の「控除金総額」には、送金が含まれていたものと見受けられます。したがってこの事例では、私の論旨を覆すことができません。

鄭恵瓊は「朝鮮人の手取金額は日本人より少なかった」という私の叙述が、「賃金は正常に支払われ、そこにおいての民族差別はなかった」という自らの主張と矛盾する、と批判しています。朝鮮人は大部分が単身で寮で生活し、日本人はたいていその扶養家族と共に暮らしました。したがって朝鮮人は、賃金から食費が控除され、家族がいないぶん貯蓄する余力が日本人よりずっとあった、と言えます。その結果手にする現金、つまり手取金に差がつきました。したがって、賃金において民族差別がなかったという主張と、手取金額で民族間に差があったという叙述に、何らの矛盾もありません。

賃金に関した私の主張に対する批判は、このように誤読あるいは怠慢によるものです。往々にして論理的思考の欠如も見受けられます。ここには共通の原因があると思われます。反日種族主義歴史学の制約です。この枠を超えない限り、韓国の歴史学は科学として成立できないでしょう。

日常生活について

朝鮮人の日常は比較的自由でした。このことについて私は、「夜を明かして花札をし次の日の出勤に遅れたり、酒屋に行ったり、朝鮮の女性のいる特別慰安所に出入りし、収入を使い果たす場合もあったほど自由な雰囲気だった」と書きました。ここにおいて強調しているのは、「そんなこともあり得た」ということです。朝鮮人の全てがそのように無節制な生活を送った、という意味ではありません。このことを通して私は、朝鮮人の日常は自由のない奴隷生活ではなかった、ということを主張しようとしただけです。ところが田剛秀はそれを、「朝鮮人の逸脱と見るべきであり、自由とは言えず、事業主もそのような自由ぐらいいくらでも許容できた」というふうに論点をぼやかします。

賭博は、勤労時間以外には生活が自由だったことを物語ります。飲酒や特別慰安所での朝鮮女性との接触は、退勤以後や休日の自由な外出を物語り、一方で、それに必要な現金を彼らが保有していたことを示しています。田剛秀が私を批判しようとするならば、「自由のなかった奴隷生活」であったことを証明すれば済むことです。しかし彼は、いくつかの言葉をもてあそぶに留まってしまいました。

金鍾星《キムジョンソン》は、「鎖がなくても奴隷労働だ」と主張しています。鎖のようなものは初めから無かったと、彼も認めているようです。しかし、この批判も観念の遊戯に過ぎません。〝奴隷労働〟という概念は一般的に、労働する人間が経営の主体ではなく、逃走を防ぐため日常生活において自由が深刻な制限を受け、労働の報酬のない労働のことを言います。金鍾星のように奴隷労働の概念をゴム紐のように伸ばしてしまえるならば、学問的概念というものがどうして必要だと言え、意味のある討論がどうやって可能だと言えるのでしょうか？

ここにおいて、韓国の歴史学界の慢性的な病弊と、悪い習俗を目《ま》の当たりにします。ある研究者が反日種族主義に囚われて、根拠も論理もない断定や先入観を学説で包装すると、他の研究者たちがそれを検証もせずに引用し、そうやって相互引用して行く過程が繰り返されます。こうして種族主義的神話が誕生し、国民的常識として広がります。そのようにして成立した神話に対する論理的、実証的批判に対しては、簡単に「充分な先行研究がある」のひと言で批判者の口を塞ごうとします。私は、この慢性的な病弊の連鎖を断ち切り、それが事実であるのかどうかを検証してみようとしただけです。

〈参考文献〉
李宇衍（イ・ウョン）「戦時期（一九三九～一九四五）日本に労務動員された朝鮮人炭坑夫・鉱夫の賃金と民族間格差」（『経済史学』第六一号〔二〇一六年刊〕所収）
[이우연 (2016),「전시기 (1939 ~ 1945) 일본으로 노무동원된 조선인 탄・광부의 임금과 민족 간 격차」,『경제사학』61]
金鍾星（キム・ジョンソン）「日本のお金を貰って強制徴用を否定する」（『オーマイニュース』二〇一九年八月一四日付）
[김종성 (2019),「일본 돈 받고 강제징용 부정」, 오마이뉴스 2019년 8월 14일자]
金敏喆（キム・ミンチョル）「陳腐なレパートリー、しかし悪意に満ちた嘘の煽動—強制動員、強制労働否定

論批判―」（民族問題研究所、日本軍慰安婦研究会『「反日種族主義」緊急診断：〝歴史否定〟を論駁する』〔学術会議論文集、二〇一九年刊〕所収）
［김민철 (2019)，「진부한 레퍼토리, 그러나 악의에 찬 거짓 선동들 – 강제동원 · 강제노동 부정론 비판 –」，『「반일종족주의」긴급진단 : '역사부정'을 논박한다』］

田剛秀（チョン・ガンス）a「〝親日派〟批判が理不尽? 自業自得だ―『反日種族主義』を批判する①―」（『オーマイニュース』二〇一九年八月一四日付）
［전강수 (2019a)，「『반일 종족주의』를 비판한다 ① '친일파' 비판이 억울? 자업자득이다」，오마이뉴스 2019년 8월 14일자］

鄭恵瓊（チョン・ヘギョン）他『反対を論ずる』鮮仁、二〇一九年刊
［정혜경 외 (2019)，『반대를 논하다』，도서출판 선인］

5　日本での労働、報酬、そして日常

6

働いても賃金が貰えなかったという嘘

李《イ》宇《ウ》衍《ヨン》

反日種族主義者による判決

強制動員された原告たちは、一カ月に二～三円程度のこづかいが支給されただけで、旧日本製鉄は賃金全額を支給すると浪費する憂慮があるという理由を挙げ、原告一と原告二の同意を得ないまま、彼らの名義の口座に賃金の大部分を一方的に入金し、その貯金通帳とハンコを寮の舎監に保管させた。原告三は、賃金を貯金してあげるという言葉を聞いただけで、賃金をまったく受け取ったことがない。原告四も、労役に従事する間、賃金を受け取ったことがなかった。

（二〇一八年一〇月三〇日の大法院判決文、抜粋引用）

国民的常識の誤謬

前の章で述べたように、一九三九～四五年の戦時期に日本に動員された朝鮮の労務者たちは、正常に賃金を支給されました。若干の未払金が残ったのは、戦争が終わった後の混乱期に、賃金・貯金・各種積立金などが精算されていなかったためです。それにもかかわらず、そのことに関する今日の韓国人の記憶は正反対です。賃金はまともに支給されず、大部分が強制貯蓄をさせられ、後にそれを引き出すことができず、受け取ったとしても少額のこづかい程度のものだった、と言うのです。簡単に言えば「奴隷労働だった」ということです。韓国の歴史教科書がそのように学生たちに教えています。歴代の教科書を調査してみると、大まかに一九六〇年代中頃からそうでした。そのような教育が既に半世紀にわたってなされて来たので、そのような誤謬が国民的常識になってしまいました。

国民的常識の誤謬は、いつかはそれが誤謬であると暴露されるようになります。私は、二〇一八年一〇月に下された大法院の判決が、その良い契機だったと考えています。右に要約して掲示したように大法院は、一九四三～四五年に旧日本製鉄で働いた四名の原告の、「賃金がきちんと支給されておらず、また、会社から虐待を受けた」という主張を判決文に引用しました。そうして旧日本製鉄の後を継いでいる新日鉄住金（現日本製鉄）に、一億ウォンずつの慰謝料を支給するよう命じました。この判決の問題点については、この本の第8章で論議されています。ここでは、「賃金がきちんと支給されていなかった」という四名の原告の主張が果たして事実であるのかを検討して行こうと思います。その後に、大法院の判決と同じような時期に高等法院（日本で言う高等裁判所）が、女子勤労挺身隊に動員された人たちが提起した訴訟について、大法院と同一の判決を下したことについても、調べて行きたいと思います。

金圭洙と李春植

当時、日本製鉄は六カ所の製鉄所を稼動させていました。その中で四名の原告が働いたのは、八幡製鉄所、釜石製鉄所、大阪工場でした。この三カ所の製鉄所・工場には、当時の労務記録が今もきちんと保管されています。一九九一年、古庄正《こしょうただし》という研究者がその資料を分析し、「朝鮮人強制連行の戦後処理—未払金問題を中心として」という論文を発表しました。ここでは、その論文に提示された資料に基づいて、原告たちの主張を検討して行きたいと思います。

原告金圭洙《キムギュス》は「賃金はまったく受け取らなかった」と言いました。彼が働いたのは八幡製鉄所でした。彼は、古庄の論文の一四〇頁にある図表中の「整理解雇」された三〇四二名のうちの一人になるはずです。金圭洙は終戦後に帰国しましたが、その理由を「整理解雇だ」と言ったからです。資料上、彼に残された未払金は五〇・二〇円でした。朝鮮人全体の一人当たり未払金の平均は八八・一五円でした。一〇〇円以下が全体の六六・八％、一〇〇〜二〇〇円が二二・二％でした。一九四〇年、釜石製鉄所の賃金は月六〇円前後でした。戦時のインフレと他の職種の賃金を考慮すると、一九四五年には少なくとも月一二〇円にはなっていたでしょう。八幡製鉄所でも同様だったと思います。こう考えると、金圭洙の未払金五〇・二〇円は、一カ月の給料の半分にも満たない少額です。その内訳というのは、退職手当一〇・二〇円、賃金四〇円でした。

次に、原告李春植《イチュンシク》の場合を見て行きましょう。彼は釜石製鉄所で働いていました。彼もまた、「貯金をしてあげるからという言葉を聞いただけ、賃金を貰ったためしがない」と主張しました。ところが、同製鉄所の資料で確認される李春植の未払金は、二三・八〇円に過ぎません。この製鉄所で働いた朝鮮人の未払金の平均額は九一・六〇円です。一〇〇円以下が六六・七%、一〇〇～二〇〇円が二二・〇%で、八幡製鉄所の場合とほとんど同じです。未払金平均額九一・六〇円の内訳も同様で、貯金七二・一七円、退職積立金二・五七円、徴用普及金三・三〇円、賃金はわずか九・七三円でした。李春植の未払金二三・八〇円はみな貯金ですが、全体の平均よりずっと少ないものです。

要するに、「日本製鉄に保管されているあの膨大な資料はみな捏造されたインチキだ」と主張するつもりでない限り、金圭洙と李春植が同会社で働いていた期間、給料が正常に支給されていたことは疑う余地のない事実です。彼らに対する未払金は、会社を辞めたり急いで帰国したりするとき、きちんと精算されなかった賃金や各種積立金ですが、それでも月給の半分にもならない金額でした。むしろ少額だったために、きちんと精算せずに退社したり帰国したりした、と見るほうが当たっていると言えます。

呂運沢と申千洙

原告呂運沢《ヨウンテク》と申千洙《シンチョンス》の二人は、大阪工場で働きました。この二人もやはり「ひと月に二～三円程度のこづかいが支給され、残りは本人の同意もなく会社が一方的に貯金したが、以後そのお金を返してもらえていない」と主張しました。

大阪工場では、未払金を残した朝鮮人労務者が工場を去って行く理由を「満期」「家庭の事情」などの五つに分類していました。この二人については、一九四五年六月、大阪工場が米軍の攻撃で破壊された後、朝鮮の清津工場に再配置されたため、「清津転傭」という理由にくくられる一六三名に属します。

同工場の資料によると、呂運沢に残された未払金は、貯金四四五円、賃金五〇・五二円、合わせて四九五・五二円です。申千洙も、それぞれ四一〇円と五七・四四円で、計四六七・四四円です。朝鮮人一六三名の一人当たりの未払金の平均は一一五・一九円ですが、内訳は賃金五四・〇八円、手当二六・二六円、貯金三四・四〇円、その他〇・四五円です。合計が一〇〇円以下の人々が全体の六五・五%、一〇〇～二〇〇円は二七・九%でした。四〇〇円以上は五・六%で、二人はここに属していて、相対的に高額の未払金を残したと言えます。二人の未払金の内訳を見ると、賃金は五十余円で全体の平均とほとんど変わらない額ですが、貯金は四百余円で他の人たちよりずっと多くなっています。この事実は、彼らが未成年者であった、という事情と関係があります。

呂運沢と申千洙の未払金は相対的に多いことは多いのですが、一九四三年九月から約二年間、日本製鉄で働いていた期間の賃金が正常に支給されていたことに変わりはありません。前述したように、未払金の内訳の大部分が貯金であり、賃金五十余円は、通常の一カ月の賃金の半分に過ぎないからです。また、未払貯金が四百余円だと言っても、それは総額二四〇〇円と推定される二年分の賃金の一部に過ぎないからです。要するに、賃金を正常に受け取れなかったという二人の主張も、やはりそのまま信じるのは難しい、ということです。そうであるなら、二人が四〇〇円の貯金を引き出せなかったのは、一体どんな理由によるのでしょうか。

貯金未回収の事情

資料によると、一九四二年、釜石製鉄所での貯金は月給の平均二〇%でした。大阪工場でも同様だったと思います。日本製鉄だけでなく、他の会社・工場においても、たいてい貯金はそのくらいの比率でした。そのことに関しては、前章で私が提示した表5-1（一〇〇頁）を参照してください。つまり、呂運沢と申千洙が主張するように、会社が賃金の大部分を強制的に貯金する、などというのはあり得ないことでした。実際そうであったとすると、労務者のほとんどが飢え死にするしかなかったでしょうが、軍需品を生産する工場がそんな状態でどうやって戦争を続けることができるでしょうか。

当時の強制貯金には、二つの種類がありました。まずは、「愛国貯金」のような郵便局等に貯金するもので、退職や徴兵などの不可避的状況でなければ引き出せない、通帳も会社が保管する国定の貯金です。二つ目は相対的に少額の貯金で、引き出すことも自由であり、通帳も本人や寮の舎監が保管する社内貯金でした。呂運沢と申千洙が引き出せなかったという貯金が、この二つのうちのどの貯金だったのかははっきりしませんが、舎監が保管したというところからすると、社内貯金であった可能性が大です。

ところで、当時、従業員の社内貯金を舎監が盗むのは不可能でした。企業は朝鮮人の労務管理に細心の注意を払っていました。会社に対する評価が下がると、朝鮮での労務者の募集が難しくなるからでした。この二人の場合、舎監は日本人でした。舎監の中には、早くから日本に定着し、労務者を募集したり寮で宿食を提供したりするのを職業とする朝鮮人もたくさんいました。ともあれ、舎監も戦時統制と管理の対象でした。後方の治安を担当した警察は、朝鮮人労務者の動向に目を光らせていました。そのような戦時期に、一介の舎監が従業員の貯金を着服して無事でいられるはずがありません。もしそのようなことがあったとしたら、それは会社の労務管理方針とは関係のない、舎監個人の犯罪に過ぎません。

前に紹介したように、呂運沢と申千洙は四四五円と四一〇円の貯金を引き出せませんでしたが、それは彼らだけの特殊な事情です。大阪から清津に移動した朝鮮人労務者一六三名の未払貯金は、平均三四円に過ぎないからです。二人が貯金を引き出せなかったのは、戦争末期の慌ただしい状況のためでした。呂運沢へのインタビュー記録によると、一九四五年八月九日だったか、ソ連軍が清津に上陸し始めました。清津工場の職員は、日本人、朝鮮人の誰もが山中に逃げました。その後、呂運沢は茂山まで行き、城津に着くとその列から抜け、京城（現ソウル）まで歩いて行きました。その途中、川の急流を渡る際に現金の袋が流されてしまうという事故もありました。中千洙は、茂山から汽車に乗って京城に到着し、日本製鉄支社を訪ねますが、皆去った後だったと言います。このように、二人が四百余円の貯金を引き出せなかったのは、終戦当時の慌ただしい状況のためでした。会社や舎監がそれを着服したり、故意に支払いを拒絶したりしたのではありませんでした。

女子勤労挺身隊

大法院の判決があってから三カ月後の二〇一九年一月には、女子勤労挺身隊の〝被害者〟六名に対するソウル高等法院の判決がありました。女子勤労挺身隊への動員は、一九四四年春から始まりました。動員先としては、日本の三菱重工の名古屋航空機製作所と、不二越《ふじこし》の富山工場が有名です。銃弾と爆弾を作る不二越には、約一〇〇〇名の勤労挺身隊が動員されました。動員された女子たちは、小学校六年生や卒業生が大部分でした。契約期間は一年でした。判決文によると彼女たちは、進学ができるとか給料が貰えるとかいう欺罔《ぎもう》や強要によって、本人の意思に反して日本に渡って行ったのだそうです。工場での生活は、危険で辛い作業、暖房施設のない寄宿舎、食糧の極端な不足、鉄条網と監視員の見張る寄宿舎、自由な外出の禁止、書信の検閲、無賃金と学校教育の不在、に要約されます。

高等法院は、不二越の原告に対する行為は「反人道的不法行為」であり、これにより原告たちが深刻な「精神的苦痛」を受けたことに対し金銭的な賠償をする義務がある、として、原告たちに一億ウォンずつ支払うよう命ずる判決を下しました。この裁判は未払金に対する訴訟ではなく、判決も未払金の支給を命じてはいません。しかし、〝無賃金〟が「反人道的不法行為」の一つとして指摘され、そのことによる「精神的苦痛」を賠償せよ、という趣旨であるため、果たして賃金が支払われていなかったのかを調べて行きたいと思います。

不二越には未払金の供託資料があります。戦争後、日本政府は、未払金を残したまま朝鮮に帰還した人々がいつか支給を要求するだろうと予想し、企業に未払金の全てを裁判所に預けさせました。これが供託です。不二越が供託した金額は九万三二五円七六銭で、受取人つまり債権者数は四八五名です。一人当たりの平均は一八六円二四銭です。未払金の内訳を見ると、国民貯蓄、退職金不足額、厚生年金などです。貯金が五〇〜一〇〇円で一番多く、次が国民貯蓄四〇〜八〇円です。未払賃金はありません。「これらの供託資料は全て捏造されたインチキだ」と主張するつもりでない限り、月の給料はみな支払われていた、と見なければなりません。

参考までに、三菱重工を相手にした女子勤労挺身隊訴訟の原告の一人である金福礼《キムボクイエ》は、次のように証言しています。

給料は年齢によって少しずつ違いました。私は三〇円だったと思います。ちゃんとくれましたが、買うものなんて何も売ってないので、貯金して故郷に送りました。三分の二を送って、残りは歯磨き粉なんかを買ったんです。（中略）給料袋には「三菱道徳工場」の名前がありました。作業した日、休んだ日が記入してあって、裏には標語が書いてありました。

（伊藤孝司、一九九二年、一八頁）

重複補償

一九七二年、朴正煕《パクチョンヒ》政府は「対日民間請求権補償に関する法律」を制定しました。それにより一九七五年から、徴兵や労務動員中死亡した人に対する三〇万ウォンずつの補償が実施されました。以後、二〇〇七年に盧武鉉《ノムヒョン》政府が「太平洋戦争前後国外強制動員犠牲者等支援に関する法律」を制定して以来、李明博《イミョンバク》・朴槿恵《パククネ》政府に至るまで、総計七万二六三一名に対し慰労金と医療支援金が支給されました。死亡者には二〇〇〇万ウォンずつが支給されました。負傷者には傷痍の程度により慰労金が等級別に支給されました。何の負傷もなく無事生還した人に対しては、年間所定の医療支援金が提供されるようになりました。この事業と関連し日本政府は、未払金の供託資料を韓国政府に引き渡しました。韓国政府はその資料に基づき、軍人、軍属、労務者で未払金を残した人々に対し、一円＝二〇〇〇ウォンのレートを適用し、支給を完了しました。

旧日本製鉄関連裁判の原告四名は、皆生きて帰って来ました。したがって彼らは、朴正煕政府が実施した補償の対象ではありませんでした。以後実施された盧武鉉政府以来の補償事業作業については、政府の担当委員会が『委員会活動結果報告書』を刊行しました。内容が粗略で完全には刊行できなかった報告書でしたが、それによると原告四名は、強制動員被害者としての判定を受けたものの、死亡者や負傷者でなかったため、慰労金は貰えませんでした。

女子勤労挺身隊関連訴訟の原告六名のうちの一人は、一九四四年一二月、日本で地震にあって死亡しました。当時、労務動員中に死亡すると、日本の援護法により遺族に所定の葬儀費用と慰労金が支給されました。この人が朴正煕政府から補償金を貰ったのかどうかは分かりませんが、盧武鉉政府が支給した慰労金二〇〇〇万ウォンは受け取ったことが確認できます。その結果この遺族は、少なくとも二度にわたって相当額の補償を受けたことになります。今回の高等法院の判決によって追加で一億ウォンの慰労金を受け取るようになると、合わせて三度も少なくない補償を受けることになります。

残りの五名の原告のうち一名は、二〇〇一年に死亡しました。残りの四名は、右記『委員会活動結果報告書』上で生存帰還者とだけ明記されているため、盧武鉉政府以後は、政府から慰労金を貰えなかったように見えます。その代わり、政府から毎年、所定額の医療費の補助を受けたことでしょう。彼女たちは現金で補償を受けたことはなく、今回一億ウォンを受け取ると、現金補償としては初めてとなります。

ここにおいて、私は問わずにはいられません。この人たちは皆、動員されている間、まともに賃金の支給を受けていた人々です。「賃金を貰っていなかった」というこの人たちの主張は、記憶の錯乱なのかどうか分かりませんが、嘘である可能性も大きいのです。この人たちは生きて帰って来たため、補償金や慰労金を貰うことができませんでした。それで相当額の金銭的補償を追求し、両国の裁判所に訴訟を起こしました。旧日本製鉄訴訟に関わる原告たちは、日本の裁判所で日本の企業と政府を相手に訴訟を起こしましたが、敗訴しました。しかし、彼らは決して諦めませんでした。再び韓国の裁判所で日本の企業を相手に訴訟を起こし、結局勝訴しました。この執拗な訴訟の行列は、一体何に根拠を置いているのでしょうか？　全人類が時効を置かずに追及する、反人倫的犯罪に対する正義感でしょうか。あるいは、自国の名誉や威信などには目もくれない、むき出しの物質主義の欲望でしょうか。このことについては、この本のエピローグで答えて行こうと思います。

〈参考文献〉

大法院「大法院判決　二〇一三ダ六一三八一　損害賠償」二〇一八年一〇月三〇日
［「대법원 판결 2013다61381 손해배상（기）」, 2018년 10월 30일］
ソウル高等法院「ソウル高等法院判決　二〇一六ナ二〇八四五六七　損害賠償」二〇一九年一月三〇日
［「서울고등법원 판결 서울고등법원 2016나2084567 손해배상」, 2019년 1월 30일］
対日抗争期強制動員被害調査及び国外強制動員犠牲者等支援委員会『委員会活動結果報告書』二〇一六年刊
［대일항쟁기강제동원피해조사및국외강제동원희생자등지원위원회 (2016), 『위원회 활동 결과보고서』］
李宇衍（イ・ウヨン）「戦時期（一九三九～一九四五）日本に労務動員された朝鮮人炭坑夫・鉱夫の賃金と民族間格差」（『経済史学』第六一号〔二〇一六年刊〕所収）
［이우연 (2016), 「전시기 (1939 ~ 1945) 일본으로 노무동원된 조선인 탄・광부의 임금과 민족 간 격차」, 『경제사학』 61］
＊石炭統制会九州支部『炭山に於ける半島人の勤労管理』一九四五年刊
＊古庄正「朝鮮人強制連行の戦後処理―未払金問題を中心として」（戦後補償問題研究会編『在日韓国・朝鮮人の戦後補償』明石書店〔一九九一年刊〕所収）
＊伊藤孝司編著『〈証言〉従軍慰安婦・女子勤労挺身隊―強制連行された朝鮮人女性たち』風媒社、一九九二年刊

7

強制動員賠償を請求した原告たちの行跡

朱益鍾《チュイクチョン》

反日種族主義者による判決

原告たちは、当時の韓半島と韓国民が日本の不法的で暴力的な支配を受けていた状況下で、将来日本において置かれるようになる労働内容や環境に対し、よく分からないまま日本政府と旧日本製鉄の上のような組織的欺瞞《ぎまん》によって動員された、と見ることが妥当である。さらに、原告たちはまだ成人に満たない幼い年齢で家族と別れ、生命と身体に危害が加わる可能性が非常に高い劣悪な環境の中で危険な労働に従事し、具体的な賃金額も知らされないまま強制的に貯金をしなければならなかった。（中略）このような旧日本製鉄の原告たちに対する行為は、当時日本政府の韓半島に対する不法的植民支配及び侵略戦争の遂行と直結した反人道的な不法行為に該当し、このような不法行為により、原告たちが精神的苦痛を受けたことは、経験則上明白である。

（二〇一八年一〇月三〇日の大法院判決文、抜粋引用）

賠償判決の根拠――「反人道的不法行為」

二〇一八年一〇月三〇日、韓国大法院は、日本の新日鉄住金（現日本製鉄）が、呂運沢《ヨウンテク》、申千洙《シンチョンス》、李春植《イチュンシク》、金圭洙《キムギュス》の旧日本製鉄の労務者四名（またはその遺族）に、強制動員被害慰謝料を支給するよう判決を下しました。この判決は、旧日本製鉄が右記の四名を労務者として日本に連れて行き仕事をさせたことは「反人道的不法行為」だ、というところに根拠を置いています。右の引用文に見られるように、右記の四名は、日本政府と日本製鉄のごまかしによって労働内容と勤労条件をきちんと知らされないまま日本製鉄の労務者になり、劣悪な環境で辞める自由もなく危険な労働をし、賃金もまともに貰えなかったが、これは反人道的不法行為に該当し、そのことによる精神的苦痛に対する慰謝料を支給すべきである、ということです。

この徴用賠償判決が成立するためには、日本製鉄が右記四名を騙して日本に連れて行き、給料も満足に渡さず強制的に仕事をさせた、ということが確認されなければなりません。果たして彼らは強制的に連れて行かれたのか、あるいは表向きは自分の意思で行ったが、それは日本政府と日本の会社による組織的なごまかしだったのか、そして日本での労働は強制労働に該当するのか、給料は支給されなかったのか、などが正確に明らかにされなければなりません。

この四名が韓日両国にわたって起こした訴訟の関連記録の一部が公開されているため、この問題は比較的正確に明らかにすることができます。四名のうちの呂運沢と申千洙が一九九七年一二月、日本政府と新日本製鉄（のちの新日鉄住金）を相手に、強制連行と強制労働に対する慰謝料と未払金を支給せよ、と日本の大阪地方裁判所に訴えて以後、この提訴については、地方裁判所と高等裁判所を経て、二〇〇三年一〇月、日本の最高裁判所の判決が下りました。その関連記録が二〇〇五年、韓国国史編纂委員会と韓日歴史共同委員会の韓国側委員会によって三冊の資料集として刊行されました。その中には、呂運沢と申千洙が日本の裁判所に提出するために、それぞれ二〇〇〇年三月二五日と一月一五日に残した陳述があります。また、二〇〇一年に韓国独立記念館の要請に応じて彼らが残した、口述の記録もあります。これらの資料を検討してみると、呂運沢と申千洙が日本製鉄の労務者として日本に渡った経緯と、日本での労働実態、給料及び未払金を巡る事情などを詳しく知ることができます。

李春植と金圭洙の場合は、そうはいきません。彼らは、日本で賠償の道が塞がれた呂運沢と申千洙が、旧日本製鉄の朝鮮人労務者名簿を基に聞き取り調査をして探し出した人たちです。二〇〇五年二月から二〇一八年一〇月まで続けられた韓国の裁判所での訴訟で、彼らに関連した記録は公開されませんでした。したがって李春植と金圭洙に関しては、裁判所の判決文や言論機関でのインタビュー等の資料を通して、大略的にしか把握できません。

自由応募で日本に行く

現在まで公開された資料で把握できる原告四名の身上の内訳は、表7-1の通りです。

名前	呂運沢	申千洙	李春植	金圭洙
出生／出身地	1923年／全羅北道益山	1926年／全羅南道長城	1924年／全羅南道羅州	1929年／全羅北道（推定）
学歴／経歴	夜学、簡易学校／日本人商店店員、日本人理髪店補助員	4年制普通学校卒業／酒屋及び食堂従業員	？	？
動員年月／出発地	1943年9月／平壌	1943年9月／平壌	1941年／大田	1943年1月／群山
方式	募集（広告）	募集（広告）	大田報国隊？	募集（推定）
配置	大阪製鉄所	大阪製鉄所	釜石製鉄所（岩手県）	八幡製鉄所（北九州）
現員徴用	1944年2月	1944年2月	1944年徴兵または軍属徴用（捕虜監視員）	？
未払金	495.52円（給料 50.52円、預金 445円）	467.44円（給料 57.44円、預金 410円）	23.80円	50.20円（給料 40円、退職手当 10.20円）

資料：国史編纂委員会他、2005年／鄭恵瓊、2004年／大法院、2018年

表7-1　日本製鉄関連韓国法院訴訟の原告たちの身上の内訳

まず、彼らがどうやって日本製鉄に工員として雇われ、日本に渡るようになったのかを見て行きます。

一九二三年生まれの呂運沢は、非常に不遇な環境で育ちました。家族を養う能力のない父親が七歳の彼を叔父の家に預け、その後、彼は僕《しもべ》と同様な仕事をしなければなりませんでした。それでも、簡易学校で三カ月ほど日本語の勉強をしました。彼は、一六歳のとき偶然出会った日本人の雑貨店で、店員として二年間働きました。そこで日本語の実力をつけて行きました。一八歳になった一九四一年、「技術系統の勉強」がしたくて、朝鮮無煙炭株式会社の募集員

について平壌に行きました。彼は採炭作業に配置されましたが、労務課担当者に抗議し、工作室で鋳物を溶かす仕事をするようになりました。危険で荒い作業現場に嫌気がさした彼は、一年後、安全できれいな理髪店に移ります。理髪店で補助員としての生活をしていたところ、日本人軍属の客から日本製鉄の工員募集の話を聞きます。新聞の広告でその事実を確認し、一九四三年九月、平壌職業紹介所を通して募集に応じました。技術を学べ、二年後には技術者としての待遇を受けられるだろう、という期待からでした。

一九二六年生まれの申千洙は、二〇〇〇坪の農地を持つ中層家庭の出身で、これといった苦労もなく成長し、四年制の普通学校（のちの小学校）を卒業しました。しかし、父親が金の採掘に手を出し家財を失ってしまったため家勢が傾き、一六歳のときである一九四二年、家を出て、京城（現ソウル）のある酒屋で一年半働きました。その後、友だちの勧めで平壌に転居し、日本人の食堂で羊羹《ようかん》を作る仕事をしました。そうしたある日、食堂の前に、日本製鉄が工員を募集するという平壌職業紹介所の壁紙が貼られました。そこには「大阪製鉄所で二年間訓練を受ければ技術者になり、朝鮮内の製鉄所に戻って来れる、普通学校を卒業していて日本語ができるのなら応募できる」と記されていました。彼もまた、技術者になろうという考えで応募しました。

一九四三年九月、平壌での日本製鉄工員募集には、一〇〇名の定員に五〇〇名が応募し、五倍という熾烈な競争率を見せました。日本製鉄の共同宿舎である寮の舎監の、日本人の退役軍人が面接をしました。呂運沢と申千洙は、日本語会話能力、家族構成、思想内容（親戚の中に独立運動への参加者がいるかどうか等）に関する調査と、身体検査を経て合格しました。呂運沢は、普通学校を卒業してはいませんでしたが、卓越した日本語の実力と、日本人の校長から推薦の名刺を貰って提出するという、交渉の腕前のおかげで合格したようです。

一方、一九二四年、全羅南道羅州生まれの李春植は、父親の家出以後、母親が死亡するなど、厳しい環境で育ちました。家に戻って来た父親が再婚すると、李春植は家を出たかったこととあいまって、一七歳だった一九四一年、大田市長が募集した報国隊に志願しました。報国隊とは勤労報国隊の略語で、学生、女性、農民を農繁期の農村や土木工事現場などに臨時で動員するものです。一九四一年一一月、国民勤労報国協力令が発布されて以来、報国隊には召集に応じなければならない法的義務が生じました。なお、李春植は「報国隊として日本に連れて行かれた」と陳述していますが、日本製鉄の工員募集は短期臨時のものではなく、法令によって応じなければならないものでもなかったため、その陳述は、信憑《しんぴょう》性に欠けます。募集に応じて日本に渡った、と見るほうが適切でしょう。彼は「忠清道や全羅道等のさまざまな地域からの出身者が混ざった、八〇名の群れの一員として日本に行った」と証言しています。

最後に一九二九年生まれの金圭洙は、一四歳のときである一九四三年、全羅北道群山での募集に応じ、日本製鉄の工員として選抜されました。募集した地域や、彼が後日、韓国戦争に際し全羅北道第一八警察隊を支援したことを見ると、彼は全羅北道の出身と推定されます。

結局、この四名は皆、募集に応じて日本製鉄の工員になったのであり、強制連行とは言えません。そのうちの呂運沢は、学歴も低く矮小な体格で、「身体検査を無事通過するため、普段から顔見知りだった校長先生に、名刺に紹介状を書いてもらって」募集に臨みました（鄭恵瓊《チョンヘギョン》、二〇〇四年、二七五頁)。このように、知人にお願いまでして合格したのですが、これがどうして強制連行だというのでしょうか? 彼らは、「日本で技術を習得することに大きな期待をかけていたため、日本まで移動する間、逃亡するつもりはなかった」と言っています(日本の大阪地方裁判所の判決文)。

日本製鉄での労働と生活

彼らは朝鮮を出発する前、数日間、整列、歩行などに関する団体行動の訓練を受けました。工場の作業は、班長の指示に従って一糸乱れず進められるので、団体行動に慣れていない朝鮮人は、事前にその訓練を受けなければなりませんでした。呂運沢と申千洙は、汽車で平壌から釜山に移動し、一泊した後、船で下関に行き、そこからまた汽車で大阪まで移動しました。そうして大阪製鉄所に配置されました。金圭洙は、北九州の八幡製鉄所に配置されましたが、李春植は、遠い岩手県にある釜石製鉄所に配置されました。彼らは工場に到着した後も、初めの一~三カ月間は、午前に銃剣術を含めた軍事訓練を受け、午後に作業訓練を受けました。そこでは、指示された通りにできないと、長時間手を挙げたまま不動の姿勢をとり続ける体罰を受けたりもしました。

呂運沢と申千洙は、大阪製鉄所で試験を受け、作業に配置されました。どんな試験だったのかは分かりませんが、試験に通った人は、より高難度の技術が要求される仕事を任せられました。試験に通った呂運沢は、日本人の工員の指導の下で起重機を操作し、銑鉄と古鉄を平炉に投入する仕事をしました。古鉄などが入った容器を起重機で持ち上げ、平炉の中でその容器をひっくり返して古鉄などを放り込む、という仕事でした。彼は、先任の日本人工員の動作を見て九種の操作法を学んだそうです。彼は三人の模範工員中の一人に選ばれ、政府の機関から表彰されもしたというので、その仕事をかなりのレベルでやりこなしていたようです。

一方、試験にパスできなかった申千洙は、石炭を焚いて熱いガスを溶鉱炉に送るという、より危険で骨の折れる作業を受け持ちました。石炭を入れ、鉄の棒で石炭がよく燃えるように分散させなければならず、何日かに一度は、熱い空気が通る大きな鉄パイプの中に入り、粉塵を除去しなければなりませんでした。それこそ〝不治の病〟をわずらっているかのような仕事だった、と彼は言っています。

呂運沢と申千洙は、一日三交代制で八時間勤務しました。彼らにとって最も困難な問題は、食事と空襲の被害でした。彼らは寄宿舎で寝起きし、その食堂で食事をしましたが、量が足らず、いつも空腹だったそうです。これは元々朝鮮人に比べ日本人が小食だったことによるもので、朝鮮人から不満の声が出続けると、日本の会社は配食量を増やし、彼らを宥《なだ》めるのが一般的でした。そして空襲のサイレンが鳴り空襲が始まると、彼らは激しい恐怖を感じました。事実、大阪全体が火の海と化した一九四五年三月一三日深夜の大空襲のときには、工場の外にいたある連絡担当の朝鮮人労務者が、焼夷弾に当たって死亡したこともありました。

統制が厳しく、初めの六カ月は外出が禁止されていたそうです。その後、一カ月に一度ぐらいの外出は可能になりましたが、それも何人か以上の団体での外出だったそうです。不自由な生活だった、と回顧しています。このことについて呂運沢は「騙された！」と思いましたが、もう少し分別のついた朝鮮人は、「そうか、そういうことだったら誰かに抗議しないとな」と言い、現実を認めた、と言っています。

大阪製鉄所の呂運沢と申千洙は、一九四四年二月、現員徴用になりました。現員徴用とは、ある事業所や工場が一挙に徴用事業所や工場に指定され、そのことによって従業員はみな、現状のままで徴用されているものとされ、その後は自分の意思では工場を辞めることができなくなることを言います。このときから初めて強制動員と言えるようになります。八幡製鉄所の金圭洙も、やはりその頃、現員徴用になったのではないかと思われます。一方、李春植は、一九四四年に徴兵されて軍事訓練を受けた後、神戸地域で米軍捕虜の監視員になりました。言い換えれば、一九四四年のうちに釜石製鉄所を辞めたのです。ところで、大阪製鉄所は一九四五年三月の大空襲で破壊され、これによって日本製鉄は六月、朝鮮人労働者たちを朝鮮の咸鏡北道にあった清津製鉄所に配置転換しました。呂運沢と申千洙も六月末に清津に移り、その後一カ月余り、一日一二時間ずつ製鉄所建設のための土木工事にたずさわりました。

賃金はまともに支給された

彼らに賃金がまともに支給されたのかについては、前章で李宇衍《イウヨン》が詳しく論じたので、ここでは簡略に触れるに留めます。彼らが受け取ることになった賃金は月五〇円以上で、これは朝鮮の面長（日本で言う村長）の月給より多い金額でした。しかし、「給料はみな日本人の舎監が受け取り、ほとんどの額が強制貯金されて、月に二〜三円のこづかいだけが渡された」と陳述しています。舎監は彼らに、賃金明細が書かれた給与封筒を見せてくれたり、月給日の翌日、月給が入金された彼ら名義の預金通帳を見せてくれたりしました。申千洙は、「月給の封筒に自分の名前と控除項目、金額が書かれているのを見た」と言っています。

日本製鉄大阪工場の朝鮮人未払金供託報告書によれば、呂運沢には四九六円、申千洙には四六七円など、二人ともに相当額の未払金がありました。このうち未払給料は、それぞれ五〇円と五七円に過ぎません。名簿上の朝鮮人労務者一九七名の大多数には、四〇〜五〇円程度の未払給料がありますが、一カ月の給料に満たないこの未払金は、一九四五年八月の日本の突然の降伏によって生じたものと言えます。呂運沢と申千洙の未払預金は四〇〇円を超え、未払金の大部分を占めています。次頁の写真7-1に見られるように、未払預金のある朝鮮人労務者は多くなく、写真の一五名のうち、未払預金の保有者は三名に過ぎません。呂運沢と申千洙は未成年者だったため、給料のうちの相当額を強制貯金させられた例外的なケースだったと言えます。しかしながら、彼らが預金の大部分を支給されなかったわけではありません。呂運沢は、「ソ連軍の進攻後、南に帰還するとき、現金を袋に詰めて持っていたが、川を渡る際に失くしてしまった」と陳述しています。この現金というのは、きっと預金を引き出したものでしょう。

釜石製鉄所で働いた李春植は、あるインタビューで、「三年間働いたが、月給を貰ったことがない」と証言しています。しかし、未払金供託資料に出ている彼の未払金は、半月分の給料にな

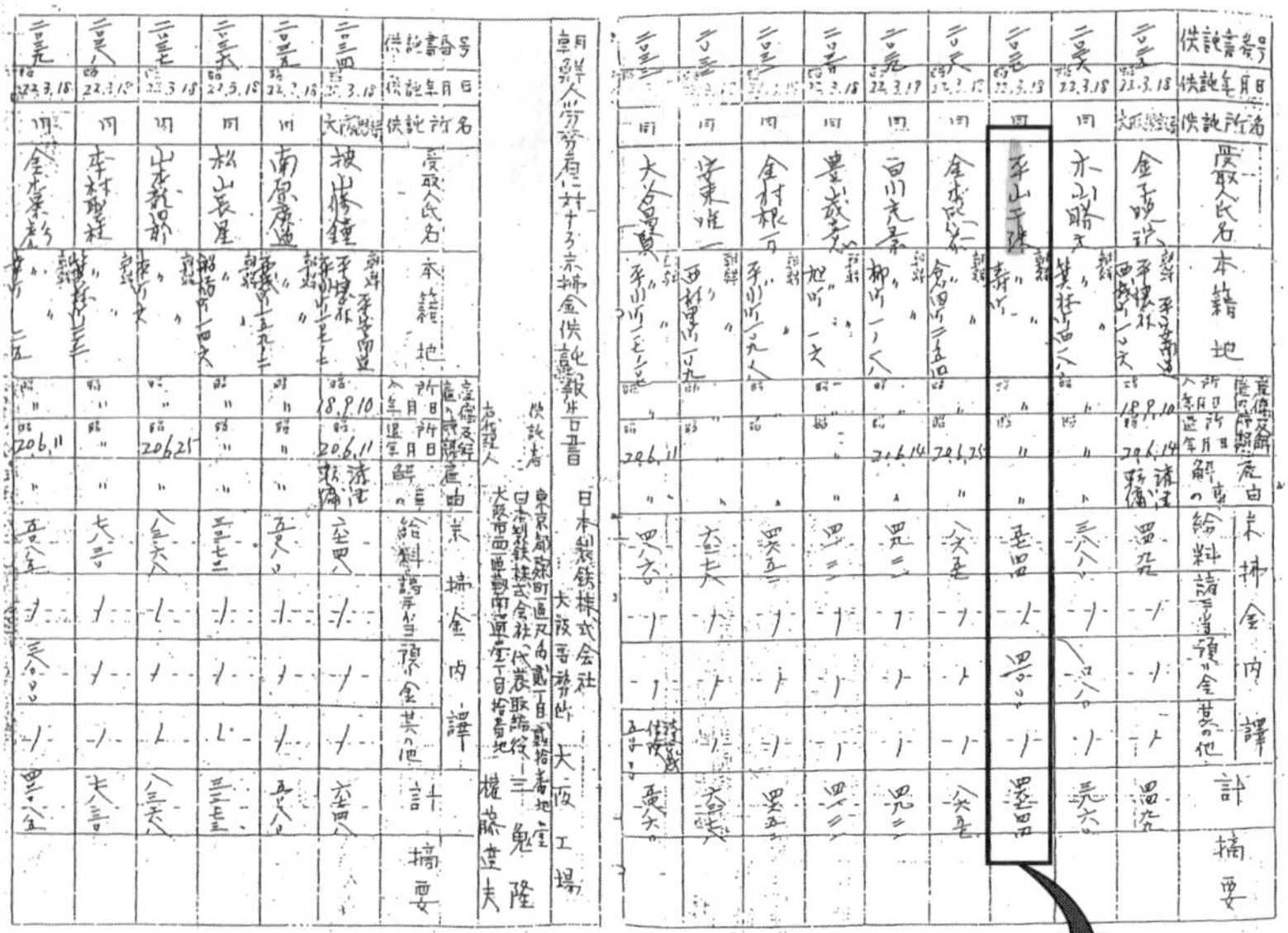

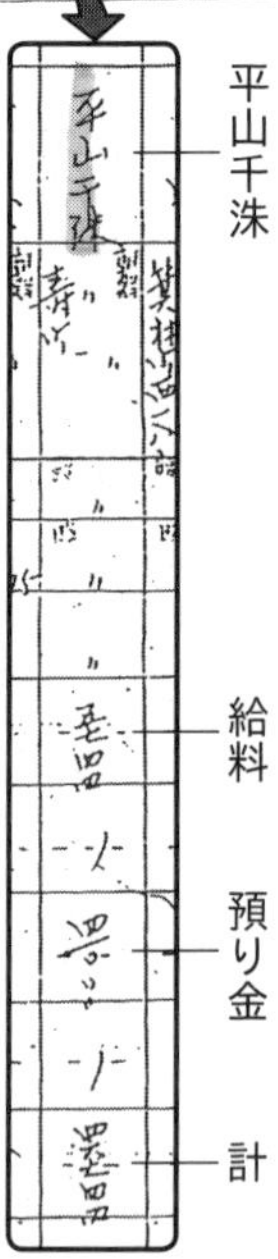

写真7-1　日本製鉄大阪工場の朝鮮人未払金供託報告書の一部
資料：「日本製鉄大阪工場の朝鮮人未払金供託報告書」（1947年4月作成）
注：右側の太い枠で囲んだものが申千洙（創氏名、平山千洙）に関する記録。報告書の項目は、上から供託書番号、供託年月日、供託所名、受取人氏名、本籍地、入所年月日、退所年月日、解雇の事由、未払金内訳（給料、諸手当、預り金、其の他）、計、摘要

るかならないかの二三・八〇円に過ぎません。彼の言葉は事実と見なされません。上の未払金供託報告書を見ると、朝鮮人労務者は賃金をまともに受け取っていたことが分かります。それにもかかわらず賃金を受け取っていなかったと証言し、訴訟にまで持ち込む彼らの精神世界は、一体どういうものなのでしょうか？

何が反人道的不法行為なのか？

以上、調べてみた結果、原告四名はみな募集を通し、自分の意思で日本製鉄の工員になりました。特に、この経緯を詳しく知ることのできる呂運沢と申千洙は、自分の意思で就業したことがはっきりしています。彼らは、誰かの強要で募集に応じたのではありません。日本製鉄の工員募集の噂や広告に接した後、技術者になろうとして応募し、積極的に努力し、募集の競争を通過しました。自分が選ばれるように、日本人の有力者の力まで借りました。

日本の政府や会社が、勤務内容や労働環境について「組織的に欺罔」するようなことはありませんでした。募集広告には、「日本製鉄は資本金二億円の大きな会社であり、二年間勤務すれば技術者の資格を取ることができ、朝鮮に戻れば製鉄所で技術者としての待遇が受けられる」とあったと言います（呂運沢の陳述）。呂運沢と申千洙は二年契約で日本に行きましたが、満二年になる前に日本が降伏する大混乱が起こり、帰還せねばならなくなりました。呂運沢は、平炉に鉄材を投入する起重機技師の仕事をしました。二年近くその仕事をしたため、相当なレベルの技術者になったことでしょう。申千洙は、火炉に石炭を入れガスパイプを定期的に掃除するという、比較的単純な仕事をしました。試験に落ちたためその仕事をするようになったのであり、日本製鉄が約束を破ったわけではありません。彼らは「仕事は辛く危険だった」と証言していますが、日本製鉄が彼らに、「簡単で楽な仕事を任せる」という約束をしたことはありません。大法院の判決とは違い、彼らの就業過程で日本政府や日本製鉄による「組織的な欺罔」はありませんでした。

彼らは、「いざ大阪製鉄所に到着してみると、期待にはずれて不自由で、統制が厳しかった」と言いました。日本の大阪地方裁判所も、彼らは強制連行されたのではないが、日本に来てからは強制労働に従事した、と考えました。しかし、当時の日本の軍需関連工場や炭鉱では、労働者が軍隊式規律でもって管理されるのは一般的なことでした。独身者用寄宿舎（寮）での出入り統制や外出制限は、朝鮮人、日本人の区別なく実施されたことで、強制労働させるための収容所だったからではありません。寄宿舎の窓に鉄枠が嵌められていた、と言っていますが、防犯目的で設置されていたのかも知れません。それが監禁の証拠にはなりません。

そうだとすると、大法院は結局、何をもって「反人道的な不法行為だ」と言うのでしょうか？大阪製鉄所が一九四四年二月に徴用事業所として指定されたことで生じた「現員徴用」を〝強制労働〟と見たのでしょうか。ところが、李春植の場合を見ると、現員徴用されたので強制労働だった、という主張も成立しません。李春植は一九四四年に釜石製鉄所を辞め、八・一五解放[注20]のときまで神戸の日本軍部隊に服務しました。李春植は日本軍に徴兵されたのですから、賠償を望むのなら徴兵を実施した日本政府を相手に要求すべきです。したがって、新日鉄住金に対する李春植の徴用賠償訴訟は成立しません。それでも大法院は、こういう人も含めて新日鉄住金に徴用賠償判決を下しました。大法院は李春植が一九四一年、募集に応じ日本製鉄の工場に行って働いたこと自体を、〝強制連行〟及び〝強制労働〟と見なしたのです。同様に大法院は、呂運沢と申千洙

注20　**8.15解放**：韓国では、ポツダム宣言受諾による日本の降伏の日1945年8月15日を「祖国解放の日」としている。

が一九四三年九月に日本に渡り、日本製鉄の労務者になったことを〝強制動員〟と見なしました。実際いかなる強制もなく、まったくの自分の意思で日本製鉄の労務者になったにもかかわらずです。

藁葺きの家が燃えても

二〇一八年一〇月三〇日の大法院の判決後、日本政府は一九六五年の両国間協定に従い、外交協議と第三者仲裁を要求しました。しかし、韓国政府はこれを無視しました。これに対し日本政府は、韓国を戦略物資貿易のホワイト国家リストから除外し、戦略物資の輸出を規制する措置をとりました。それに対応し韓国政府は、日本との軍事情報協定ジーソミア（GSOMIA）を破棄する、と宣言しました。するとアメリカが韓国政府に強い圧力をかけ、ジーソミアの破棄を猶予させました。こうして最悪の危機からは免れましたが、いつ再び危機が訪れるか分かりません。大法院の判決に従い、韓国にある新日鉄住金（現日本製鉄）の資産を売却して原告たちに賠償を実施する措置が、進行中であるからです。

この全てのかんばしからざる事柄は、幾人かの人々の訴訟で始まりました。彼らは戦時期に日本に仕事に行き、運良く無事帰って来ました。そうであったため、彼らはこの間、これといった補償を受けることがありませんでした。遅まきながら彼らは、「自分たちも被害者だ」と主張して、賠償金を要求する訴訟を起こしました。彼らはこの訴訟で事実を歪曲し、虚偽の事実まで作り出して被害を誇張しました。

一九九七年、日本の裁判所に起こした訴訟で呂運沢と申千洙の二人は、未払金と慰謝料の支給を請求しました。彼らは、未払金として約六〇〇円（供託金資料上の未払金に、任意で一〇〇円ほどを加えたものです）に五〇〇〇倍を掛けた約三〇〇万円、強制動員慰謝料として一五〇〇万円、そして弁護士料として一〇〇万円など、合わせて一九〇〇万円をそれぞれ要求しました。十余年後に韓国政府が、未払金一円当たりで二〇〇〇ウォンを補償しましたが、彼らはその二五倍を要求しました。未払金の支給要求だけを見ても、彼らの要求が途方もなく過大だったことが分かります。なおかつ、給料をほとんど貰えなかったという彼らは、「供託金資料上の未払金に対してだけ要求した」と言っていますが、それは、給料をきちんと受け取っていたことを自認したのと同じです。

彼らは、韓国の裁判所に起こした訴訟では未払金の支給は除き、〝強制動員〟に対する慰謝料一億ウォンの支給だけを要求しました。未払金はいくらもないので、訴訟の戦略を変えたのです。そして彼らは、日本製鉄の労務動員が「反人道的不法行為」であることを浮き彫りにすることに重点を置きました。日本に行ったのは日本政府と旧日本製鉄の懐柔とごまかしによるものであり、日本では監視と強圧のもと奴隷のように酷使された、という点を強調しました。そうしながらも、「給料を貰えなかった」という主張を繰り返し、〝不当な待遇〟のイメージを膨らませました。

既に日本の法廷に、彼らの陳述を含めた各種の記録が提出されていました。この記録は豊富な事実の片鱗を盛り込んでいるため、この資料をしっかり検討していたならば、訴訟は成立しないという結論が出たはずです。当初、韓国の一、二審裁判所は、そのようにしました。しかし、大法院はそうしませんでした。大法院は、いつの間にか勢力を得た反日種族主義の先入観に従い、日本製鉄での労務は強制労働だった、と判断しました。韓国のことわざに「南京虫を捕まえようとして藁葺《わらぶ》きの三間《みま》の家を燃やす」というのがあります。些事《さじ》に執着して大きな損失をこうむる、という意味ですが、この事態がまさにそれです。この法文化の本山である大法院が二〇一二年と二〇一八年の判決で歴史に残した汚点、その黒い歴史については、次の章で論議して行きます。

〈参考文献〉

大法院「大法院判決　二〇一三ダ六一三八一　損害賠償」二〇一八年一〇月三〇日
［「대법원 판결 2013다61381 손해배상(기)」, 2018년 10월 30일］

「一九二四年生まれのイ・チュンシク（李春植）があらわにした世界」（『時事ＩＮ』第六二三号〔二〇一九年八月二七日〕所収）
［「1924년생 이춘식이 드러낸 세계」,『시사IN』623(2019년 8월 27일자)］

「ＫＢＳ　時事直撃―チュンシク（春植）の時間」二〇一九年一〇月一〇日放映
［KBS 시사직격 – 춘식의 시간(2019.10.10. 방영)］

国史編纂委員会、韓日歴史共同委韓国側委員会『日本製鉄強制動員訴訟記録』一～三、二〇〇五年刊
［국사편찬위원회・한일역사공동위 한국측위원회(2005),『일본제철 강제동원 소송기록』1~3］

鄭恵瓊（チョン・ヘギョン）「記憶から歴史に：日帝末期、日本製鉄（株）に連行された朝鮮人労働者」（『韓国民族運動史研究』第四一号〔二〇〇四年刊〕所収）
［정혜경(2004),「기억에서 역사로: 일제 말기 일본제철(주)에 끌려간 조선인 노동자」,『한국민족운동사연구』41］

＊古庄正「日本製鉄株式会社の朝鮮人強制連行と戦後処理―「朝鮮人労務関係」を主な素材として―」（駒沢大学『経済学論集』第二五巻第一号〔一九九三年刊〕所収）

＊西岡力『でっちあげの徴用工問題』草思社、二〇一九年刊

8

きびがらで作った家——大法院の判決

朱益鍾《チュイクチョン》

反日種族主義者による判決

サンフランシスコ条約に従う請求権協定は、不法な植民支配の被害賠償問題を扱うのではなく、韓日両国間の財政的民事的債権債務問題を解決するためのものだったため、強制動員被害者の慰謝料請求権は協定の適用対象に含まれていなかった。韓日国交正常化以後、協定関連文書がみな公開されない状態において、請求権協定で大韓民国国民の日本国または日本国民に対する個人請求権までも包括的に解決されたという見解が大韓民国内に広く受け入れられて来たため、強制動員被害者が慰謝料請求権を行使できず、したがって、この慰謝料請求権は消滅していない。一方、請求権協定文の解釈いかんによっては強制動員慰謝料請求権が請求権協定の適用対象に含まれると見ることができるが、この場合も個人の請求権自体は国家が外交条約で消滅させることはできず、その請求権に対する大韓民国の外交的保護権だけが放棄されたに過ぎず、よって強制動員被害者は、大韓民国で日本企業を相手に訴訟をもって権利を行使することができる。
（二〇一八年一〇月三〇日の大法院判決文、要旨）

きびがらの家

二〇一八年一〇月、韓国の大法院は、日帝期末の労務動員が不法な植民支配と直結した日本企業の反人道的不法行為であり、その被害に対する賠償が一九六五年の請求権協定に反映されなかったため、徴用被害者の慰謝料請求権は生きており、旧日本製鉄の継承法人である新日鉄住金（現日本製鉄）が責任を持つべきだ、という判決を下しました。

この判決は大きく次の七つの主張で構成されています。

①日本の裁判所での判決は斥ける。
②新日鉄住金は旧日本製鉄の継承法人である。
③旧日本製鉄が訴訟原告たちを日本に労務者として連れて行き仕事をさせたのは、反人道的不法行為である。
④請求権会談では、このような労務動員被害を扱わなかった。
⑤無償三億ドルの請求権資金に、労務動員被害補償は含まれていない。

⑥　請求権協定にかかわらず、労務動員被害に対し慰謝料を請求できる。
⑦　慰謝料請求権の消滅時効も尽きていない。

この七つの主張が全て成立しなければ、賠償判決を下すことができません。この中の一つでも間違っていれば、賠償判決は下せません。しかし、実はこの七つの主張全てが間違っているため、大法院の判決は鎖の輪がみな切れているのと同様であり、また、そっと触れただけでも崩れてしまう、きびがらの家と同様です。

この章では、大法院の判決を構成している右記の主張のうち、③〜⑦の五つの間違いを調べて行こうと思います。法理問題の性格が強い①と②の検討は省略します。

「植民支配が不法なので労務動員は不法だ」という主張

いわゆる強制動員の被害賠償を要求する訴訟ならば、その原告が本人の意思に反して強制的に連れて行かれ強制労働をさせられたのかを確認しなければなりません。しかし大法院は、原告たちの労務動員の実際の在りようには無関心でした。その代わり大法院は、労務動員が日本の不法な植民支配の結果であるため、その実態のいかんにかかわらず「反人道的不法行為」であり、慰謝料を請求できる、としました。つまり、大法院の判決の最終根拠は、植民支配の不法性です。

日本の韓国植民支配が不法であるかどうかは、韓日会談のとき、韓日両国が熾烈に争った問題です。韓国は、「一九一〇年の韓日併合条約等は初めから無効であった」と主張し、日本は、「当時は有効だったが終戦と共に失効した」と主張しました。これは交渉の名分を巡る対立でしたが、両国は、過去の韓日間の条約と協定は一九六五年の時点で「既に無効である（already null and void)」と規定することで折り合いをつけました（韓日基本関係条約第二条）。韓日両国は、この問題をそれぞれ自分の立場で解釈できるよう妥協したのです。どちらの国も相手国に、自身の立場を強要しませんでした。

　ところが、韓国史学者李泰鎮《イテジン》などが「韓日併合条約は初めから成立していなかった」といったような主張を続けているうちに、韓日併合一〇〇周年の二〇一〇年には、韓日の知識人一一三九名が「一九一〇年の韓日併合条約は元々無効だった」という共同声明まで出しました。徴用された人、徴兵された人、日本軍慰安婦などの〝不法な植民支配の被害者たち〟への賠償を要求するためでした。そしてついに二〇一二年、金能煥《キムヌンファン》などの四名の大法院の判事がそれを受け入れ、「日帝強占期の日本による韓半島支配は不法な強占に過ぎなかったため」、「日本の支配を合法的なものと見る」日本の裁判所の徴用賠償棄却判決は容認できない、としました。いわゆる「建国する心情」で下したという、あの問題の判決です。

　しかし、日本の植民支配が不法だというのは、彼らの一方的な主張に過ぎません。韓日併合は、大韓帝国の主権者である純宗《スンジョン》が国権を日本の天皇に譲渡したことで成立しました。純宗の詔書が勅諭形態だったとか、そこに純宗の直筆署名がなかったなどというのは、副次的問題です。純宗は国権譲渡に対し、そのときもそれ以後も、反対の意思を表したり、無効だと主張したりしませんでした。これは、国権所有者が自身の意思で国を明け渡したことを意味しています。このように〝合法〟を主張できる根拠もあるくらいですから、日本の韓国植民支配が道徳的に不当だと主張することはできても、それが不法であり初めから無効であったという主張を、一方的に採択することはできません。

どうしてお前は「植民支配は正当だった」と言うのか、と指弾する人もいるでしょう。しかし私は、「植民支配は合法であり正当だった」と主張しているのではありません。韓日国交正常化の際、韓日両国がこの問題をどのように扱ったのかを述べているのです。植民支配は合法か不法か白黒がつかなかったため、韓日両国はそれを論議の外に置き、そうやってその件を乗り越えることで国交を正常化したのです。

条約とは、両当事国の合意で締結するものです。半世紀の後に「植民支配は不法だったから当時の○○は不法である」という主張を学者がすることは許されます。しかし、一国の司法部がそのような主張を採択し、相手国の国民に賠償を命じることはあり得ません。これは、国交正常化以前に戻ろう、という意味にしかなりません。

請求権協定は労務動員被害を反映した

よく、請求権協定は韓国（人）と日本（人）間の相互財産、債権、債務を整理したもので、植民支配被害賠償を扱ったものではない、と言われます。私も『反日種族主義』の中でそのように書きました。そうだとすると、徴用のように強制性のある労務動員の被害は請求権会談で扱われず、その結果に反映されなかったのでしょうか？

そうではありません。請求権協定が扱った韓日両国とその国民の「財産、権利、利益、そして請求権」は、非常に包括的な範疇に属するものであるため、徴用被害に対する慰謝料請求のような賠償的性格を持つ要求も盛り込まれました。

会談において韓国側が日本側に提示した対日請求八項目のうち、第五項には「被徴用韓国人の未収金、補償金及びその他請求権の返済請求」が入っています。「徴用による精神的被害に対する慰謝料」は、この「その他請求権」に含まれています。当時、韓国は日本に、被徴用労務者一人当たり二〇〇ドルずつの補償を要求しました。日本は韓国の要求を拒否しました。結局韓日両国はこの補償問題を、個別請求権の金額を合算せず「一括して」無償三億ドルとすることで落着させました。この三億ドルには被徴用労務者補償金が含まれていた、と見なさなければなりません。日本は韓国に純請求権金額より遥かに多くの金額を支払ったのですが、これは単純な独立祝い金ではなく、韓国の請求権要求に応えたものでした。

一九六五年八月、請求権協定を批准《ひじゅん》する国会で張基栄《チャンギヨン》副総理は、「無償三億ドルは請求権ではなく、もっと言えば実質的に賠償的な性格のものだと考える。その意味において、これは経済協力ではない請求権が主となっており、実質的に賠償だ、という見解を持っている」と答弁したことがあります。朴正熙《パクチョンヒ》政府だけがそのように考えたのではありません。二〇〇五年八月、盧武鉉《ノムヒョン》政府の「韓日会談文書公開後続対策関連民官共同委員会」は、「苦痛を受けた歴史的被害事実に根拠を置いた補償要求が無償資金算定に反映され、無償三億ドルには、個人の財産権（保険・預金など）や強制動員被害補償問題解決のための資金などが包括的に勘案されている、と見なさなければならない」と言っています。

したがって、請求権協定には労務動員被害が反映され、無償三億ドルと請求権問題の間には法的因果関係または代価関係があると言えます。

しかし韓国の大法院は、「無償三億ドルは両国間の請求権問題の解決と法的代価関係がない」としました。三億ドルは独立祝い金でしかないと言うのです。この三億ドルは請求権資金だ、というのが歴代の韓国政府と主流学者たちの見解であり、それは主には独立祝い金だ、というのが日本政府の解釈でした。今さら韓国の大法院が日本政府の立場をとるのは、奇異なことではないですか。

請求権協定で請求権問題は、完全に、最終的に解決された

韓日両国は請求権協定文で、「一切の請求権問題が解決された」と明記しました。まず第一として、両国は請求権協定前文で、「両国及び両国国民の財産と、両国及び両国国民間の請求権に関する問題を解決することを希望する」と記し、この協定に両国（国民を含む）間の請求権に関する問題を〝解決〟しようとする意図のあることを、はっきりとさせました。

二つ目に、協定第二条一は「両締約国は、両締約国並びにその国民（法人を含む）の財産、権利

及び利益と両締約国並びその国民間の請求権に関する問題が（中略）平和条約（サンフランシスコ条約）第四条（a）に規定されたことを含め、完全に、そして最終的に解決されたことを確認する」と規定し、第二条三は「一方の締約国及びその国民の他方の締約国及びその国民に対する全ての請求権として（中略）いかなる主張もできないこととする」と規定しました。

三つ目に、請求権協定に対する合意議事録（I）は「（協定第二条）一で言うところの、完全に、最終的に解決されたことになる両国並びその国民の財産・権利及び利益と、両国並びその国民間の請求権に関する問題には、韓日会談において韓国側から提出された〝韓国の対日請求要綱〟（いわゆる八項目）の範囲に属する全ての請求が含まれており、したがって同対日請求要綱に関しては、いかなる主張もできないことを確認した」と明示しました。

右記条文の意味は、これで両国間の請求権問題は完全に解決された、ということです。韓日両国は請求権の交渉に際し、植民地被害賠償問題を全面的には扱わなかったのですが、請求権協定文では、「両国とその国民間の請求権に関する問題が、完全に、最終的に解決されたことを確認する」と明示されました。このとき「解決された請求権」は、請求権交渉の際に論議された「平和条約第四条（a）に規定されたこと」を含めた全ての請求権です。徴用賠償のような、いわゆる労務動員被害に対する賠償も含まれます。それで協定第二条三で、「請求権協定後には両国（国民を含む）は、いかなる請求権の主張もできない」と明示しました。これによってその後、日本を相手に「徴用被害慰謝料を支払え」という主張はできなくなりました。請求権協定文にこれと違った解釈をする余地はありません。

しかし韓国の大法院は、違う解釈をしました。「平和条約第四条（a）の範疇を超えた請求権、即ち植民支配の不法性と直結した請求権」は解決されていない、と言うのです。大法院は「平和条約第四条（a）に規定された請求権」だけが解決された、としています。請求権協定では、〝Aを含み〟他のものも解決された、となっていますが、大法院は、〝Aだけ〟解決された、と言っているわけです。大法院の解釈は、明白に請求権協定に違背しています。

条約は法律と同じ地位にあります。大法院の判決は法律に反するものです。判事は法に従って裁判をすべきです。法を無視して判決を下して、一体どうするつもりなのでしょうか。二〇一二年に大法院の判事金能煥などは、たとえ慰謝料を払わせるのが正当だと思ったとしても、それは既存の法律、条約に反するのですから、請求を棄却すべきでした。その代わり政府に、「日本との外交交渉を通し請求権協定を改定、補完してほしい」と要請するなり、原告に、「韓国政府を相手に慰謝料の支払いを請求しなさい」と勧告すべきでした。このことは、二〇一八年に大法院全員合議体において多数意見であの判決を導き出した判事たちも同じです。

植民支配の被害を全ては反映できなかったという点で、請求権協定は不完全でした。ある研究者はそれを「未完の清算」と呼びました。原爆被害者の補償や樺太《からふと》抑留韓国人の帰還問題などが、その例です。この意味で協定を補完する必要性はあります。しかし、協定の補完は韓日両国が合意してすべきことで、今回のように、韓国の大法院が日本の国民に賠償を命じる、一方的措置でなされるべきことではありません。今回の大法院の判決は、「協定を破ろう」ということであり、補完することではありません。

請求権協定で個人請求権は消滅した

別の面からも考察を進めましょう。国家は他の国と条約を結ぶ際、国民の請求権を一方的に消滅させることができるのでしょうか？　日本を相手にした慰謝料支給請求権も一種の財産権ですが、国家が国民の財産権を一方的に消滅させることができるのでしょうか？　これについて大法院は、二〇一二年の初めての判決で、「請求権協定で個人請求権は消滅していないことはもちろんのこと、その外交的保護権も放棄されていないと見るのが妥当である」としました。二〇一八年の判決も同様でした。

しかし、国家は個人の財産権を消滅させることができます。「個人の権利も然り、国家制度である法により認定される範囲内で存在するもの」なのです。「国家はより大きな公益のために、合法的な手段を通し自国民の権利を受容、剥奪することができ」ます。「国家が必要とする場合は、当事者の同意なくして、自国民の対外請求権の全部あるいは一部を放棄でき」ます（鄭印燮《チョンインソプ》、一九九四年、五二三頁）。また、国家が一括補償協定方式で個人の請求権を消滅させることは、国際社会では広く認定され、実行されています。第二次世界大戦の終了後から一九九五年まで、二〇〇件以上の一括妥結方式の協定が締結された、と言われています（李根寛《イグングァン》、二〇一三年、三六四頁）。

国家が外国から一括補償を受け、その代わりに自国民の外国に対する請求権を消滅させることが不当だと言えますか？　個人にそれ相応の補償をしてあげれば済むことです。請求権会談のとき韓国政府が日本政府に明らかにしたように、一括補償を受けた国家が自国民に補償をすれば済むことです。請求権交渉の当時、日本政府が韓国人個人に直接補償しようとしたら、韓国政府は、個人に対する補償は韓国政府自身が行なう、とはっきり言いました。その後、韓国政府はそのようにしました。一九七〇年代に韓国政府は、日本に動員された軍人と労務者のうち、死亡者に対し補償を実施し、それが不充分だったとして二〇〇〇年代には、死亡者に追加の慰労金を支給し、負傷者に対しても慰労金を支給しました。

大法院の判決については、「請求権協定で個人請求権に対する外交的保護権は放棄された」とする少数意見もあります。「日本の国内措置で当該請求権が日本国内で消滅したとき、韓国はこれを外交的に保護する手段を無くした」ということです。国際法上、外交的保護権とは、外国で自国民が不当な扱いを受けながら、現地機関を通し適切な権利の救済がなされない場合に、最終的にその国籍国が外交手段や司法手続きを通し、外国政府に自国民に対する適切な保護または救済を要求できる権利のことを言います。

この外交的保護権が消滅したというのは、韓国政府が日本の政府や企業に徴用賠償を要求できず、また、韓国の裁判所も日本の企業に対し、徴用賠償判決を下すことができないことを意味します。この場合は、個人請求権が消滅していなくても、日本を相手にもうそれ以上主張できないため、個人請求権が消滅したのと同様だと言えます。今後いかなる請求権の主張もできないと合意したのなら、これは「外交的保護権を行使しません」という約束であり、したがって個人の請求権は行使することができなくなります。この点に照らし合わせても、大法院の慰謝料支給判決は間違ったものです。

個人請求権の時効も尽きた

万が一、協定後にも個人請求権が生きているとしたら、その時効はどうなるのでしょうか？いわゆる〝強制動員被害〟は一九四〇年代前半に生じ、韓日協定（韓日基本関係条約）は一九六五年に締結されましたが、韓国内における賠償訴訟は、二〇〇五年になって起こされました。〝被害〟が発生してから約六〇年後に、韓日協定の締結四〇年後の慰謝料請求が容認できるのでしょうか？　大法院は「できる」と言います。「二〇〇五年に韓日会談の文書が公開されるまでは、消滅時効が中断されていたからだ」と言っていますが、こじつけも度が過ぎます。

大法院は、韓日会談の文書がみな公開されていないことが、慰謝料を請求できなくした「客観的障害事由」だ、としています。文書公開の前までは、一切の個人請求権は解決済みだと知らされていたため、労務動員被害者は慰謝料を請求しようとしなかったのだ、それで文書公開までは、消滅時効を猶予しなければならないのだ、としています。この論理を呂運沢《ヨウンテク》などの原告四名に当て嵌めることができるのでしょうか。まったく当て嵌まりません。

韓国政府が韓日会談文書を初めて公開したのは、二〇〇五年一月一七日です。呂運沢など原告四名は一カ月余り後の二月二八日に、韓国の裁判所に新日本製鉄を相手とした被害賠償訴訟を起こしました。彼らは文書が公開された後、夜を徹して文書を分析し、「慰謝料請求が可能であることが初めて分かって」二月の末に訴訟を起こしたのでしょうか。もちろん、そうではありません。既に彼らは、それよりずっと以前の一九九七年に、日本の裁判所で訴訟を起こしたではないですか。呂運沢などは自分たちの慰謝料請求権を、文書公開のだいぶ以前から積極的に主張して来ました。それだけでなく、彼らは国内で提訴する前に、有利な証拠を得るため、韓日会談文書の公開を要求し、それを貫徹させました。そうであったのに、韓日会談文書の公開前に慰謝料請求訴訟が起こせない、何らかの「客観的障害事由」があった、と言うのでしょうか。

一般法理上、間違って理解しており訴訟を起こせなかったからと言って、消滅時効が猶予されたりはしません。自分に権利があるのを知らなかったことは、消滅時効猶予事由にはなりません。ましてこの原告たちは、外国の裁判所に行ってまでして主張するほどに自身の権利をよく知る人々でしたから、消滅時効が猶予されると見なす何の理由もありません。したがって、二〇〇五年の文書公開によって初めて訴訟の「障害事由」がなくなった、という大法院の主張はデタラメです。

これは大法院が、消滅時効の未完成を主張しようとして、無理やりに取って付けたものに過ぎません。たとえ請求権協定にかかわらず慰謝料請求権があったとしても、協定締結後、四〇年が過ぎていたため、消滅時効は完成されていました。

韓国大法院の拭い去れない〝黒い歴史〟

大法院は、日本の裁判所が下した判決を斥けた後、「損害賠償時効も迎えておらず、新日鉄住金が旧日本製鉄と同一格の法人としてその債務を継承した」と判断しました。この前提のもとで大法院は、任意で植民支配の不法性を根拠に、労務動員の実態をろくに調べもせずに、「労務動員は強制動員だった」と判定しました。また大法院は、「請求権会談では労務動員を扱わず、三億ドルは単なる独立祝い金だった」としました。また大法院は、「日本に労務者として渡って行ったこれら四名の個人請求権は生きており、それに対する外交的保護権も行使できる」と判断しました。

しかし、この章で調べて来たように、大法院のいくつもの判断のうち、成立するものは一つもありません。ここでは扱いませんでしたが、日本の裁判所の判決の既判力[注21]についても、新日鉄住金と旧日本製鉄を同一格法人と見なしていいのかどうかの問題についても、大法院のように判断することはできません。大法院の一連の判断のうち一つでも間違っていれば、徴用賠償判決は間違ったものとなります。ましてその判断のほとんどが間違っているとなれば、言うに及ばずです。大法院の徴用賠償判決は、そっと触れただけでも崩れてしまう〝きびがらの家〟と同じです。その判決は、韓国の大法院の拭い去れない〝黒い歴史〟となりました。大法院の判事たちは、恥を知らなければなりません。

注21　**既判力**：前の裁判で示された判断内容の、後の裁判への拘束力のこと。

〈参考文献〉

大法院「大法院判決　二〇〇九ダ六八六二〇 損害賠償」二〇一二年五月二四日
[「대법원 판결 2009다68620 손해배상(기)」, 2012년 5월 24일]

大法院「大法院判決　二〇一三ダ六一三八一 損害賠償」二〇一八年一〇月三〇日
[「대법원 판결 2013다61381 손해배상(기)」, 2018년 10월 30일]

金昌録（キム・チャンロク）「韓日請求権協定により〝解決〟された〝権利〟」（『法学論考〔慶北大〕』第四九号〔二〇一五年刊〕所収）
[김창록(2015),「한일 청구권협정에 의해 '해결'된 '권리'」,『법학논고(경북대)』49]

金泰圭（キム・テギュ）「徴用賠償判決を考察する」〔二〇一九年七月三〇日 Tae Kyu Kim facebook, https://www.facebook.com/taekyu.kim.146/posts/2310822795660005）
[김태규(2019),「징용배상판결 살펴보기」(2019년 7월 30일자 Tae Kyu Kim facebook, https://www.facebook.com/taekyu.kim.146/posts/2310822795660005)]

都時煥（ト・シファン）「韓日請求権協定に関連する大法院判決の国際法的評価」（『国際司法研究』第一九巻第一号〔二〇一三年刊〕所収）
[도시환(2013),「한일청구권협정 관련 대법원 판결의 국제법적 평가」,『국제사법연구』19(1)]

朴培根（パク・ペグン）「日帝強制徴用被害者の法的救済に関する国際法的争点と今後の展望」（『法学論叢』第三〇巻第三号〔二〇一三年刊〕所収）
[박배근(2013),「일제강제징용 피해자의 법적 구제에 관한 국제법적 쟁점과 향후 전망」,『법학논총』30(3)]

太田修「韓日請求権協定〝解決完了論〟批判」（『歴史批評』第一二九号〔二〇一九年刊〕所収）
[오타 오사무(2019),「한일청구권협정 '해결완료론' 비판」,『역사비평』129]

李根寛（イ・グングァン）「韓日請求権協定上の強制徴用賠償請求権処理に対する国際法的検討」（『ソウル大学校法学』第五四巻第三号〔二〇一三年刊〕所収）
[이근관(2013),「한일청구권협정상 강제징용배상청구권 처리에 대한 국제법적 검토」,『서울대학교 법학』54(3)]

鄭印燮（チョン・インソプ）「一九六五年韓日請求権協定対象範囲に関する研究」（『省谷論叢』第二五巻第一

号〔一九九四年刊〕所収）

[정인섭(1994),「1965년 한일 청구권협정 대상범위에 관한 연구」,『성곡논총』25(1)]

9

陸軍特別志願兵制の内と外

鄭安基《チョンアンギ》

反日種族主義者からの罵倒

『反日種族主義』に載せられた鄭安基の論考は、朝鮮総督府よりもさらに朝鮮人の皇民化を望むものであり、附倭奴[注22]による皇国臣民化賛美だ。このような論考を読むのは苦役である。日帝による陸軍特別志願兵制の実施は、我が民族を皇国臣民に同化させようとする民族抹殺政策だった。志願兵の募集は、官僚機構と警察を表に立てた強制動員だった。それで四九倍という高い競争率を見せただけのことだ。陸軍特別志願兵制は朝鮮の青年たちを戦場に追いやり、日本帝国のために戦わせること以上でも以下でもない。

（李栄宰《イヨンジェ》、二〇一九年、抜粋引用）

注22　**附倭奴**：「倭国側に付いて国を害する劣等人間」という意味の、『反日種族主義』の著者らに向けられた罵りの言葉。

伝統社会の矛盾

私は『反日種族主義』に載せた「陸軍特別志願兵、彼らは誰なのか？」において、日帝下の陸軍特別志願兵経歴者の歴史的意義を新たに探究しました。一九三〇年代後半に勃発した日中戦争、一九三九〜四五年の第二次世界大戦、一九四八年の大韓民国の建国、そして一九五〇年代の韓国戦争を次々と経験しながら、近代的国民あるいは文明人として蘇生しようとした彼らの実存的な身もだえを、二〇世紀の韓国史の文脈から再解釈しようとしました。李栄宰はそういう私に、「朝鮮総督府も感嘆する陸軍特別志願兵制の理解だ」とか、「朝鮮総督府よりさらに朝鮮人の皇民化を望む論考だ」などと軽薄な言説を浴びせかけました。以下において、以前の論議をより深化させ拡張し、李栄宰の批判に反論して行こうと思います。

李栄宰は、「日本は一九三八年の陸軍特別志願兵制の施行に前後して、朝鮮の兵站《へいたん》基地化と共に、朝鮮人を皇国臣民に同化させる暴圧的な民族抹殺政策を推進した」と主張しています。皇民化政策の本質を朝鮮民族の抹殺と考える李栄宰の主張は、彼の独創的な見解ではありません。一九八五年に出された宮田節子の主張を、単に反復しているに過ぎません。宮田は陸軍特別志願兵制を、帝国主義の民族差別からの脱出を欲する朝鮮青年たちを国家権力の暴力装置に組み込むことで内部化させ、朝鮮人の民族意識を抹殺し、日本的な感情を内面化した人間へと育て直す、皇民化政策の推進力だった、と把握しました。宮田の主張は韓国の歴史学界で定説として受容され、三五年が過ぎた今も広く引用されている実情にあります。

しかし、宮田節子が主張するように、朝鮮の青年たちが日帝の民族差別から脱出するために陸軍特別志願兵になろうとしたのかどうかは疑問です。志願者の大部分は、普通学校（のちの小学校）を卒業した南韓地域の中農層の家系の次男たちでした。経済的にそれほど困った立場にはありませんでした。成長過程で日本人との接触も多くなく、差別をされたり、差別されたと意識するだけの環境のもとにはいませんでした。それでも彼らが陸軍特別志願兵に志願したのは、彼らの家系の身分が、たいていの場合、常民（サンノム）[注23]だったからです。一九三七年に詩人の徐《ソ》廷柱《ジョンジュ》[注24]が歌ったように、「だらりと舌を垂れ伸ばした病んだ雄犬」のごとく、郷村社会の差別と蔑視にさらされた暮らしでした。つまり、彼らをして陸軍特別志願兵になることを決断させたのは、両班《ヤンバン》－常民の身分差別という、伝統社会の桎梏《しっこく》と束縛のためでした。

当時のいくつかの小説と映画から、そのような社会的様態をうかがい知ることができます。一九四二年に発表された崔貞熙《チェジョンヒ》の短編小説「野菊の抄」がその一つです。崔貞熙は、一九三〇年代のフェミニズム文学を開拓した朝鮮文壇の代表的女流作家でした。小説のあらすじは、母親が勝一《しょういち》という息子を連れて朝鮮総督府陸軍兵志願者訓練所を訪問し、息子を将来、陸軍特別志願兵に送ることを心に決める、という内容です。母親は看護婦という職業の新女性で、ある両班身分の朝鮮人既婚男性と付き合いますが、妊娠すると男は裏切り、捨てられてしまいます。母親が将来、息子を日本軍に送ろうとしたのは、息子を卑怯で無責任な朝鮮の男の私生児としてではなく、

注23　**常民**：「良民」「常人」とも呼ばれる、社会の大多数を占める農民・手工業者・商人ら。朝鮮王朝の身分は、上から支配階級の両班（文班・武班）、翻訳や医学等に従事する技術者の中人、常民、奴婢などの賤民に大別される。

正直で責任感のある帝国の息子として育てたい、という思いからでした。自身を捨てた両班身分の朝鮮の男に対する悽切《せいせつ》な復讐でもありました。「野菊の抄」は、伝統の身分制と家父長制にあえぐ朝鮮新女性の、伝統社会に向けられた深い幻滅の告発でした。

一九四一年に封切られた「志願兵」という映画があります。崔承一《チェスンイル》注25が設立した東亜映画製作所の創立作品でした。中学校を中退した主人公春浩《チュンホ》は、亡くなった父親の後を継いで不在地主の小作管理人の地位を継承しようとしますが、友人徳参《トクサム》の謀略にはまり、地位を奪われます。加えて、地主の妹ヨンヒとの微妙な関係のため、恋人プノクに誤解されてしまいます。その最中に春浩は、陸軍特別志願兵に志願し合格します。その知らせを耳にした地主は、春浩に管理人の地位を保証するかたわら、彼の家族に対する厚い後援を約束します。春浩は、恋人プノクと日章旗を振る故郷の人々の歓送を受けながら軍用列車に乗る、という筋書きです。この映画は、地主制と陸軍特別志願兵制を巡る郷村社会の矛盾、身分上昇の欲求などをよく描き出しています。陸軍特別志願兵制が四九倍という高い競争率を記録したのも、日帝による民族差別のためではなく、「我々のうちなる植民地」とでも言うのでしょうか、伝統的身分制の矛盾のためでした。

親日ナショナリスト

果たして民族意識が皇民化政策によって、そんなにもたやすく抹殺されるものなのか、についても疑問です。実は民族とは、二〇世紀初葉に朝鮮人が日本の統治を受けるようになってから発

注24　**徐廷柱**：1915～2000年。号は未堂。耽美主義的作品から東洋思想の優越性を主張する作品まで、多くの作品を発表した。

注25　**崔承一**：プロレタリア文学者。戦後は北朝鮮に渡り、朝鮮戦争（韓国戦争：52頁の注14参照）中に行方不明となる。妹は舞踏家の崔承喜。

見された、想像の政治的共同体です。実体性が欠如した想像の集団意識であるため、民族はむしろ強靭な生命力を持っています。我々は檀君を始祖とした拡大家族としての運命共同体だ、という歴史意識がまさにそれです。朝鮮人は、植民地期を経ながら民族としての〝正体/民族的アイデンティティ〟を発見し、彼らの歴史と伝統文化に対し自負心を持ち始めました。

そのような民族意識を目覚めさせ、普及させた代表的知識人として、韓国の近代文学を開拓した李光洙《イグァンス》注26を挙げることができます。彼は朝鮮の無知、不潔、無秩序、無気力に絶望しました。そういう中でも、彼にとって民族とは永遠なる海のような存在でした。いかなる思想と主義も一時的なものであり、海にできる波に過ぎないものでした。彼は、朝鮮民族は再生するのだ、日本人のように互いに協同する清潔で勇敢な文明人として生まれ変わることだけが、民族再生の道だ、と人々に説きました。こういう李光洙を趙寛子《チョグァンジャ》は「親日ナショナリスト」と命名しました。

今日の韓国の民族主義がこのような生成経路を持つようになったのは、否定できない事実です。もちろん、今の北朝鮮の首領体制を成立させた没個人の共産主義的民族主義とは区別される、歴史的経路です。例えば、学徒志願兵の出身で第一六代光復会会長を務めた金祐銓《キムウジョン》は、「李光洙の小説を読んで民族意識と近代的な自我に目覚めた」と告白しています。そのようにその時代、朝鮮の青年たちは李光洙の作品を読み、近代人として生まれ変わって行きました。植民地の民衆としての挫折感を克服し、朝鮮の明るい未来を開拓する民族意識を高揚させて行きました。

そのせいか一九四〇年に朝鮮総督府は、「風俗・慣習・言語・意識の次元にまで及ぶ朝鮮人の完璧な皇民化は、少なくとも三〇〇年の歳月を要する至難の課題だ」と言っています。一朝一夕

注26　**李光洙**：小説家・詩人・思想家。1892～1950？年。朝鮮最初の言文一致小説「無情」を発表した新文学運動の中心的人物。

に朝鮮人の強固な民族意識をそぎ落とし、日本人に改造することはできない、と見たのです。それで皇民化政策は突飛にも、多くの朝鮮人にとってまだ馴染みのなかった檀君神話をはじめ、新羅の花郎《ファラン》注27や朝鮮王朝期の李舜臣《イスンシン》注28などを呼び出し、朝鮮人の民族意識を鼓吹《こすい》しました。民族の神話・叙事・英雄を通し、砂のように散らばった朝鮮の民衆を帝国の国民に統合しようとする努力でもありました。総督府の皇民化政策を朝鮮民族の抹殺政策と見なすことほど、歴史の複雑な実態と矛盾を単純化する稚気はありません。

民族史の新しい序幕

李栄宰は、陸軍特別志願兵制の施行とは、「朝鮮の青年たちを戦場に追いやり、日本帝国のために戦わせること」だった、と言っています。朝鮮の青年を兵力資源として動員したと言うのです。

一九三八～四三年、陸軍特別志願兵の募集定員は一万六五〇〇名でした。最初の一九三八年の募集定員四〇〇名は、当時の日本陸軍の〇・〇八％に過ぎませんでした。朝鮮人の兵力資源化を云々《うんぬん》するには、あまりにも少ない人数です。新しい制度の施行に関して一九三七年、朝鮮軍司令部は、日本陸軍省に提出した報告書で、「朝鮮人における皇国意識の把握と同時に、将来朝鮮人の兵役問題の解決のための制度的実験」だ、と指摘しました。言うなれば「皇国意識の把握」、つまり朝鮮人がどれほど帝国の軍人として忠誠を尽くせるのかを確認する「制度的実験」だった、

注27　**花郎**：新羅の青年貴族集会の指導者。花郎のもとに集った青年たちは精神的、肉体的修養に励んだ。

注28　**李舜臣**：朝鮮王朝期の武将。1545～98年。文禄・慶長の役（壬辰倭乱：19頁の注2参照）に際し、水軍を率いて奮戦し戦死した。

というのです。
総督府と日本軍がそのような実験をするに及んだのは、朝鮮人政治勢力からの粘り強い要求があったからです。一九二〇年以来、朝鮮人政治勢力は、同化主義という植民統治の合法的空間を活用して、「パンではなく権利を」という参政権請願運動を展開して来ました。一九三〇年代前半には、参政権に先立ち「血税義務の履行」という徴兵制の施行を請願しました。これら参政権と徴兵制の請願に対し総督府は、朝鮮人の低い民度と教育水準を口実に、「時期尚早だ」という答えを繰り返しました。それで朝鮮人政治勢力は、日中戦争の勃発を機に、再度、優秀な資質を持つ志願者に限った志願兵制の施行を主張し、植民地権力はこれを妥協的に受け入れたのでした。

総督府は、陸軍特別志願兵制の施行は朝鮮人の皇民化のための精神的基盤を拡充するのに有用である、と期待しました。一方、朝鮮人政治勢力は、この施行は朝鮮人に対する政治的差別を撤廃させる参政権の確保のための政治的布石だ、と考えました。参政権を政治的自治にまで発展させるという〝協力の政略性〟を追求したのです。そのように陸軍特別志願兵制は、朝鮮人政治勢力と植民地権力の、お互いに違った目的と計算が交差する、相互依存と相互作用の産物でした。尹致昊《ユンチホ》**注29**、崔麟《チェリン》**注30**、李光洙などの朝鮮人政治勢力は、陸軍特別志願兵制の施行を諸手《もろて》を挙げて歓迎しました。彼らは志願者の動員に積極的に協力しました。甚だしくは、朝鮮共産党の最高の理論家だった李康国《イガングク》さえも、陸軍特別志願兵制施行に賛成しました。反帝国主義民族解放闘争のための民族解放軍の創設と、独立後のプロレタリア独裁のための人民革命軍創設の軍事的基盤を作るためにも、朝鮮人の軍事的訓練は不可欠だ、と見たのです。彼らは陸軍特別志願兵制の施

注29　**尹致昊**：政治家。1865～1945年。1881年に来日して中村正直の同人社に学び、帰国後は改革派として愛国啓蒙運動を指導した。

行が、朝鮮王朝五〇〇年にわたる朝鮮人の文弱の病弊を是正し尚武精神を回復する、絶好の機会だと考えました。

それで一九三八年、陸軍特別志願兵制が施行されるや、全国各地で陸軍兵志願者後援会が、雨後の竹の子のように結成されました。多くの人が「皇国臣民の道場」と呼んだ朝鮮総督府陸軍兵志願者訓練所は、朝鮮官民の自慢の種でした。当時の京城府陸軍兵志願者後援会の会長尹致昊は、一九三九年五月、陸軍特別志願兵の日中戦争参戦に際し、「民族の再武装を告げる朝鮮民族史の新しい序幕だ」と感激しました。

彼らは失敗したのではなかった

志願兵制や徴兵制を巡る支配勢力と被支配勢力間の政略的協力は、植民地朝鮮だけの現象ではありませんでした。台湾でも一九四二年に、台湾人陸軍特別志願兵制が施行されました。台湾人社会はこれを「衝撃と歓喜」で迎え、熱烈な支援ブームが起こりました。一九四二〜四四年、台湾の陸軍特別志願兵制は募集定員四二〇〇名に対して志願者は一四九万名に達し、三五四倍という驚くべき競争率を記録しました。台湾の陸軍特別志願兵制は、「台湾のガンジー」あるいは「台湾議会の父」とも呼ばれる林献堂をはじめとした、台湾人政治勢力の積極的な支援と協力があってこそ可能なことでした。朝鮮におけるのと同様に、台湾人政治勢力も、志願兵制を徴兵制と連携させて参政権を確保し、〝政治的自治〟にまで発展させようとしました。

注30　**崔麟**：宗教家。1878〜？年。号は古友。日本留学から帰国して天道教に入信。1919年の3・1独立運動で独立宣言書に署名して逮捕される。出獄後、天道教幹部として右派民族主義グループの重鎮となった。

さらに、植民地での軍事動員は、二〇世紀の数々の植民地において見られるグローバルな現象でもありました。西欧の帝国主義列強は、帝国の拡大と権益確保のため、植民地住民を〝帝国の尖兵〟として前面に押し出しました。その代表的事例が、イギリスの最大植民地であるインドでした。第一次世界大戦期にイギリスはインドで、自治領と植民地を含んだイギリス総兵力の約五一％に相当する一四〇万名を動員しました。このような大規模動員が可能だったのは、インド人政治勢力を代表するインド国民会議の積極的協力があったからです。マハトマ・ガンジーは僻地の農村を巡回し、青年たちにインド軍志願を訴えました。ガンジーは、イギリスに対する戦争協力をもって政治的自治確立へと向かう絶好の機会とし、これは「自由のための戦争」あるいは「民族自決の戦争」である、と説きました。帝国主義は、武力だけで支配するものではありません。帝国主義支配は、それに相応する協力者を通して貫徹されたのです。協力は、緻密に計算された、政治的目標に向かう能動的行為でした。林献堂やマハトマ・ガンジーに見られるように、民族の真の自由と独立を求める指導者ならば、戦争協力は避けられない苦い杯でした。

陸軍特別志願兵制に協力した朝鮮人政治勢力も同じです。彼らは、日本の愚かな脇役ではありませんでした。彼らは、まったく違ったもくろみで算盤《そろばん》を弾いた、民族主義者でありました。しかし、彼らが全てをかけた〝協力の政略性〟は、一九四五年八月、日本の敗戦という予想外の事態によって水泡に帰してしまったのです。表面にはそのように映ります。長い間そのように罵倒されて来ました。しかし、『反日種族主義』で紹介したように、陸軍特別志願兵出身者たちは一九五〇～五三年の韓国戦争において、彼らの新しい祖国、大韓民国を国際共産勢力から守るという輝かしい戦功を立てました。この点を考慮すれば、朝鮮人政治勢力が追求した〝協力の政略性〟は失敗ではありませんでした。それなりの成果で大韓民国の建国と護国に大きく寄与したのです。

反日種族主義の全盛時代

植民地期の朝鮮人は、身分差別をはじめとした伝統社会の遺産に制約されていました。陸軍特別志願兵制の施行は、そういう朝鮮人が近代国家日本に包摂され、戦争に動員される渦中で近代的人間に蘇生しようとした実存的な身もだえの様態を、赤裸々に見せつけています。当代の朝鮮人が耐え忍ばなければならなかった歴史の計り知れない重みを、皇民化政策あるいは民族抹殺政策に対する抵抗と協力とに単純化したり、即断したりしては困ります。陸軍特別志願兵制は、それ以上に複雑な現実と矛盾を見せつけています。

私を批判した李栄宰は、陸軍特別志願兵に関してただの一編の論文も執筆したことのない、この分野におけるアマチュアです。彼は、既存の研究に網をかけ繋ぎ合わせた、狂暴な言説をぶちまけました。日本人研究者の、既に色褪せ力を失った学説を、何の疑問も省察もなく、やたら述べまくっているに過ぎません。亡国の試練を耐え忍び民族の新しい未来を模索した当代人の精神を、卑賤な奴隷精神としてほうり投げてしまいました。

これら反日種族主義者たちは、それなりの使命感で歴史の真実を語る研究者を「売国奴」「新親日派」、それでも気がおさまらず「附倭奴」にまで追いやりました。反民族行為者処罰のための新しい法を制定までして、我々の口にくつわをかませようと煽動しています。そういう彼らに答えを乞います。それが〝言論の自由〟であり〝思想の自由〟でしょうか？　この時代は反日種族主義の全盛期です。彼らの妄動は、自由民主主義の仮面に隠されたこの時代の醜態を暴露してしまいました。それでむしろ、ありがたくもあります。

〈参考文献〉

李栄宰（イ・ヨンジェ）「陸軍特別志願兵、学徒志願兵制歪曲批判」（『日帝種族主義』NEXEN MEDIA〔二〇一九年刊〕所収）
［이영재 (2019),「육군특별지원병・학도지원병제 왜곡 비판」,『일제종족주의』,NEXEN MEDIA］
鄭安基（チョン・アンギ）「一九三〇年代陸軍特別志願兵制の成立史研究」（『韓日関係史研究』第六一号〔二〇一八年刊〕所収）
［정안기 (2018),「1930년대 육군특별지원병제의 성립사 연구」,『한일관계사연구』61］
鄭安基「陸軍特別志願兵、彼らは誰なのか？」（『反日種族主義』未来社〔二〇一九年刊〕所収）
［정안기 (2019),「육군특별지원병, 이들은 누구인가?」,『반일 종족주의』, 미래사］
趙寛子（チョ・グァンジャ）「〝民族の力〟を欲した〝親日ナショナリスト〟李光洙」（『解放前後史の再認識』I、冊の世上〔二〇〇六年刊〕所収）
［조관자 (2006),「'민족의 힘'을 욕망한 '친일 내셔널리스트' 이광수」,『해방 전후사의 재인식』I, 책세상］
崔（チェ）ギョンヒ「親日文学のまた別の層位―ジェンダーと〈野菊の抄〉」（『解放前後史の再認識』I、冊の世上〔二〇〇六年刊〕所収）
［최경희 (2006),「친일 문학의 또 다른 층위 – 젠더와〈야국초〉」,『해방 전후사의 재인식』I, 책세상］
＊宮田節子『朝鮮民衆と「皇民化」政策』未來社、一九八五年刊

第3編

独島

10

幻想の島

李《イ》栄薫《ヨンフン》

反日種族主義者による強弁

朝鮮の官吏が于山島、即ち独島《トクト》(日本で言う竹島《たけしま》)を具体的に目撃した記録がある。一六九四年、鬱陵島の捜討官として派遣された張漢相《チャンハンサン》が書いた「鬱陵島事蹟」がそれである。一六九三年と一六九六年に日本に行った安龍福《アンヨンボク》も、于山島を実際に目撃した。朝鮮政府は安龍福を通じて、日本では松島《まつしま》と呼ばれているという情報を得た。以後、『東国文献備考』(一七七〇年)と『万機要覧』(一八〇八年)は、于山島が日本では松島と呼ばれているとし、于山島に対する領有認識を明らかにした。多くの地図において、描かれた于山島が時代と共に鬱陵島の西から東に移動するのは、于山島を実在の島と認識していた証拠である。于山島が鬱陵島のすぐ隣に描かれているのは、島に対する存在認識と領有意思を、より鮮明に表わそうとした意図からだった。

(洪聖根《ホンソングン》、二〇一九年、抜粋引用)

元々は国の名称

新羅王朝の海上活動は、今日我々が想像する以上に活発なものでした。新羅王朝ほどではないですが、高麗王朝でもそうでした。人々が海に活発に進出した時代には、ありもしない島に対する幻想は存在し難かったのです。ありもしない島に対する幻想は、韓国人が海から撤収した一五〜一九世紀の朝鮮王朝時代に生まれました。

「于山」が歴史的記録に登場するのは、一二世紀に編纂された『三国史記』注31からです。その本によると、六世紀、東海の鬱陵島に于山国という国がありました。鬱陵島の「地方」、即ち四方の周囲は、一〇〇里（四〇キロメートル）だそうです。それは、今日の実測値とも一致します。ウィキペディア百科事典によると、鬱陵島を一周する海岸道路の長さは、総四四・五五キロメートルです。そのようにして周囲について言及したのですから、鬱陵島は当然一つの島です。鬱陵島に付属する小さい島が複数ありますが、無視してもよいほどのものでした。その鬱陵島に〝国〟という政治体制が組まれたのが、他ならぬ于山国です。鬱陵と于山の関係は、元々このようなものです。

『高麗史』注32によると、于山国が消滅するのは一一世紀です。以降、于山は鬱陵の別称として使われました。一五世紀初めの『朝鮮王朝実録』でその点を確認することができます。朝鮮王朝は、全国のほとんどの島から人々を退去させる「空島政策」を取りました。それと歩調を合

注31　**三国史記**：高麗仁宗の命により金富軾らが1145年に編纂した新羅・高句麗・百済に関する歴史書。
注32　**高麗史**：朝鮮王朝世宗の命により金宗瑞・鄭麟趾らが1451年に編纂した高麗に関する歴史書。

わせて、于山を鬱陵とは別の島と見る認識が生まれました。一四五四年に刊行された『世宗実録地理誌』注33が、それに関する最初の記録です。一五三〇年に刊行された地誌『新増東国輿地《よち》勝覧』の「八道総図」という地図では、于山島は、鬱陵島の西方にある、鬱陵島とほぼ同じ大きさの島でした。そのような島は客観的には実在しません。だから幻想なのです。幻想だからこそ、一九世紀まで朝鮮王朝が描いた多数の地図での于山島の大きさと位置はバラバラでした。おおまかに見て于山島は、一七世紀までは鬱陵島の西方に同じ程度の大きさで描かれていたのに、一八世紀以後は、鬱陵島の東方の小さな島へと変わって行きました。一九〇〇年、大韓帝国は、鬱陵島を鬱島郡に昇格しました。付属する島は「竹島《チュクト》と石島《ソクト》」(これがどういう島を指しているのかは次章以降で解説)と明示されました。于山島はありませんでした。歴史的記録に于山島が最後に登場するのは、一九〇八年に編纂された事典『増補文献備考』でした。しかし、当時の鬱陵島の住民たちは、その于山島がどこにあるのか知りませんでした。そのことに関しては、次の章でもっと詳しく紹介します。以降、于山島は、歴史の舞台から消えました。幻想の島だったことが、やがてあらわになったからです。

私が『反日種族主義』の中の一章「独島、反日種族主義の最高象徴」で、于山島を「歴史的に生まれては消えた島だ」としたのは、おおむね以上のような理由からです。今日の韓国人が独島を歴史的に我が国固有の領土と主張する際に示す重要な根拠を、私が否定したことになりました。そのため、少なくない反発が生じました。この章の冒頭に紹介した東北アジア歴史財団の洪聖根委員の主張は、その反発の代表的なものです。

注33　**世宗実録地理誌**:『朝鮮王朝実録』中の「世宗実録」の148巻から155巻を占める全国地理書。

以下では、『反日種族主義』の出版以降、新たに得た情報までも含めて、より詳しく私の主張を展開し、もろもろの批判に答えたいと思います。

一島説と二島説

『世宗実録地理誌』より少し以前の一四五一年に、『高麗史』が刊行されました。そこに、「鬱陵島は蔚珍県から東方の海の上にある。新羅時代には于山国と称し、武陵または羽陵とも称した。土地の周囲は一〇〇里である。ある者は、于山島と武陵島は元々二つの島から成っており、晴れた日には見ることができるという」（原記事を略述したもの、以下の引用も同様）という記述があります。つまり、元々は一つの島ですが（以下、一島説）、二つの島とも言われている（以下、二島説）、ということです。そのように『高麗史』は、一島説を主説、二島説を従説として紹介しました。一島説の根拠が、前に紹介した『三国史記』であることは言うまでもありません。『三国史記』で一島説は、異説が許されないほど明確です。それでも『高麗史』が従説として二島説を紹介したのは、それが一五世紀中葉に流行した新しい説だったからです。

ところが、三年後に編纂された『世宗実録地理誌』は、二島説を主説、一島説を従説として紹介しています。このことは周知の通りであり、前作の『反日種族主義』でもその問題点を指摘したので、ここでは、それ以上の言及は省略します。以後、一四八一年に地誌の『東国輿地勝覧』が、一五三〇年にはその増補改訂版である『新増東国輿地勝覧』が編纂されました。そこでは、「于山島と鬱陵島の二つの島は、蔚珍県の東方の海の上にある。一説によると、于山と鬱陵は、元々一つの島であり、四方が一〇〇里と言われている」となっています。やはり、二島説を主説、一島説を従説として紹介しています。しかし、二島説の于山島が幻想であることは、『新増東国輿地勝覧』に載った「八道総図」という地図によって自ずと明らかです。前に指摘したように、その地図で于山島は、鬱陵島の西方に、鬱陵島と同じくらいの大きさで描かれていますが、そのような島は実在しないからです。このような私の指摘に対して、私を批判するために企画されたKBS注34の連続報道で担当記者は、「残念ながら于山島が鬱陵島の西方に描かれているのは事実だ」と発言しています。でも、なぜ「残念」と言うのでしょうか。再度指摘したいのですが、元々幻想だったからそう描かれているのです。

続いて一六五六年には、柳馨遠《ユヒョンウォン》が『東国輿地誌』という地理書を編纂しましたが、その内容は『新増東国輿地勝覧』と同様なものでした。一六九三年と一六九六年には、有名な安龍福事件が起こりました。一六九三年、東萊府出身の安龍福が、鬱陵島に漁に出て日本の漁民と衝突し、彼らと一緒に日本にまで行って、鬱陵島が朝鮮の領土であることを主張しました。一六九六年に再び日本に行った安龍福は、「日本人が松島《まつしま》（今日の独島）と呼ぶ島は朝鮮の領土の于山島である」と主張しました。しかし当時の朝鮮政府は、鬱陵島の領有権にだけ関心がありました。日本政府が鬱陵島は朝鮮の領土であることを認める文書を送って来ると、事件はそこで一段落しました。于山島に対しては、特別な関心を示しませんでした。この事件は、二〇〇年以上も未解決のままだった一島説と二島説の対立を解消できる良いチャンスでした。すべからく安龍福を押し立

注34　**KBS**：韓国放送公社。韓国におけるNHKのようなテレビ局である。

てて于山島を探査すべきでした。しかし、そうはしませんでした。むしろ、勝手に国境を越えたとして安龍福を流刑に処しました。海と島に対する朝鮮王朝の関心は、その程度のレベルでした。朝鮮王朝は、徹底的に閉ざされた自給的農業国家でした。

深まる幻想

その結果、安龍福事件は、かえって于山島に関する幻想を深くする契機となりました。一七五六年、申景濬《シンギョンジュン》が「彊界考」という文章を書きました。彼は、于山と鬱陵に関して、そのときまで従説としてでも辛うじて存在していた一島説を廃棄しました。彼は、二島説が正しいという結論を出した後、以前にはなかった新しい主張を加えました。まず、于山島について、「倭人（日本人）は松島と称する」と記しました。これは安龍福事件に影響されたものです。二番目に、「于山と鬱陵の二つの島は、共に昔の于山国の領土だった」としました。

一七七〇年、朝鮮王朝は、諸般の国家制度の歴史を総括した、『東国文献備考』という巨大な事典を編纂しました。その中に「輿地考」という地理書があります。これは申景濬が主導して執筆したものだそうです。この「輿地考」で于山と鬱陵に関する朝鮮王朝の理解が集大成されました。該当部分を要約すると次のようになります。「于山島と鬱陵島は、蔚珍県から東方三五〇里の海にある。鬱は、蔚、芋、羽、武とも言う。二つの島を合わせて于山または芋山で、全て昔の于山国の領土だ。于山島は、倭人は松島と呼んでいる」。このように『東国文献備考』は、二島説を定説として採用した後、二つの島は共に昔の于山国の領土だ、という新しい説を定着させました。一八〇八年に編纂された李朝後期の財政・軍政を記す『万機要覧』のような本も、このような『東国文献備考』の新説を採用しました。

私が、申景濬が「疆界考」と『東国文献備考』の「輿地考」で主張した〝于山島＋鬱陵島＝于山国〟という新説を幻想の深化と規定する理由は、次の通りです。『反日種族主義』で指摘した問題でもありますが、新説が正しければ、つまり、于山島が鬱陵島と別の島なら、そしてその島から于山国という国の名称が出たのなら、その島は、鬱陵島ほどの大きさがあって、人が多く住む島でなければなりません。しかし、そのような島は、鬱陵島の近くに実在していません。

しかし、読者の皆さん、笑わないでください。一八世紀の朝鮮人たちは、そのような島があると思っていました。次は、一七三五年一月一七日、国王の英祖《ヨンジョ》と大臣たちの間で交わされた話です。

一六九七〜九八年、政府は、張漢相を派遣して鬱陵島を視察させ、地図を描いて来させたが、その後、聞いたところでは、鬱陵島は土地が広く、肥沃で、早くから人が住んでおり、たまに船舶が往来した痕跡があると言い、またその西方には于山島があるが、これも同じく土地が広く肥沃だと言う。（『承政院日記』英祖一一年一月一七日）

安龍福事件を契機に政府は、鬱陵島捜討官の張漢相を派遣して（この件は後述）、鬱陵島の地図を描いて来させました。その地図によると、鬱陵島は広くて肥沃な島でした。また、安龍福事件によって人々は、鬱陵島近くの于山島を日本人たちが松島と呼んでいることを知り、このことによって于山島の客観的な実在が裏付けられたと思いました。こうして朝鮮王朝の為政者たちは、伝来の于山島幻想に加えて、于山島もやはり鬱陵島と同じように広くて肥沃な島だという、より深い幻想を持つようになりました。右の『承政院日記』の記事は、このような歴史的背景から出たものです。

私に対して批判者たちは言います。「日本が松島と呼んだその島を、即ち今日の独島を、一八世紀の朝鮮王朝は于山島という名称で領有していたのではないか、『東国文献備考』と『万機要覧』などが明白な証拠ではないか」と。ここで、その批判に答えます。

于山島を鬱陵島と別の島と見なす二島説は、一五世紀中葉に成立したものです。一七世紀末の安龍福事件により于山島は、より確実に実在する島へと変わって行きました。しかし、朝鮮王朝の為政者たちは、于山島の実在する位置と大きさを探査しませんでした。以降、二島説は、〝于山島（松島）＋鬱陵島＝于山国〟という新しい幻想へと深まって行きました。一八世紀の朝鮮王朝の為政者たちは、于山島（松島）を広くて肥沃な島と想像しました。しかし、そのような島は鬱陵島の近くに実在しません。広くて肥沃なのに、誰も探査したことも、探査しようとしたこともない島なのです。今日の独島を見ても、広くて肥沃とは言えません。そのように深まった幻想をもって批判者たちは、独島の固有領土説の根拠と信じ、疑っていないのですから、私としては切ないとしか言いようがありません。

于山島の移動

以上が歴代の地理書を通じた考察ですが、一方で地図は、于山島に対する政府と民間の認識をより生々しく見せてくれます。表10-1は、池内敏《さとし》が考察した一〇九枚の地図に表われた、鬱陵島を基準にした于山島の位置です。「西」は、鬱陵島の西方に于山島がある、という意味です。他の方向表記も同じように解釈してください。「無」は、于山島が描かれていない、という意味です。地図は、全国図と江原道図に区分されています。一七〜一九世紀の各世紀で「初」「前半」などとされている区分は、地図が描かれた時期をより詳しく分類したものです。そういう分類ができないものは、世紀別に右側にまとめて示されています。

表10-1から分かるように、一七世紀まで于山島は鬱陵島の西方にありましたが、一八世紀以後は鬱陵島の南へ、東へ、さらには北東へと移って行きました。于山島がそのように移動したのは、一七世紀末の安龍福事件のためです。一六九四年以後、朝鮮政府は二〜三年に一回、鬱陵島に捜討官を派遣して、人、特に日本人が入り込んで住んでいないか調査しました。そのように捜討官が定期的に往来するようになったため、本土の陸地と鬱陵島の間には何の島も存在しないという事実が、自ずと明確になりました。しかし、認識の変化には時間がかかりました。中央政府が描いた全国図で于山島は、一八世紀の前半まででも、鬱陵島の西方に描かれたものが多数でした。前に紹介した一七三五年の『承政院日記』も、やはり朝鮮の為政者たちが于山島が鬱陵島の

<table>
<tr><th colspan="2"></th><th colspan="2">全国図</th><th colspan="2">江原道図</th></tr>
<tr><td colspan="2">16世紀以前</td><td colspan="2">西 西 西 北</td><td colspan="2">西</td></tr>
<tr><td rowspan="5">17世紀</td><td>初</td><td>西</td><td rowspan="5">西 西
西 西
西 北
無</td><td colspan="2" rowspan="5">西 西 南 無</td></tr>
<tr><td>前半</td><td>西</td></tr>
<tr><td>中盤</td><td>西 西</td></tr>
<tr><td>後半</td><td>西 北 北</td></tr>
<tr><td>末</td><td>西 西</td></tr>
<tr><td rowspan="4">18世紀</td><td>前半</td><td>西 西 西 東 無</td><td rowspan="4">西</td><td>西 北東</td><td rowspan="4">西
北東
南</td></tr>
<tr><td>中盤</td><td>西 西 西 西 東 東 無</td><td>西 西 南 南 南 北東 無</td></tr>
<tr><td>後半</td><td>西 西 東 東 東 北東 無</td><td>南 南 南 北東 北東</td></tr>
<tr><td>末</td><td>東 無 無</td><td>北東</td></tr>
<tr><td rowspan="5">19世紀</td><td>初</td><td>東 東 東 無</td><td rowspan="5">東
無
無</td><td>北東 北東 北東</td><td rowspan="5">南
北東
無</td></tr>
<tr><td>前半</td><td>東 無 無 無 無 無</td><td>東 東 北東 無</td></tr>
<tr><td>中盤</td><td>東 東</td><td>東 東南 北東</td></tr>
<tr><td>後半</td><td>西 東 東南 無</td><td>南 南 無</td></tr>
<tr><td>末</td><td>東南 北東 北東</td><td>東南 北東</td></tr>
<tr><td colspan="2">20世紀</td><td colspan="2">無 無 無</td><td colspan="2"></td></tr>
</table>

資料：池内敏、2012年、230～234頁

表10-1　鬱陵島を基準とした于山島の位置

西方にあると信じていたことを教えてくれます。全国図で于山島が鬱陵島の東に移って行くのは、一八世紀の後半からです。一方、地方政府が描いた江原道図での変化はもう少し早く一八世紀以後で、于山島は、鬱陵島の南に、また東や北東に移動しました。

于山島の位置が移動したことについて、冒頭で紹介したように洪聖根は、朝鮮王朝が于山島が実在する島であることを認識した証拠、として評価しています。だとすると、以前に于山島が鬱陵島の西方に描かれていたときには、その実在のいかんを知らなかったということになります。彼としては不本意でしょうが、彼は、「二島説は元々幻想だった」という私の主張を支持しています。しかし、于山島が東に移って行ったからと言って、「幻想が消えた」と主張できるのでしょうか。幻想でなくなるためには、朝鮮の官吏が于山島を探査し、その位置、形態、大きさを確認する必要がありました。しかし朝鮮王朝は、そのレベルの関心を持っていませんでした。東方に移った後も、于山島に関する幻想は無くなりませんでした。むしろ、東方に実在する他の島を確認し、それを于山島と錯覚する現象が起きました。

地図10-1は、一七一一年、鬱陵島を訪れた朴錫昌《パクソクチャン》という捜討官が描いた「鬱陵島図形」です。これまでに発見された鬱陵島の地図としては、最も古いものです。鬱陵島の西方から東方に移った于山島が具体的にどのような島なのかを示す、最初の地図でもあります。鬱陵島の東方に一つの島があります。朴錫昌はその島に、「海辺に沿って長く竹の畑があるが、これがいわゆる于山島である（海長竹田所謂于山島）」という解説を付けました。今日の、鬱陵島から北東三キロメートルの海上にある竹島《チュクト》です。以降、一九世紀後半まで、鬱陵島を描いた多くの地図は、全てこの

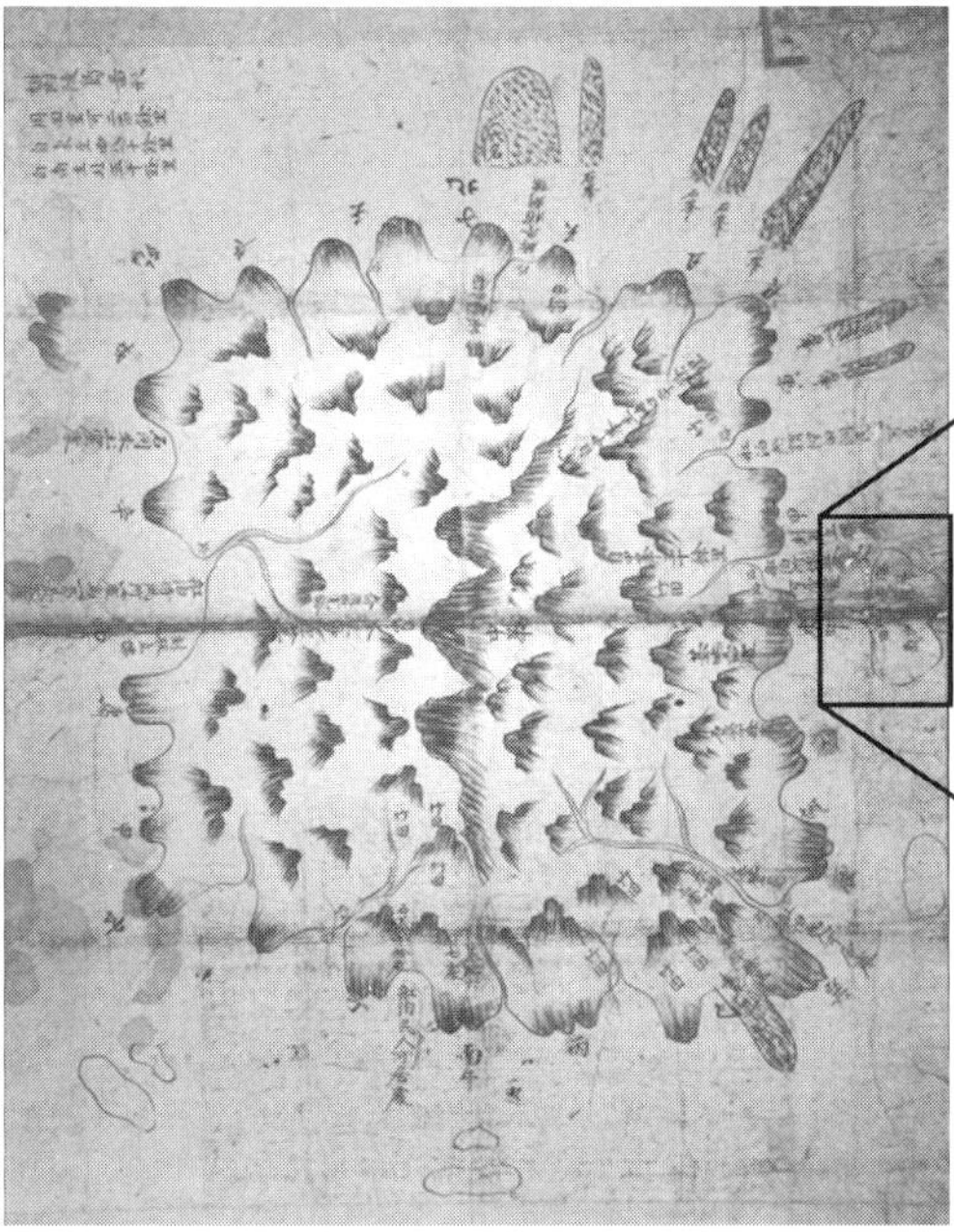

地図10-1
鬱陵島図形（1711年）

「海長竹田所謂于山島」とある

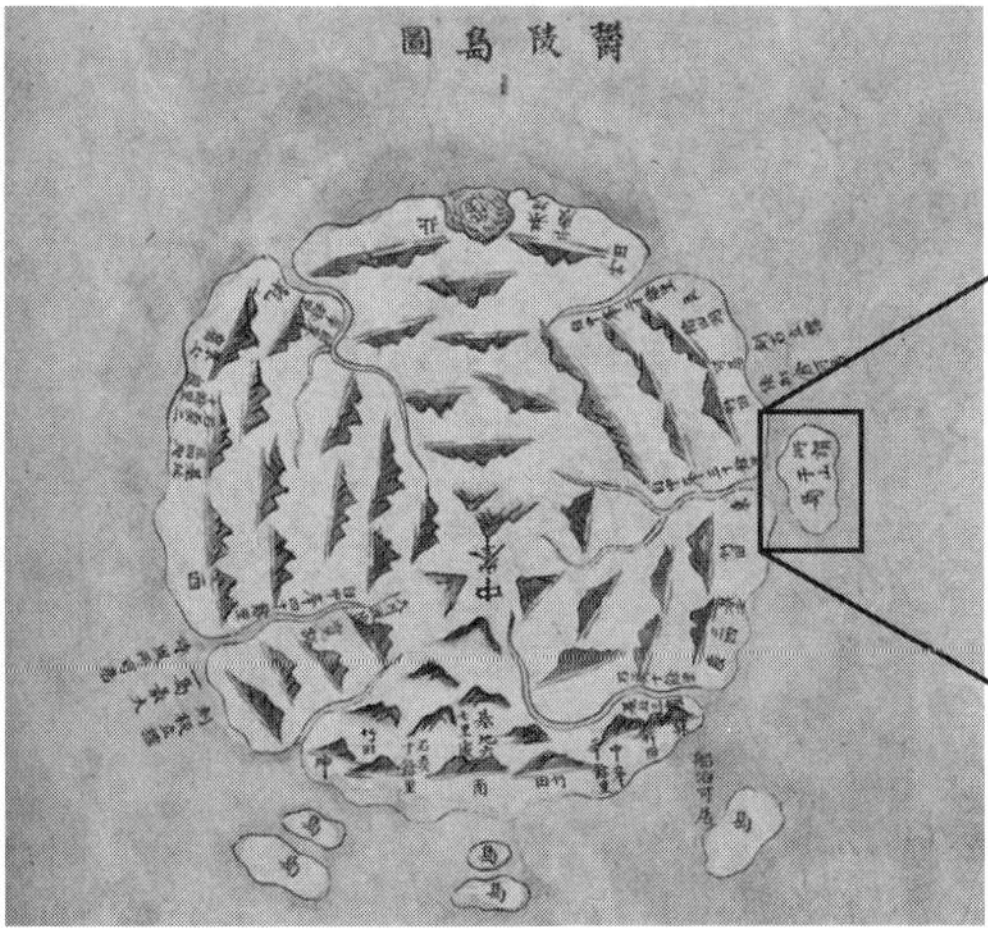

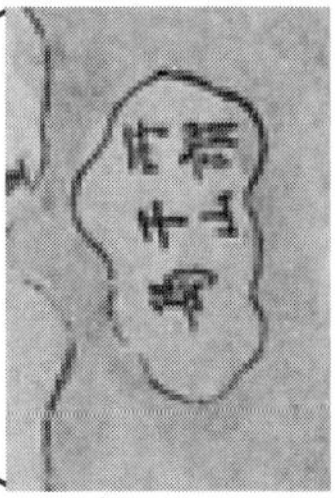

地図10-2
八道輿地図（18世紀中葉）

「所謂于山島」とある

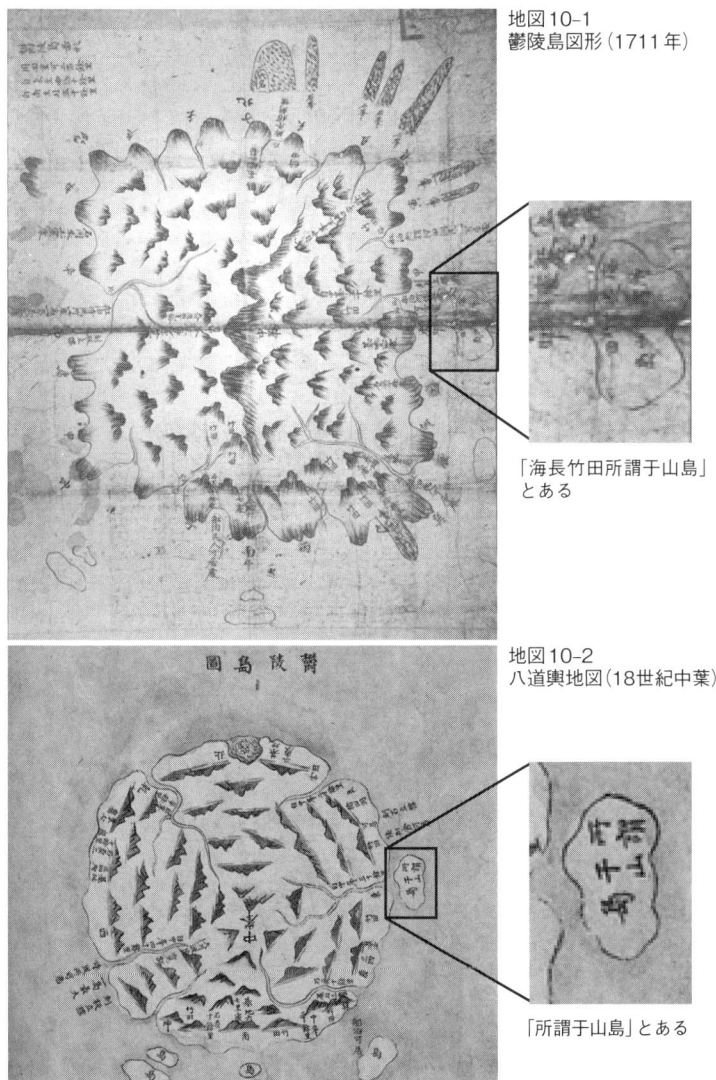

「欝陵島図形」を底本としました。前頁の地図10-2は、一八世紀中葉に制作された「八道輿地図」上の欝陵島です。東岸に近い海上に「所謂于山島」が描かれていることを確認することができます。

表10-1で見逃してはならないのは、副次的ではありますが、「無」即ち于山島を描かなくなった地図が、一八世紀以後、次第に多くなって行ったということです。全国図の場合、そのような地図は一七世紀までには二〇枚中一枚（五％）に過ぎませんでした。ところが、一八世紀には二三枚中五枚（二二％）、一九世紀には二二枚中九枚（四一％）、二〇世紀には三枚中三枚（一〇〇％）と、明らかに増加する傾向を見せます。定期的な捜討によって欝陵島に関する情報が蓄積し、于山島は元々存在しない島だという認識が広がった結果だと思います。

私は、その良い証拠を、一九世紀の有名な地理学者である金正浩《キムジョンホ》が描いた地図から探し出しました。地図10-3は、金正浩が一八三四年に描いた「青邱図」上の欝陵島と于山島です。前に紹介した二つの地図を模写したものであることが簡単に分かります。于山島の下に金正浩は、次のような趣旨の解釈を付記しました。「一七三五年、江原監司の状啓[注35]によると、欝陵島の西方に于山島があり、広くて肥沃と言う。しかし、諸地図を見ると、于山島は欝陵島の東方にあるので、私も于山島の位置を東方に描いた」。ここで彼が、一八世紀に成立した于山島は広くて肥沃な島だという幻想を、そのまま継承していたことが確認できます。ただ彼は、于山島の位置に関しては、一八世紀後半の諸地図における趨勢に従い、それを欝陵島の東方に修正しました。地図10-4は、晩年の彼が完成させた「大東輿地図」上の欝陵島です。ここでは于山島が完全に消去

注35　**状啓**：地方にいる臣下が管下の重要なことを報告するために国王に送る書類。

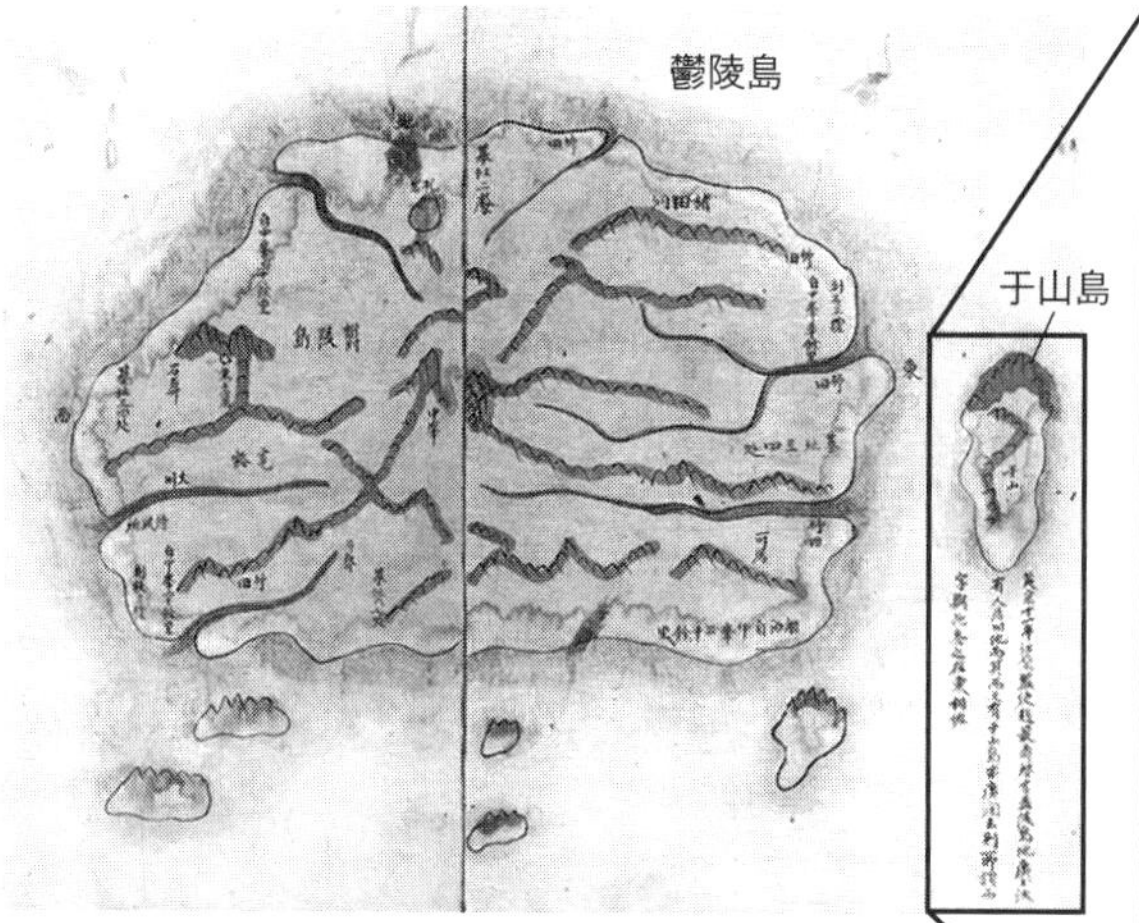

地図10-3　青邱図（1834年）
右下の付記には「于山　英祖11年（1735）、江原監司の趙最寿が申し上げるに、鬱陵島は土地が広くて肥沃なので、人々が居住していると言う。また、西方には于山島もあって、これも同じく広くて肥沃だと言う。いわゆる『西方』はこの地図において東方にあるのと一致しない」とある。

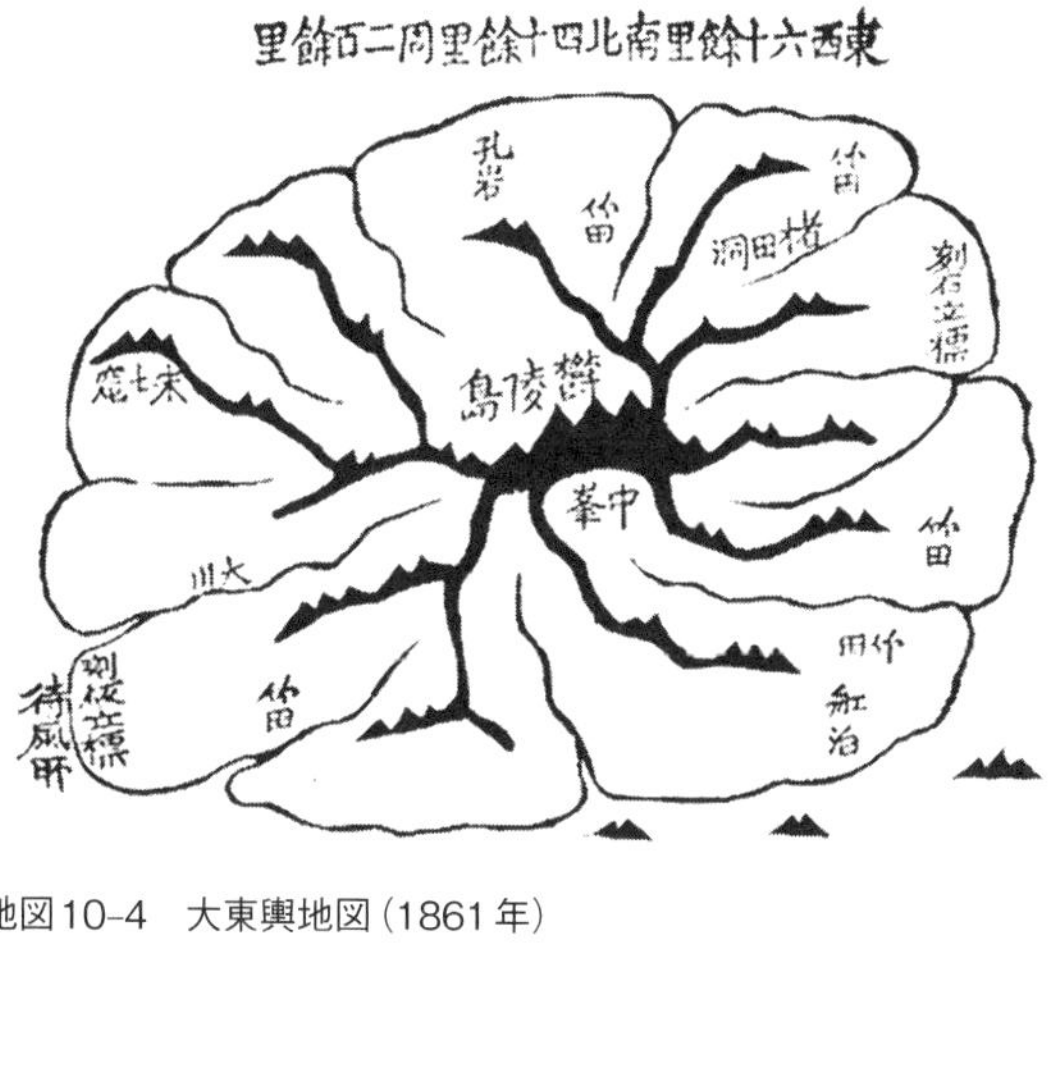

地図10-4　大東輿地図（1861年）

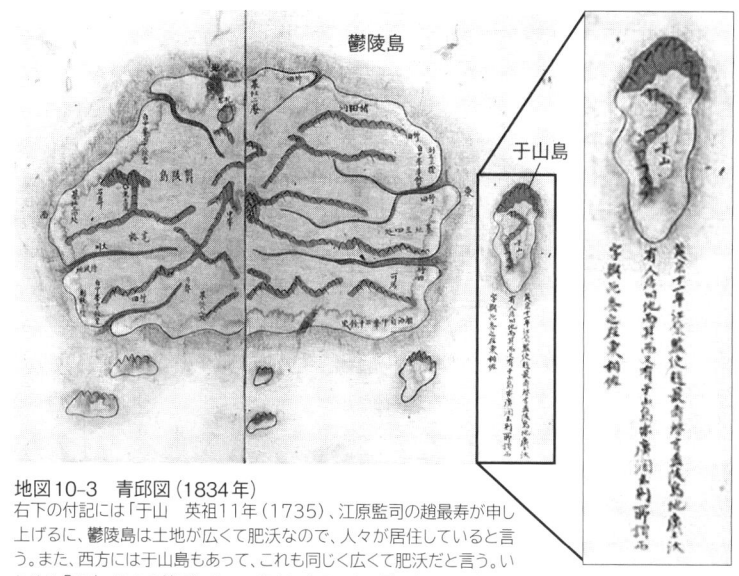

されています。このことを独島固有領土説を信じる人々は〝残念に〟思っているようですが、それは間違っています。むしろ、朝鮮の地理学が発展して行く現象として評価すべきです。金正浩は、『三国史記』を含め多くの文献を考証した結果、「于山島は元々なかった島だ」という結論に達したのです。

張漢相の「鬱陵島事蹟」

一六九四年、最初に鬱陵島に派遣された捜討官は、三陟営将[注36]の張漢相です。彼は、同年の九月二〇日から一〇月三日まで鬱陵島に滞在し、「鬱陵島事蹟」という探査記を残しました。ある晴れた日、彼は中峯と呼ばれる鬱陵島の頂上に登り、「西のほうには曲がりくねった大関嶺が見え、東の海には東南方向に島がかすかに見えるが、大きさは鬱陵島の三分の一にならず、距離は三百里に過ぎなかった」と書き残しました。その記録が独島固有領土説の重要な根拠として使われて来ており、私に対する洪聖根の批判も、この記録に基づいたものです。

しかし、中峯に登った張漢相が西のほうに大関嶺を見たというのは、あり得ない話です。鬱陵島の北岸からは、本土の陸地の山脈は晴れた日に夕日を背にしたシルエットとして見えるのがやっとです。彼は、大関嶺の麓の三陟から出発したので、西のほうに形成された雲を見てそのように感じただけです。彼が東南方向三百余里（一二〇キロメートル）にある海上の島を見たというのも、同様に理解しなければなりません。

注36　**三陟営将**：江原道三陟郡にある水営の将帥。

洪聖根は、鬱陵島出身者として、鬱陵島から独島がどのように見えるかを誰よりも分かっているはずの研究者です。二〇〇八〜〇九年、彼を中心とした研究チームは、鬱陵島に五四七日間滞在して独島を観測しました。彼によると、高度二〇〇メートル以上の適地で独島が観測できたのは五六日でした。大体、非常に晴れた日の朝と夕、爪の大きさくらいの独島が一時間ほど水平線上に昇っては消えました。要するに、高度二〇〇メートル以上の適地で独島を観測できる確率は、日数基準で一〇・二％です。一日の日照時間を一二時間として時間基準の確率を計算すると〇・九％です。

このような情報を知るはずもない張漢相一行が中峯に登ったのは、きっと陽が中天にある時間です。私も独島を見るために、その時間に三回もそこに登りましたが、どこが空でどこが海かも分からない中、海の上は海霧や放射光でいっぱいでした。私は、独島が見られなかった理由が、洪聖根チームの報告書を通じて分かりました。一六九四年の張漢相もそうだったはずです。張漢相の脳裏には、諸地図から得た于山島に関するイメージがあったと思います。彼は、そのイメージに似た海霧や雲の塊を東南方向の海上に見たのです。そのため、「島の大きさは鬱陵島の三分の一だ」と言ったのです。実際に彼が独島を観測する幸運に恵まれていたら、洪聖根チームの報告のように、「爪の大きさほどの島を見た」と書き残したでしょう。

ところで、張漢相は本当に中峯に登ったのでしょうか。彼の探査記を詳しく読んでみると、そのような疑問が生じます。ほぼ三〇〇年間、人が住んでいなかった島でした。張漢相は、「山は険しく、谷は深く、天にも当たる勢いの高さで陽を隠すほどの樹木がいっぱいの中、葛《くず》のつると草木が絡まっていて、とうてい人の力でかき分けて登れる山ではない」と書き残しています。「中峯の中腹には、既に雪が一尺も積もっていた」とも書いています。そこを張漢相は、一枚の地図もなく、一人の案内者もなく、一日のうちに海抜九八五メートルの頂上にまで到達しました。果たしてそのようなことが可能でしょうか。実際に登ったとしたら、ありとあらゆる苦労があったはずです。しかし彼の探査記には、登攀《とうはん》過程に関してはひと言も言及されていません。しかも彼の探査記は、鬱陵島にいるかも知れない幽霊や怪物に対する恐怖心を隠していません。要するに、過程に対する具体的な説明が欠如した張漢相の中峯登山は、そのままには信頼し難いということです。張漢相以後、鬱陵島を訪れたどの捜討官も、中峯に登って于山島を見た、という記録を残していません。

以降、歴代の捜討官が描いた鬱陵島地図の中の于山島は、前述したように、海岸に沿って長く竹林が続く島でした。今日の竹島《チュクト》（鬱陵島に付属する小さな島）がそれです。独島には、竹は生息していません。その于山島を、東南方向に八七キロメートル離れた独島であると言ってはなりません。

私は、鬱陵島と独島の事情に誰よりも精通しているはずの洪聖根が、そのような無理な主張をすることに納得がいきません。さらに洪聖根は、諸地図で于山島が鬱陵島のすぐ近くに描かれているのは、朝鮮王朝の独島に対する強烈な愛着を反映した現象かも知れない、と主張しています。実は、そのような主張には先例があります。一七世紀まで諸地図で于山島が鬱陵島の西方に描かれていたことについて愼鏞廈《シンヨンハ》が、于山島に対する朝鮮王朝の強烈な愛着のためだ、と言ったことがあるのです。失笑を禁じ得ない怪説を、洪聖根も、鬱陵島の東方に移った于山島に対して繰り返しています。果たして朝鮮王朝の于山島に対する愛着は、そんなに強烈なものだったのでしょうか。于山島が消滅して行く過程を見ると、そのようには言えないはずです。次章で詳しく説明します。

〈参考文献〉

金（キム）ヨンス「高宗と李奎遠の鬱陵島と独島の位置と名称に関する認識過程」（『士林』第六三号〔二〇一八年刊〕所収）
［김영수 (2018),「고종과 이규원의 울릉도와 독도 위치와 명칭에 관한 인식 과정」,『사림』63］
慎鏞廈（シン・ヨンハ）『韓国の独島領有権研究』景仁文化社、二〇〇六年刊
［신용하 (2006),『한국의 독도 영유권 연구』, 경인문화사］
柳美林（ユ・ミリム）『我が国の史料の中の独島と鬱陵島』知識産業社、二〇一三年刊
［유미림 (2013),『우리 사료 속의 독도와 울릉도』, 지식산업사］
李栄薫（イ・ヨンフン）「独島、反日種族主義の最高象徴」（『反日種族主義』未来社〔二〇一九年刊〕所収）
［이영훈 (2019),「독도, 반일 종족주의의 최고 상징」,『반일 종족주의』, 미래사］
洪聖根（ホン・ソングン）「李栄薫の“独島”に反駁する」（『週刊朝鮮』二〇一九年一〇月一四日号）
［홍성근 (2019),「이영훈의 '독도' 를 반박한다」,『주간조선』2019년 10월14일자］
洪聖根、文（ムン）チョルヨン、全（チョン）ヨンシン、李（イ）ヒョジョン『独島！　鬱陵島からは見える』東北アジア歴史財団、二〇一〇年刊
［홍성근・문철영・전영신・이효정 (2010),『독도! 울릉도에서는 보인다』, 동북아역사재단］
＊池内敏『竹島問題とは何か』名古屋大学出版会、二〇一二年刊

11

于山島の消滅

李《イ》栄薫《ヨンフン》

反日種族主義者による強弁と罵倒

一八八二年の李奎遠《イギュウォン》の「鬱陵島検察使日記」におけるように、于山島（独島《トクト》）の存在を確認できなかったケースもあったが、朝鮮王朝の于山島に対する領有意思は変わらないものだった。一八九九年の「大韓全図」と一九〇八年の『増補文献備考』などは、なお鬱陵島の付属島嶼《とうしょ》として于山島に言及している。

（洪聖根《ホンソングン》、二〇一九年、抜粋引用）

独島が韓国の領土だったという主張の核心的根拠と言える日本の「太政官《だじょうかん》文書」に対する言及が、この本（『反日種族主義』）にまったくないのには納得できない。

（李先敏《イソンミン》a、二〇一九年、抜粋引用）

李奎遠の「鬱陵島検察使日記」

一八八二年、朝鮮王朝は、人々を送り込んで鬱陵島を開拓し始めます。既に、日本人を含め約二〇〇名が鬱陵島の各地に住んでいました。鬱陵島に入って一〇年が過ぎた朝鮮人もいました。高宗《コジョン》は李奎遠を、鬱陵島に検察使として派遣します。そのときの二人の会話が伝えられています。その会話のことは、『反日種族主義』の「独島、反日種族主義の最高象徴」でも紹介しましたが、また繰り返して紹介します。

高宗は李奎遠に、「松島《ソンド》、竹島《チュクト》、于山島が鬱陵島の近くにあるが、その距離がどの程度であるのか調べよ」と命じます。これに李奎遠が「于山島は鬱陵島であり、于山は昔の国都の名前です」と答えます。再び高宗は歴代の地理書に言及しながら、「あるいは松島、竹島、于山島の三島を通称して鬱陵島と言ったようだ、そのあたりの事情を調べよ」と指示しました。

このように、高宗の鬱陵島に対する理解は大変混乱していました。一七世紀以後に形成されたさまざまな系統の情報が、秩序もなく絡まっている状態でした。その反面、李奎遠の立場は確固たるものでした。彼は、〝鬱陵島＝于山島〟の一島説を信じていました。のちに鬱陵島検察を遂行して帰って来た李奎遠は、「鬱陵島外図」と「鬱陵島内図」の二つの地図を高宗に提出しました。島の海岸と周囲の海を描いたのが「鬱陵島外図」です。その地図で李奎遠は、歴代の捜討官が「所謂《いわゆる》于山島」または「于山島」と呼んでいたその島を「竹島」と記しました。海辺に沿って長く竹が生息しているというその島が、いつから「竹島」と呼ばれたのかは定かではありませんが、既に鬱陵島に入って住んでいた人々の間では、かなり一般化していたと推測されます。李奎遠はそれを聴取し、記録しました。彼が描いたもう一つの島がありました。鬱陵島の北東にあった「島項」（ソムモク）です。それも住民たちから聴取したのでしょう。それ以外には鬱陵島に付属している島はありません。

王命を意識した李奎遠は、ある晴れた日に高い所に登り遠くの海を眺めましたが、どの島も見つけることができませんでした。前章で紹介したように、鬱陵島で独島を観測できる確率は時間基準で一％未満です。観測場所の高度と気象条件が揃っていて初めて見ることのできる、特別な幸運のたまものです。李奎遠を案内した現地住民も、そのことについては知らなかったようです。李奎遠の「鬱陵島検察使日記」に于山島（独島）に対する言及がないことを残念に思う人々が多いようですが、私はそうは思いません。それは、幻想が破れ、元来の一島説が復活する中で、実在する竹島（鬱陵島のすぐそばの小島）が浮き彫りになる進歩的な事件でした。

「大韓全図」と『大韓地誌』

しかし、四〇〇年以上続いて来た幻想は、簡単には消え去りません。地図11-1は、一八九九年一二月一五日、大韓帝国の学部編集局が刊行した「大韓全図」です。朝鮮で初めて世界標準の緯度と経度を表示した地図として知られています。ここでは于山島は、鬱陵島の近くにある東北

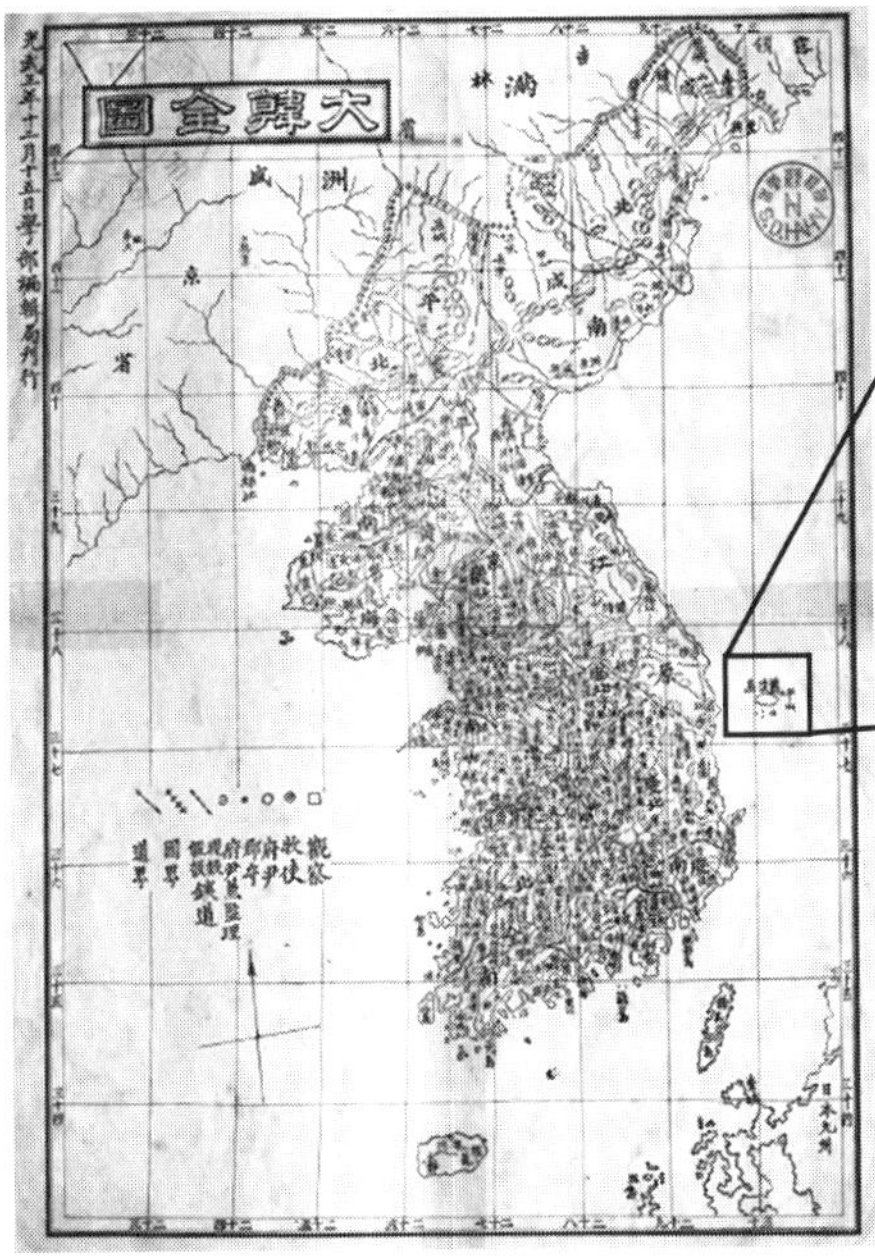

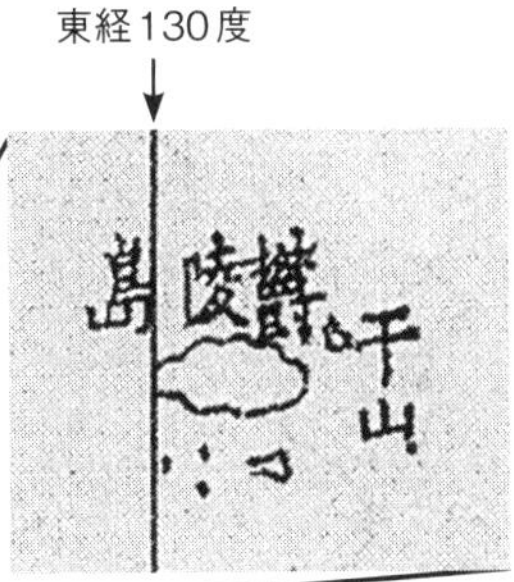

地図11-1　大韓全図（1899年）

の小さな島として表示されています。竹島です。これを、東南方向八七キロメートルの距離にある独島と無理に主張してはなりません。前章で紹介したように、一七一一年の「鬱陵島図形」をはじめ歴代の捜討官が描いた鬱陵島の地図では、「所謂于山島」または「于山島」は、後代の、即ち現在鬱陵島のすぐそばにある竹島でした。学部編集局は、そのような歴代捜討官の鬱陵島地図を「大韓全図」に挿入しました。彼らは、一八八二年に李奎遠が描いた「鬱陵島外図」を知らなかったようです。もし知っていたら、もう「于山」とは記さず「竹島」と記したはずです。ともあれ、長い歳月をかけてあちらこちらに動いていた幻想の島、于山は、一九世紀末に入り竹島として定着しました。

当時の学部編集局の局長は李《イ》圭《ギュ》桓《ファン》でした。彼の麾下《きか》には、韓国の近代歴史学と地理学を開拓した人物として評価されている玄采《ヒョンチェ》がいました。二人が「大韓全図」の制作を主導したようです。地図の刊行と時を合わせて、同年の一二月二五日に玄采が『大韓地誌』という地理書を編纂しました。そこには、既存の独島論争を無用なものにする決定的な情報が入っています。彼は、大韓帝国の位置を世界標準の緯度と経度を用いて次のように説明しました。「我が大韓国の位置は（中略）北緯三三度一五分から四二度二五分に至り、東経一二四度三〇分から一三〇度三五分に至る」。つまり、大韓帝国の東端は東経一三〇度三五分だというのです。

玄采がこの情報を得たのは、日本で刊行された朝鮮関係の地理書からだったようです。例えば、小松運《すすむ》が一八八七年に編纂した『朝鮮八道誌』に同じ記述があります。以後、日本で編纂された多くの地理書も同じ情報を伝えています。玄采は、そのような日本からの情報をそのまま取り入れました。その後、韓半島の東端に対する認識はより精密になり、東経一三〇度五六分二三秒に修正されます。一九四七年に崔南善《チェナムソン》注37は、『朝鮮常識問答』の中で、「朝鮮の『極東』は東経一三〇度五六分二三秒で、『慶尚北道鬱陵島竹島』だ」としています。一方、一九〇五年一月に日本政府が自国の領土に編入する際に明らかにした独島の経度は、東経一三一度五五分でした。崔南善が述べた竹島の経度と、およそ一度の差があります。竹島と独島がある、北緯三七度での経度一度の差は八五キロです。これは、竹島と独島間の実距離とほぼ一致します。この事実は、玄采が指摘した韓半島の東端は独島ではなかったことを確認させてくれます。

要するに、玄采は独島の存在を知らず、仮に知っていたとしても、それは大韓帝国の支配圏外と見ていました。私は『反日種族主義』の刊行後、以上のような韓半島東端に関する情報を得ま

注37　**崔南善**：歴史家・詩人・思想家。1890～1957年。号は六堂。新文化運動を推進、1919年の3.1独立運動では独立宣言書を起草して逮捕された。のち朝鮮総督府の朝鮮史編集委員会委員。

した。資料を調べたら、既に一九五〇年代に独島の領有権を巡って行なわれた論争において、日本政府が韓国政府に提示した情報の一つでした。このような重要な情報を、今まで韓国の研究者たちは知らなかったのでしょうか？　それとも、わざと隠していたのでしょうか？

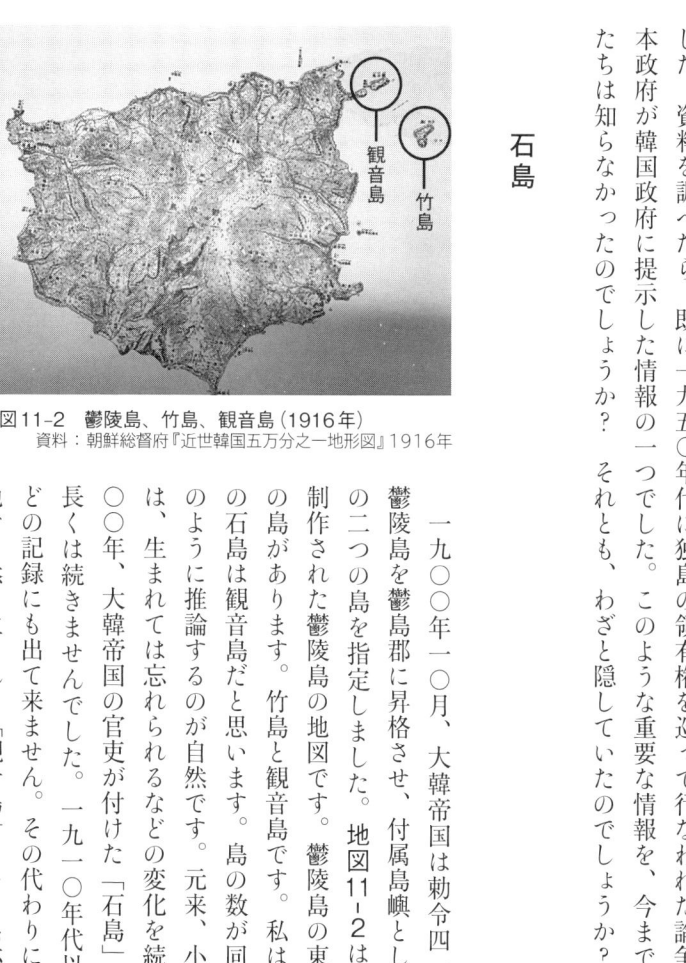

石島

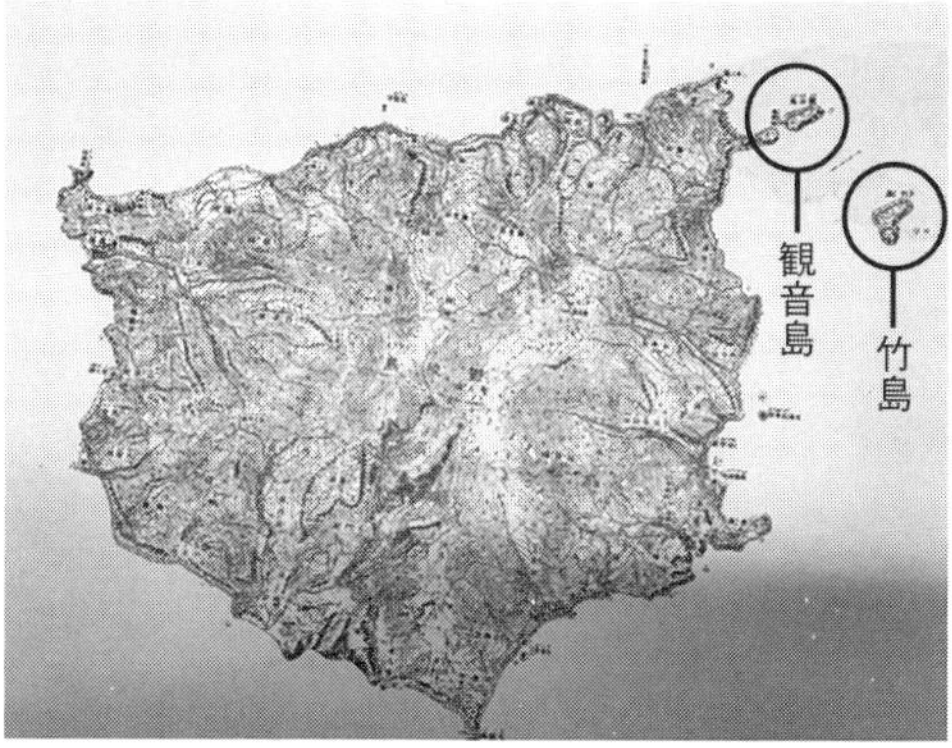

地図11-2　鬱陵島、竹島、観音島（1916年）
資料：朝鮮総督府『近世韓国五万分之一地形図』1916年

一九〇〇年一〇月、大韓帝国は勅令四一号を公布し、鬱陵島を鬱島郡に昇格させ、付属島嶼として竹島と石島《ソクト》の二つの島を指定しました。地図11-2は一九一六年に制作された鬱陵島の地図です。鬱陵島の東北方向に二つの島があります。竹島と観音島です。私は、勅令四一号の石島は観音島だと思います。島の数が同じなので、そのように推論するのが自然です。元来、小さな島の名前は、生まれては忘れられるなどの変化を続けます。一九〇〇年、大韓帝国の官吏が付けた「石島」という名称は、長くは続きませんでした。一九一〇年代以後になると、どの記録にも出て来ません。その代わりに、鬱陵島の現地で自然に生まれた「観音島」という名称が、一九一六年に採集され地図に明記されました。そういう石島を韓国政府と研究者たちは、独島だと主張しています。その主張に対しては、次章で詳しく論駁します。

ここで私は、独島研究者たちに次のような質問をしたいと思います。「あなたたちは、歴代の地理書と地図に出ている于山島を独島と信じて疑わなかった。その于山島が一九〇〇年に、唐突に石島という別の名称で呼ばれるようになった。その理由は何だろうか。その一〇カ月前に刊行された『大韓全図』にも于山島があったではないか。あの由緒ある于山島と称した島が、石島と称するように変わった理由は何だろうか」。独島固有領土説の信者たちは、この質問に答えなければなりません。

暧昧にしておいていい問題ではありません。

私の答えがどういうものなのかは、前章からここまで読んで来られた読者なら、すぐお分かりでしょう。一八八二年、鬱陵島検察使の李奎遠は于山島の実在を否定しました。一八九九年、玄采は、于山島とは鬱陵島の東北方にある小さな島、即ち竹島だ、という歴代の捜討官の立場を継承しました。彼は、竹島を境界とした外の海に大韓帝国の領土である島が存在するとは思っていませんでした。一九〇〇年、鬱陵島を郡に昇格させるために鬱陵島を踏査した大韓帝国の官吏は、鬱陵島に付属した二つの島のうちの一つに、検察使李奎遠の先例に従って「竹島」という名を付けました。残りの一つの島、鬱陵島の近くにある北東の非常に小さな島に対しては、住民たちから詳しい事情も聴取せず、「石島」という、島名としては陳腐な名を付けただけでした。私が考えている経緯はそういうものです。その官吏は、自分が勝手に付けた「石島」という名が、後代の韓国人に、東南方向八七キロメートルの海上に存在する島に対する領有権の重要な根拠とされているとは、想像もしなかったでしょう。

「ヤンゴ」騒動

大韓帝国が鬱陵島を、竹島及び石島と共に鬱島郡に昇格させた六カ月後の一九〇一年四月、日本である騒動が起こりました。東京の各新聞が、「日本海で未知の島を発見した」と報じたのです。記事の内容は次の通りです。

韓国の鬱陵島から東南三〇里の海上、日本の隠岐島からほぼ同じ距離の海上に、未だに世人に知られていない島が発見された。日本の地図にも、英国の地図にも載っていない島だ。鬱陵島に住む日本人は、晴れた日に山の高い所から東南方向を見ると、かすかに島の姿を見ることができるという。実は一、二年前、九州の、ある潜水機を備えた漁船が魚族を探すために海に出て、慣れない場所で島を発見し、そこを根拠地として周辺の海を探査した。その結果、周辺の海に魚族が豊富であることが分かったが、海馬（アシカ）の数百頭の妨害で目的を果たせず、帰って来た。島の大きさは三〇町歩、丘陵は非常に高いが、海岸に屈曲が多く、漁船を停泊して風浪を避けるのに便利だ。しかし、土地を掘っても水を得ることができず、水産物の製造場としての価値は低い。日本と韓国の漁民は、ここを「ヤンコ」と呼ぶそうだ。以上の情報によると、まだ海図には載っていないが、一八四九年にフランスの船が発

見したリアンクルト島ではないかと思う。確実な断定は、詳しい報告を受けてから可能になるだろう。（傍線は李栄薫による）

記事の内容、特に傍線の部分を見ると、独島に関する報道であることがすぐ分かります。世人は、「地図にもない未知の島が発見された」と騒ぎましたが、この報道では、「実は、一八四九年にフランスの船が発見し『リアンクルト』と名付けた島と推測される」と伝えています。韓国人と日本人が共にこの島を「ヤンコ」と呼んでいるという事実にも、注目する必要があります。ところで、一九〇一年四月一日、漢城（現ソウル）の『帝国新聞』も次のような記事を載せました。

鬱陵島から東南三〇里の海中に「ヤンゴ」という島を日本が得たが、その島は、天下の地図に載っておらず、所産は魚物だが、海の中の馬（海馬）が最も多く、漁夫たちを多く傷つけるという。（『帝国新聞』一九〇一年四月一日）

記事の内容は、右の日本発の記事と同じです。「日本が『ヤンゴ』を得た」というのは誤報です。日本が独島を自国の領土に編入したのは一九〇五年一月だからです。この記事は、今の独島論争において何を示唆しているのでしょうか。それは、「当時、大韓帝国の政府や民間は、鬱陵島から東南方向に三〇里の海中にある島に対して何の情報も持っていなかった」という事実です。ここで言っている「東南三〇里」は、日本の新聞の記事をそのまま引用したもので、約一二〇キロを意味します。正確ではありませんが、そのような距離の島だとすると独島しかありません。歴代の朝鮮王朝が領有意識を持って来た島であれば、知らないはずのない島です。しかし『帝国新聞』は、隣国の騒動を他人事のように平然と報じました。さらには、大韓帝国の政府は何の対応もしませんでした。「その島は我が領土の于山島ではないか」と言い、日本政府に関連事実を照会しなければならなかったはずなのにです。日本の新聞が指摘しているように、鬱陵島の朝鮮人たちはその島のことを知っていました。日本人たちと同様にその島を「ヤンコ」と称しました。「ヤンコ」も「ヤンゴ」も同じ名称です。それでも鬱島郡や中央政府は、何ら関心を示しませんでした。この事件もやはり、一九〇一年まで大韓帝国が独島の客観的所在を認知していなかったことを証明しています。

『増補文献備考』

一九〇五年一月、日本政府は独島を自国の領土に編入しました。この事件と、それに対する大韓帝国の反応がどうだったのかについては、次章で説明します。ここでは、一九〇五年以降、幻想の島である于山島が韓国人たちの脳裏から消えて行く最後の局面を紹介します。

一九〇八年、大韓帝国は『増補文献備考』を編纂しました。一七七〇年に編纂された『東国文献備考』の最後の増補版です。『東国文献備考』のことは前章でも紹介しましたが、その増補版である『増補文献備考』における于山島に関する記事もあまりにも重要なものなので、繰り返しをいとわず引用します。

于山島と鬱陵島は、蔚珍県から東方三五〇里の海にある。鬱は、蔚、芋、羽、武とも言う。二つの島を合わせて于山だ。（続）今の鬱島郡だ。

「（続）」より前の文章が『東国文献備考』の記述、後の文章が、一九〇八年に『増補文献備考』で追加された記述です。于山島と鬱陵島の二つの島が今は鬱島郡となったということです。しかし、独島は明らかに一九〇五年に日本の領土に編入されました。大韓帝国の高位官僚たちは、その事実を知っていました。それでも右のように、于山島を大韓帝国の領土と見なしています。だとしたら、于山島は独島であるはずがありません。大韓帝国の為政者たちは、于山島が日本に奪われたとは思っていませんでした。なぜでしょうか。一八九九年の「大韓全図」におけるように、于山島を竹島と見なしたのかも知れません。もしくは、未だに、蔚珍県から東方三〇〇里（一二〇キロメートル）の海に鬱陵島と共に浮かぶある島だ、という幻想を抱いていたのかも知れません。いずれにしても『増補文献備考』は、于山島が独島ではないことを明確に証明しています。それでも、洪聖根をはじめ独島固有領土説の信者たちは、「于山島に関する記述が一九〇八年の『増補文献備考』まで続いているということは、独島（于山島）に対する朝鮮王朝の強い執着を反映していると言わざるを得ない」と強弁しています。理性的に推論する力を欠如した、論駁するにも切な過ぎるほどの幼稚さの表われでしかありません。

鬱陵島住民の于山島探査

一九一三年六月二二日付の『毎日申報』に、于山島に関する次のような記事が載りました。

鬱島郡の西面に住む金元俊《キムウォンジュン》は、鬱陵島から東北方四〇～五〇里の距離に于山島という無人島があると言われ、この島を発見して団体で移住するつもりで賛成者を募った。その費用を一人当たり約一〇〇円にし、そのお金で帆船を借りて探索することを決めたら、賛成者は三〇名に上った。しかし于山島は、その実在のいかんが謎で、数十年前も朝鮮人が共同で探索したが発見できず、その後も船の航海が頻繁になったにもかかわらず、その実在が確認できたこともなく、また海図にも出ておらず、もし存在しても発見が容易でなく、むしろ費用だけを消費するだけなので中止したという。

前章でも紹介しましたが、一五世紀中葉に成立した于山島幻想は、一八世紀になると、人が住める、広くて肥沃な島だという幻想へと発展しました。その幻想が二〇世紀初めまで朝鮮民衆の脳裏に深く刻まれていたことは、右の新聞記事がよく伝えています。鬱陵島の住民たちは、東北方向四〇～五〇里（一六～二〇キロメートル）に于山島があると思い、それを発見して団体で移住する計画を立てました。十数年前にも、探索隊が組織されたことがあるそうです。

それでも于山島は独島でしょうか。右の記事は、鬱陵島の住民が晴れた日の朝に水平線上に浮かぶ独島を于山島と見ていなかったことを、何よりも明確に示しています。結局、于山島は幻想の島でした。一九一〇年代の鬱陵島の住民社会は、何回かの探査を試みて、とうとうその幻想の迷夢から覚めました。しかし、一〇〇年が過ぎた今でも、そのような幻想を抱く人々がいます。于山島＝独島を信じて疑わない研究者たちが、その代表的な群像です。

「太政官文書」について

于山島が幻想の島だったという私の前著における主張に対して、多くの研究者たちは、激しい怒りをぶつけて来ました。私に、「なぜ一八七七年三月に日本政府が公布した『太政官文書』に言及しないのか」と問い詰めて来ました。「そんなことも知らないくせに、独島固有領土説を否定するのか」というような問い詰め方でした。ここで、その〝問い詰め〟に答えます。

一八七三年、日本政府は全国の土地を測量し、地籍を作成する事業を始めました。一八七六年、内務省地理寮の官吏たちは、日本海の中の竹島《たけしま》（鬱陵島のこと。日本側では当時、鬱陵島を竹島《たけしま》と呼んでいた）が測量の対象であるかどうかを島根県知事に照会しました。それに対して島根県は、竹島《たけしま》（鬱陵島）とその途中の航路にある松島《まつしま》（独島。当時、日本側では独島を松島《まつしま》と呼んでいた）の二つの島を地籍に編制することを希望する、という内容の報告をします。一八七七年、内務省は、島根県の報告と自らの調査を付属文書として添付し、「一六九九年の幕府の処分により、二つの島は日本と関係のないものになったと聞いているが、版図の取捨は重大な事柄であるため、万一の場合に備えてこの件を問い合わせる」として、最高官府である太政官の意見を求めました。内務省の上申を受けた右大臣などの主要幕僚は、「書面のように、竹島《たけしま》と外一島は日本とは関係がない」という決定を下し、太政官の名で内務省に回答しました。いわゆる「太政官文書」です。

しかし、果たしてこの文書は、我が政府が国際社会に訴えることのできる独島固有領土説の根拠となるでしょうか。当時の独島の領有主体に関しては、次の三つの仮説を想定することができます。最初に、独島は朝鮮王朝の領土である。二番目に、独島は日本の領土である。三番目に、独島はどちらにも属さない無人島である。国家間の境界が線で明確に区分されていなかった前近代の国際社会においては、三番目の仮説を無視してはなりません。「太政官文書」は、一八七七年当時の独島に対しての日本政府の立場を代弁しています。日本側から見れば独島は、朝鮮王朝がその客観的所在を認知し、自国の領土として領有する体制を成立させ維持している島でした。独島は、日本の隠岐島より朝鮮の鬱陵島に近いので、そのことは当然と思われました。

しかし、だからと言って、「太政官文書」が最初の仮説を支持しているのでもありません。三番目の仮説が検討課題として残っているからです。最初の仮説は、他でもなく朝鮮王朝によって直接立証されなければなりません。客観的位置、形態、大きさを認知し、官吏を派遣して支配する体制を前提にしてこそ、独島は朝鮮王朝の領土となります。しかし、ここまで述べて来た通り、朝鮮王朝は独島の客観的存在を知らず、それに対する支配体制を成立させたこともありません。つまり「太政官文書」は、それ以降、いつか朝鮮王朝が独島を領有していないことを日本の官民が認知したとき、日本政府の独島に関する立場が変わる可能性を排斥していません。実際にそのようなことが二八年後の一九〇五年に起きたのは、次章で説明する通りです。「太政官文書」に関する今までの韓国側の理解はこの点を無視しており、そこに大きな盲点があったと私は思います。

「太政官文書」が出された当時の、日本における竹島《たけしま》（鬱陵島）と松島《まつしま》（独島）の理解がどのような状態だったのか、それ以後どのような変化があったのかに関する日本側の研究成果を、ここで紹介するのは省略します。ともあれ、日本における竹島《たけしま》と松島《まつしま》に対する認識は、不透明な中で流動しました。一九世紀中盤以後、島の名称に混同が生じ、竹島《たけしま》が鬱陵島北西に位置した実在していない島を指し、松島《まつしま》が鬱陵島を指すようになりました。さらには、いつの間にか独島を「リヤンコ」または「ヤンコ」と呼ぶようになりました。独島の位置に関する情報も正確なものではありませんでした。日本海軍が海図を明確に描き、独島の位置を確定するのは、一八八〇年代中盤のことでした。しかし日本の民間は、それについて知りませんでした。前に紹介した、一九〇一年に海図にない未知の島を発見したというような騒動が、その良い例です。一九〇一年当時の日本政府と民間は、彼らが「ヤンコ」と呼ぶ日本海上の島は韓国の領土に属するものかも知れない、と漠然と思っただけです。

要するに「太政官文書」は、朝鮮王朝に渡された外交文書でもなく、日本政府を拘束する最終的な決定でもありませんでした。二つの島の名称と位置を巡る混乱の中で下された、経過的決定に過ぎません。韓国政府がそのような文書に基づいて国際社会を説得することはできません。むしろ、笑いものになるだけでしょう。独島固有領土説の信者たちは、もう少し深く考えればすぐ気づくこのような論理的矛盾に対し、なぜそんなに平気でいられるのでしょうか。最近よく韓国の研究者が、日本のどこかの図書館で独島は朝鮮の領土だと表示した日本の古地図を見つけ、「独島固有領土説の根拠を発見した」と言ってマスコミを通じて騒ぎ立てるのを見て、私はいつもそのような疑問を持ちます。

〈参考文献〉

柳美林（ユ・ミリム）『我が国の史料の中の独島と鬱陵島』知識産業社、二〇一三年刊
［유미림 (2013),『우리 사료 속의 독도와 울릉도』, 지식산업사］

柳美林、崔（チェ）ウンソク『近代日本の地理書に表われた鬱陵島・独島への認識』韓国海洋水産開発院、二〇一〇年刊
［유미림 · 최은석 (2010),『근대 일본의 지리서에 나타난 울릉도 · 독도의 인식』, 한국해양수산개발원］

李先敏（イ・ソンミン）a「〝国史学専攻〟記者が李栄薫教授に聞く」（『週刊朝鮮』二〇一九年八月二六日号）
［이선민 (2019a),「'국사학도' 기자가 이영훈 교수에게 묻다」,『주간조선』2019년 8월 26일자］

李（イ）ソンファン「太政官と〝太政官指令〟とは何なのか—独島問題と関連して—」（『独島研究』第二〇号〔二〇一六年刊〕所収）
［이성환 (2016),「태정관과 '태정관지령' 은 무엇인가 – 독도문제와 관련하여 –」,『독도연구』20］

李栄薫（イ・ヨンフン）「独島、反日種族主義の最高象徴」（『反日種族主義』未来社〔二〇一九年刊〕所収）
［이영훈 (2019),「독도, 반일종족주의의 최고 상징」,『반일 종족주의』, 미래사］

洪聖根（ホン・ソングン）「李栄薫の〝独島〟に反駁する」（『週刊朝鮮』二〇一九年一〇月一四日号）
［홍성근 (2019),「이영훈의 '독도' 를 반박한다」,『주간조선』2019년 10월 14일자］

＊池内敏『竹島問題とは何か』名古屋大学出版会、二〇一二年刊

12

石島＝独島説は強引な主張

李栄薫《イヨンフン》

反日種族主義者による暴論

一九六〇年代まで鬱陵島の住民たちは独島《トクト》を「トクソム」と呼んだ。日帝強占期にも朝鮮人たちは、独島を「トクソム」と呼んでいた。一九四七年、方《パン》ジョンヒョン教授は、「独島」または「トクソム」は「石の島」（トルソム）という意味に由来するのではないか、と考えた。全羅道などの方言では「トル」（石）を「トク」というからだ。

（洪聖根《ホンソングン》、二〇一九年、抜粋引用）

一九〇六年三月、鬱島郡守と江原道観察使[注38]から日本の独島侵奪を報告された大韓帝国政府は、直ちに抗議文書を作成した。しかし乙巳《いっし》条約[注39]により、一九〇六年一月から日帝の統監府が韓国政府の外交権を行使していたため、外交文書として発送することはできなかった。

（李先敏《イソンミン》a、二〇一九年、抜粋引用）

注38　**観察使**：朝鮮王朝時代に置かれた地方長官。県知事程度の官職だった。
注39　**乙巳条約**：1905年に結ばれた第二次韓日協約のこと。これにより日本は統監府を設立した。

勅令四一号

周知のように一九〇〇年一〇月、大韓帝国は勅令四一号を公布してそれまでの鬱陵島を鬱島郡に昇格させました。そのとき、付属の島として竹島《チュクト》と石島《ソクト》を指定しました。韓国政府と研究者たちは、「この石島は独島だ」と主張しています。前章で私は、その主張に対するひと通りの疑問を提示しました。当時の大韓帝国の内部[注40]は、鬱陵島の郡への昇格を要請する中で、議政府[注41]に鬱陵島の事情を次のように報告しました。

> 鬱陵島は縦が八〇里、横が五〇里である。土地が肥沃で人が多く、農地一万斗落[注42]からの年間収穫は、ジャガイモ二万包、麦二万包、小麦五〇〇〇包である。本土の陸地の山郡には及ばないが、大差はない。近来外国人が往来し、交易の利益がある。

縦と横が何を意味するのか明確ではありません。南北と東西の距離だと解釈すると、鬱陵島の実際の大きさとは差があり過ぎます。私は、縦と横の合計の一三〇里（五二キロメートル）が鬱陵島の実際の外周距離の四〇キロメートルと大差がないことから、鬱陵島の外周距離をそのように曖昧に表現したのだと思います。竹島と石島という二つの島が付属しましたが、大きさも大したことがなく、位置も鬱陵島に密着していたので、敢えて別途に外周距離を表示する必要はあり

注40　**大韓帝国内部**：大韓帝国（1897～1910年）の地方行政、警察、監獄、土木、衛生、地理、戸籍、出版などの事務を担当した行政機関。
注41　**議政府**：大韓帝国の最高行政機関。
注42　**斗落**：朝鮮独特の耕地面積表示で、種子1斗を蒔く耕地の広さ。

ませんでした。鬱陵島の大きさと範囲がこのように示されているのですから、そこに東南方向八七キロメートルの海上にある独島が含まれていないのは、いや、含めることができないのは、敢えて論ずる必要もない常識と言えます。前章でも紹介しましたが、その一年前に学部編集局の玄《ヒョン》采《チェ》が描いた「大韓全図」に独島がない事実、彼が編集した『大韓地誌』に「大韓帝国の東端は鬱陵島である」と指定されていた事実、その一年後、『帝国新聞』が報じた日本での「ヤンゴ」騒動などは、全て一九〇〇年当時の韓国人が独島の客観的存在を知らなかったことを明確に証明しています。右のような内部の報告に表われた鬱陵島の範囲も、同様と言えます。

日本による独島編入

当時の鬱陵島の人口は一四〇〇名でした。韓国人が一〇〇〇名、日本人が四〇〇名です。韓国人の主な生業は農業でした。鬱陵島に対する大韓帝国の基本的な関心事も、農業国家としてのそれでした。大韓帝国の内部がジャガイモ、麦、小麦などの年間生産量を詳細に報告したのはそのためでした。日本人の主な生業は漁業でした。日本の漁民は、鬱陵島と独島でアワビとワカメを採取し釜山港に出荷しました。朝鮮人も漁業に従事しましたが、独自の漁船がなかったので、主に日本人に雇用される形態でした。一九〇三年からは、独島に豊富に生息するアシカ（海馬）を獲ることが、収益性のある漁業として浮上して来ました。そのアシカ猟が、日本が独島を自国の領土に編入する契機となりました。

事件の発端は、日本の島根県隠岐島の漁師である中井養三郎によって提供されました。一九〇三年六月、彼は大金を投入して独島にアシカ猟の施設を造りました。しかし、日本の漁民たちとの競争が激しくて収益が上がらず、そのままではアシカを獲り尽くしてしまう恐れがある状況でした。当時、彼は、独島は大韓帝国に属するものと信じていました。彼は大韓帝国政府に、独島でのアシカ猟の特許を申請しようとしました。そのため東京に行き、農商務省のある官僚に会い、その官僚の紹介で農商務省の生産局長と面会しました。さらには、彼らの紹介で海軍の水路部長とも面会しました。彼ら日本の高位官僚たちは、日本で「リヤンコ」または「ヤンコ」と呼ばれているその島は、果たして大韓帝国の領土なのかどうか確実でない、と助言します。そこで中井は、大韓帝国に特許を申請しようとした当初の計画を取り止め、一年後の一九〇四年九月、日本の農商務省にアシカ猟の特許を出願する一方、日本の内務省、外務省、農商務省にリヤンコの領土編入を請願します。内務省は、「（ロシアと戦争をしている）この時局において、韓国領の可能性のある小さく荒涼とした岩礁一つを領土としたのでは、国際社会に、日本は韓国を併合する野心を持っている、という疑心を抱かせかねない。利益が極めて少ない一方で、（今後起こり得る）状況は決して容易なものではない」という反対意見を出しますが、外務省と農商務省は積極的に賛成しました。

中井の取った行動からも分かるように、当時まで日本政府や民間は、「独島は大韓帝国に属している」と見ていました。しかし、いつの間にか彼らは、「それは事実でないのでは？」と疑うようになりました。鬱陵島に居住する四〇〇名の日本人たちから情報を得て、そう思ったはずです。中井が再び鬱陵島に行って、鬱島郡の郡守、官吏、住民らが果たしてその島を自国の領土と認識しているのか、それに相応する領有体制を成立させているのかを確認することは、難しくなかったはずです。彼の結論は、ここまで説明して来た通りです。鬱島郡の官吏や住民らは、また大韓帝国の中央政府は、独島の客観的存在を認知せず、相応する領有体制を成立させたこともありませんでした。

このような前後の事情の結末として、一九〇五年一月、日本の内閣は独島を自国の領土に編入する決定をしました。そのとき示した事由は、次の通りです。

北緯三七度九分三〇秒、東経一三一度五五分の隠岐島から八五海里にある島は、他国によって占領されたことのない無人島で、一九〇三年以来、邦人の中井養三郎が漁舎を設置し、人夫を派遣してアシカ猟を始めた。中井がこの島の領土編入と貸し下げを出願したので、島の名を竹島《たけしま》に定め、島根県所属隠岐島司の所管とする。

韓国政府と研究者が、この編入は不法であると反駁するためには、一九〇五年より以前、朝鮮王朝や朝鮮人がその島を占領し、利用した形跡を提示しなければなりません。残念ながら私はそういう形跡を知りません。さまざまな資料を調べ研究書を読みましたが、そういう形跡を見つけることはできませんでした。それが、一人の研究者としての率直な告白です。

独島の台頭

「独島」という名称の島が文献記録で初めて確認されるのは、一九〇四年九月二五日の、日本の軍艦「新高《にいたか》」の『行動日誌』からです。同日誌は、「リアンコルド岩を実際に見た日本人から聴取した情報」としながら、「韓国人はこれを独島と書く」と書き残しています。再び「独島」が文献記録に登場するのは一九〇六年四月です。同年四月四日、日本の島根県隠岐島司の一行が鬱陵島を訪ねて、独島が日本領に編入されたことを知らせ、また、鬱陵島の人口と産業に関して聞き取りをして帰りました。これに対して鬱島郡守の沈興沢《シムフンテク》が、江原道観察使の李明来《イミョンレ》に「本郡に所属する独島が外海百余里にありますが、日本の領土となったそうです」という報告をしました。このように、一九〇四〜〇六年には鬱陵島の韓国人たちは、晴れた日の朝、東の方向の水平線上に浮かぶその島を「独島」と呼び、そう書き記し始めました。

この独島と、一九〇〇年に大韓帝国が鬱陵島を鬱島郡に昇格させたとき付属島として指定した石島とは、どのような関連があるのでしょうか。我が政府と研究者たちは、ひたすら「石島は独島だ」と主張しています。一九世紀までは于山島と呼んだ島が、石島になり、さらには独島と名称を変えた、と言うのです。〝于山島＝石島＝独島〟説は、我が政府と研究者たちが主張する独島固有領土説の核心的な学説です。于山島が石島や独島ではあり得ない理由は、前章で充分に論証しました。ここでは、〝石島＝独島〟説を検討します。

一九〇〇年頃「トルソム（石島）」と呼ばれていたという主張は憶測

韓国政府と研究者たちが主張する論理は、冒頭の「反日種族主義者による暴論」で紹介した通りです。国史教科書にまで広く紹介されている、韓国人なら知らないはずのない通説でもあります。簡略に紹介すると次のようなものです。

一八八〇年代から鬱陵島に入った朝鮮人は、独島を「トルソム」という〝音名称〟で呼んでいた。それを漢字の〝文字名称〟で表記すると、一九〇〇年に付けられた「石島」になる。当時、鬱陵島に移住した人たちの多数は全羅道の出身だった。全羅道の方言で「トル」（石）は「トク」と呼ばれる。したがって「石島」は「トクソム」という音名称で呼ばれたりした。「トク」は漢字の文字名称では「独《トク》」とも表記できる。それで一九〇四年、「トクソム」を再び漢字の文字名称で表記した際、「独島《トクト》」になった、ということです。

私は、この主張に対して前著『反日種族主義』の中で、「あまりに貧弱な論理のつなぎ合わせに気が滅入って来ます」とまで記しました。まず、一九〇〇年を前後した時期の鬱陵島の住民が独島を「トルソム」と呼んだという主張には、何ら根拠がありません。東北アジア歴史財団の洪聖根は鬱陵島が故郷です。彼によれば、鬱陵島の老人たちは一九六〇年代まで独島を「トクソム」と呼んだそうですが、一九〇〇年前後の事情を伝える証言とは言えません。それは、「独島」という島の名称が台頭した以後の事情を伝えているだけです。独島（トクト）が「トクソム」という音名称で呼ばれるのは、誰であれ納得できることです（編集部補注：「島」は漢字音で読めば「ト」だが、固有韓国語で読めば「ソム」になる）。一九六〇年代に『朝鮮日報』のある記者が、「鬱陵島の古老から一九〇〇年前後に独島を『トクソム』と呼んだという証言を聴取した」と主張したことがありましたが、細密な検討を通じて、それもやはりずっと後の事情を伝えているに過ぎないことが分かりました。

一方、一九〇〇年前後の鬱陵島住民が独島を、日本人と同様に「リヤンコ」または「ヤンコ」と呼んだという記録は二つもあります。前章で紹介しましたが、一九〇一年に『帝国新聞』が報じた「ヤンゴ」騒動がその一つです。記事の原資料を追跡して行くと、『地学雑誌』という雑誌に載った「日本海の中の一つの島（ヤンコ）」という記事に辿り着きますが、そこには「日本と韓国漁民共に、これを指してヤンコと呼ぶ」とあります。二つ目は、一九〇二年に出版されたある雑誌に載った「明治三五年（一九〇二）の鬱陵島の状況」という記事で、ここでも同じ情報を確認することができます。そこでは「鬱陵島の東方の五〇海里に小さな島があってリヤンコ島と言い、日本人はこれを松島《まつしま》と言う」となっていますが、前後の文脈から「リヤンコ」と呼んだのは韓国人のほうだったことが分かります。要するに、一九〇〇年前後の鬱陵島の住民が独島を「トルソム」と呼んだという証拠は、どこにもありません。適当な作り話に過ぎません。その「トルソム」が「石島」と表記されたという主張も、憶測に過ぎません。

石島→独島は証明不可能な命題

私が右の通説から感じ取るもう一つの甚だしい憶測は、一九〇〇年に成立した「石島」という名称が、どういう理由で一九〇四年に「独島」という新しい名称に変わったのか、ということに関するものです。

一九〇六年、設置されたばかりの統監府が、大韓帝国の内部に鬱島郡の由来を聞いたことがあります。それに対する答弁が、一九〇六年七月一三日の『皇城新聞』に載せられました。要約すると、「一九〇〇年に鬱島郡に昇格したこの島（鬱陵島）が管轄する付属島嶼は、竹島と石島だ」ということです。つまり大韓帝国は、石島を独島と公式に改称したことがありません。このことが明らかなのに、なぜ「石島」が四年で「独島」に変わった、と強弁するのでしょうか。百歩譲って、そう変わったとしましょう。しかし、そうだったとしたところで、「石島」の音名称の「トクソム」が「独島」という文字名称にならなければならない必然性はどこにあるのでしょうか。「トク」音の漢字は、「独」の他にも「禿」「犢」「纛」などたくさんあります。なぜ、「独」でなければならないのでしょうか。

現在に至るまで、独島固有領土説を証明するために研究者たちは実に多くの努力を払って来ました。彼らは、一九一四年頃に朝鮮総督府が編纂した『朝鮮地誌資料』を検索し、全羅道地域を中心に、村、野、山、川、橋などの文字名称に出て来る、「石」の字が音名称で「トク」と呼ばれる数少ない事例を見つけ出しては、それが〝石島＝独島〟説を立証する根拠だ、と主張して来ました。しかし、そのような全羅道の言語生活が、東海（日本海）の真ん中にある孤島と何の現実的かつ論理的関連性を持つと言うのでしょうか。しかも、彼らが提示した数少ない事例の中で、「石」という漢字が「独」の漢字に転化した事例は一つもありません。つまり、「石島」という文字名称が「独島」というもう一つの文字名称に転化する過程や、その言語学的論理は、誰によっても証明されていません。元々そのような憶測は、証明が不可能なものです。

『反日種族主義』で展開した私の主張を批判するために企画されたKBSの連続報道でも、同様の欠陥があらわになりました。担当記者は、今日の全羅南道の高興郡錦山面五泉里山五六番地にある岩島が「独島」という名称を持つ、という事例を提示しては、そのように明らかな証拠があるのに、私が何を根拠に〝石島＝独島〟説を否定するのか、と声を荒げました。

その記者に聞きたいと思います。その島が「独島」と呼ばれる前に、「石島」と書かれたり呼ばれたりしたことがあるのでしょうか？　それが証明できなければ、私に対する批判が成立したとは言えません。

専門家ではない放送局の一記者を責めたくはありません。大学や国立研究所に所属している研究者までもが、そのような主張をしているのですから。そこで、前章で使った修辞ですが、「理性的に推論する力を欠如した幼稚さの表われだ」と嘆くのです。

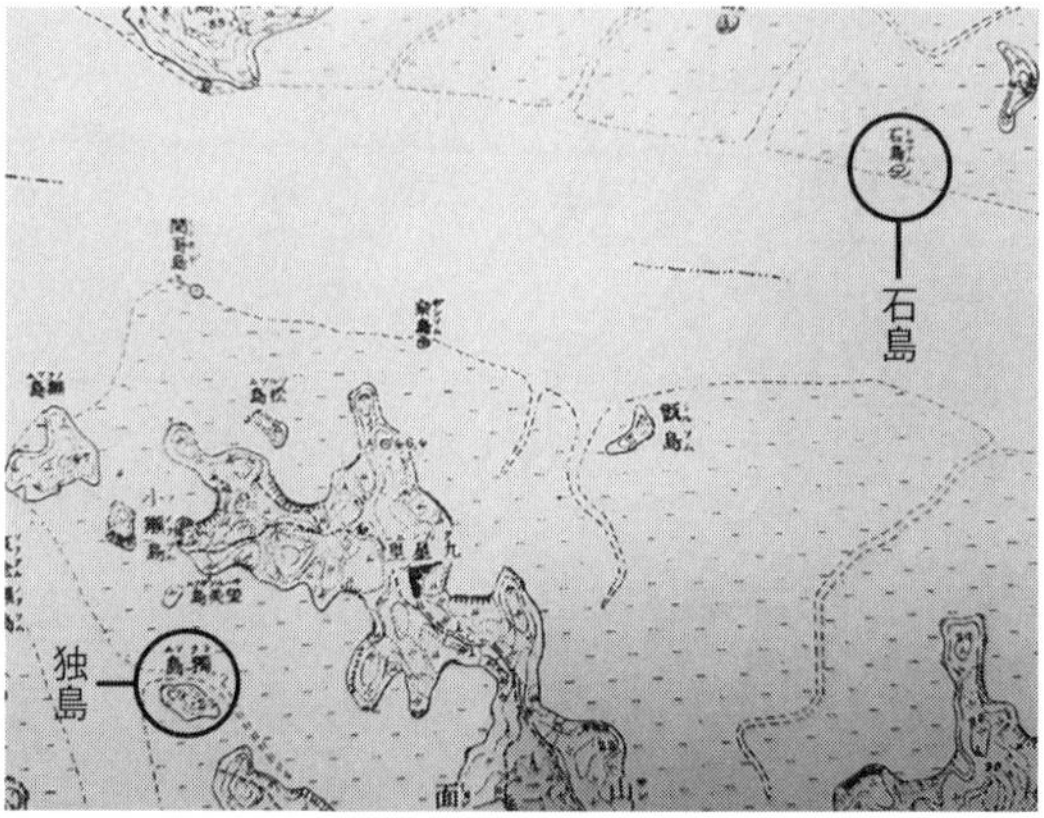

地図12-1　海南郡の独島と霊巌郡の石島（1916年）
資料：朝鮮総督府『近世韓国五万分之一地形図』1916年

一九一六年の地形図からの情報

ここからは、今まで研究者たちの注目を引いていなかった新しい情報を紹介します。資料は、一九一六年に朝鮮総督府の陸地測量部が編纂した『近世韓国五万分之一地形図』です。

当時、陸地測量部は、全国の全種類の地名を、漢字で表記した文字名称と、日本のかなで表記した音名称の二種類で書き記しました。島の名称も同じです。地形図によると、一九一六年、全国の海上に分布した石島と呼ばれる島は八つでした。全羅道に三つ、忠清道に一つ、京畿道に二つ、黄海道に一つ、平安道に一つです。全羅道に属した三つの石島の音名称は、「トルソム」が二つ、「ソクソム」が一つです。他の道に属する五つの石島の音名称は「トルソム」が三つ、「ソクト」が二つです。このように、全国に分布した八つの石島の音名称は、「トルソム」「ソクソム」「ソクト」の三種類ですが、その中で「トルソム」が最も一般的でした。この他、全羅道楸子群島には国字で表記された乭島という島がありましたが、音名称は「トルソム」でした。つまり、諸研究者たちが主張するような、石島の音名称が「トクソム」であったところは、全羅道はもちろん、全国どこにもありませんでした。

全国の海上に分布した「独島」は二つでした。全羅道の高興郡錦山面に一つ、全羅道の海南郡山二面に一つです。前者の音名称は「トクト」で後者は「トクソム」です。興味深いことに、地図12-1に示されているように、全羅道の海南郡山二面の独島の北東四キロメートルの海上に石島があります。全羅道の霊巌郡昆二終面に属する島です。同一視角の同一海上に、独島と石島が並んであるのです。両島の音名称は、それぞれ「トクソム」と「トルソム」でした。

このことは何を意味しているのでしょうか。他ならぬ、「独島と石島はその名の意味が同じではない島」ということです。独島は「独りでいる島」、石島は「石から成る島」という意味です。誰がこの厳然たる意味の差を勝手に混同するのでしょうか？　少しでも漢字を習ったら、子供でも簡単に区別できる意味です。今まで多くの研究者たちがそのような常識を無視し、全羅道の方言や国語学者の漠然とした推測にかこつけて、「一九〇〇年に名の付いた石島はその音名称が『トクソム』だから、一九〇四年に至り『独島』と表記された」という論理を作り出し教育して来た所業には嘆かざるを得ません。

本当に抗議しようとしたのか

さらに、独島研究者たちは、「日本が独島を奪ったので大韓帝国はそれに抗議した」と主張しています。もう少し正確に言うと、「既に外交権を奪われていたので、抗議しようとしたができなかった」と主張しています。しかし、関連史料を詳しく検討してみると、それもまた嘘だということが分かります。

前述した通り、日本が独島を自国の領土に編入するのは一九〇五年一月です。鬱島郡守がこの事実を認知するのは一九〇六年四月四日です。その後、鬱島郡守は、その事実を江原道の観察使に報告しました。江原道の観察使が中央の議政府に報告したのは四月二九日であり、議政府が報告書を受け付けたのは五月七日です。それから議政府の参政大臣である朴斉純《パクチェスン》が江原道の観察使に関連指令を下すのは五月一〇日です。

近代的な通信網が備えられていなかった状況下、旧来の駅站《えきたん》制に依存して、ゆるりと進行する報告と対応の過程でした。率直に言って、このような報告と対応の過程からは、自国の領土が侵奪されたという国防上の緊迫した空気をまったく感じ取ることができません。よく、鬱島郡守と江原道観察使の間で〝慌ただしい〟報告の受け渡しがあった、と言われますが、私は同意できません。事件が発生してから一カ月も過ぎて中央政府が認知・対応したのに、そう言ってはなりません。

鬱島郡守の報告を受けた内部大臣の李址鎔《イジヨン》は、「まったく道理に合わない」「非常に疑わしい」という反応を示しました。次に示すのは、議政府の参政大臣朴斉純が江原道の観察使に下した指令です。

報告書は詳しく見た。（日本の）独島領有説はまったく根拠がないが、該当する島の事情と日本人たちがどのように行動しているのかを調査し報告せよ。

政府大臣たちのこのような反応ぶりは、果たして日本に対する抗議だったと言えるのでしょうか。むしろ私は、朴斉純の指令から、彼はそのときまで独島という島を知らずにいた、と理解します。朴斉純は、一九〇三年から始まった『増補文献備考』の編纂に参加し、一九〇七年一二月には、校正総裁として序文を書いた人物です。前章で紹介しましたが、一九〇八年に刊行された『増補文献備考』には、「一九〇〇年に于山島は鬱陵島と共に鬱島郡になった」と記されています。つまり朴斉純の立場では、于山島は日本に奪われた島ではありませんでした。それでは、石島はどうでしょうか。前述した通り、一九〇六年七月に統監府が鬱島郡の履歴を聞いたとき、大韓帝国の内部は「鬱陵島は一九〇〇年に鬱島郡に昇格した。この島は竹島と石島を管轄する」と答えました。そのように、石島も奪われたことがありません。だとすると、一体どの島が奪われたのでしょうか。

参政大臣の朴斉純は、それをよく知りませんでした。恐らく彼は、独島という島名を初めて聞いたと思います。それでも、領土に関する重要問題であるため、まずは日本の主張を否定した後、「該当する島の事情と日本人の行動を再調査し報告せよ」という指令を下したのです。朴斉純は、鬱陵島付近のある島に日本人が無断で上陸し、「自分たちの土地だ」と言って乱暴する状況を想像したのでしょう。該当する島が鬱陵島の東南方八七キロメートルの海上にある無人島であり、日本の漁民によるアシカ猟が盛んに行なわれている島であることを知りませんでした。それで右のように、「島の事情と日本人の行動を報告せよ」と言ったのです。前後の事情を詳しく調べるとそうとしか考えられない指令を、我が政府と研究者たちは「日本に対する抗議の意図で作成された文書だ」と主張しています。

果たして抗議は不可能だったのか

韓国の研究者たちは、「大韓帝国政府が日本政府に抗議をしていないのは、外交権が剝奪された保護国だったからだ」と言い訳しています。これも成立し難しい主張です。一九〇五年一一月、第二次韓日協約、いわゆる乙巳条約により大韓帝国が喪失したのは、「日本の仲介を通じなければ、他国政府といかなる条約も結べず、約束もできない」という外交権でした。日本との外交権まで否定されたわけではありません。

一九〇六年二月、両国間に次のような事件がありました。江原道蔚珍県竹辺浦に、日本海軍がロシアとの戦争のために建てた望楼がありました。戦争が終わり、日本海軍が望楼の施設を、ある日本人に売却しました。その日本人は、「望楼の土地まで購入した」と主張しました。すると、大韓帝国の参政大臣朴斉純は統監の伊藤博文に、「外国人が土地を購入するのは不法である」と抗議しました。それで伊藤は本国に照会し、その結果、「望楼の施設だけが売却され、土地が売り払われたことはない」と答えました。この事実からも分かるように、両国間に紛争があったとき、大韓帝国政府は統監府に抗議しました。小さな土地の売買においてもそのような騒動が起きたのですから、島が丸ごと侵奪されたら一層の激しい抗議があったはずです。私はこの竹辺浦事件を、独島固有領土説の熱烈な主唱者である愼鏞廈《シンヨンハ》の論文を通じて知りました。愼鏞廈は、「大韓帝国が独島を奪われても抗議できなかったのは、外交権を喪失した保護国であったためだ」と言い訳していますが、矛盾していると言わざるを得ません。

当時、伊藤統監は、大韓帝国政府の大臣たちと月に一回「韓国施政改善に関する協議会」を開催していました。ここで詳細な事例は紹介できませんが、同会議録を検討すると、政府の大臣たちが、大韓帝国皇帝の威信に関して日本で良からぬことが起こると、抗議し、是正を要求していたことを確認することができます。つまり、領土が侵奪されても外交権がなかったために抗議もできなかった、というのは、理にかなっていません。不完全ながら、大韓帝国は自国の領土と人民に対する統治権を行使する独自の国家でした。

再び、一九〇六年五月の朴斉純が下した指令に戻ります。

鬱島郡守の沈興沢が、その指令を無視することはできなかったと思います。当時の鬱島郡には郡所有の船がありませんでした。彼が、果たして日本漁民の船を借りて独島を訪問し、アシカ猟の実態を調査したかどうかは分かりません。もしそうだったら彼は、朝鮮王朝の官吏としては独島に上陸した最初の人物です。ともあれ、沈興沢の独島に関する実査報告を受けた参政大臣朴斉純は、その島は我が領土ではない、と判断した可能性が高いのです。諸新聞も地方の世論も国際社会も、静かだったからです。

同年の五月一日、『大韓毎日申報』と『帝国新聞』は既に紹介した内部大臣李址鎔の反応を、五月九日には『皇城新聞』が鬱島郡守の沈興沢の報告を報じました。それを見た黄玹《ファンヒョン》は彼の日記『梅泉野録』に、「鬱陵島から東方一〇〇里の海に一つの島があり、独島と言う。昔から鬱陵島に属していた。倭人が彼らの領土だと勒称《ろくしょう》注43し、審査して行った」と書き残しています。知られている限り、日本の独島侵奪に対する大韓帝国の反応はこの程度でした。それも大衆の憤怒を誘発する激しい論調ではありませんでした。研究者たちはこの程度の反応を〝挙国的な抗議〟としていますが、甚だしい誇張です。

『増補文献備考』に見られるように、于山島は一九〇八年まで伝来の幻想として健在でした。鬱陵島の東北方に付属する石島も、大韓帝国の領土として健在でした。「奪われた」と報じられた独島に対して韓国人の認知と領有意識が生まれるのは、島名が台頭する一九〇四年頃からと言えるし、しかも一九〇六年までは、鬱島郡の住民社会という非常に制限された範囲に過ぎませんでした。

〈参考文献〉

慎鏞廈（シン・ヨンハ）『韓国の独島領有権研究』景仁文化社、二〇〇六年刊
［신용하 (2006),『한국의 독도 영유권 연구』, 경인문화사］

柳美林（ユ・ミリム）『我が国の史料の中の独島と鬱陵島』知識産業社、二〇一三年刊
［유미림 (2013),『우리 사료 속의 독도와 울릉도』, 지식산업사］

李先敏（イ・ソンミン）a「〝国史学専攻〟記者が李栄薫教授に聞く」（『週刊朝鮮』二〇一九年八月二六日号）
［이선민 (2019a),「'국사학도' 기자가 이영훈 교수에게 묻다」,『주간조선』2019년 8월 26일자］

注43　**勒称**：無理・不当・強制的に称すること。

李栄薫（イ・ヨンフン）「独島、反日種族主義の最高象徴」（『反日種族主義』未来社〔二〇一九年刊〕所収）
［이영훈 (2019), 「독도, 반일 종족주의의 최고 상징」, 『반일 종족주의』, 미래사］
鄭（チョン）テサン「〝反日種族主義〟の〝独島〟に反駁する」（『週刊朝鮮』二〇一九年一〇月二一日号）
［정태상 (2019), 「'반일 종족주의'의 '독도'를 반박한다」, 『주간조선』 2019년 10월 21일자］
洪聖根（ホン・ソングン）「李栄薫の〝独島〟に反駁する」（『週刊朝鮮』二〇一九年一〇月一四日号）
［홍성근 (2019), 「이영훈의 '독도'를 반박한다」, 『주간조선』 2019년 10월 14일자］
＊池内敏『竹島問題とは何か』名古屋大学出版会、二〇一二年刊
＊池内敏『竹島―もうひとつの日韓関係史』中公新書、二〇一六年刊

13

独島編入と独島密約

李栄薫《イヨンフン》

反日種族主義者からの罵倒

李栄薫は、彼の本と動画で独島《トクト》問題に対する主張をしながら、決定的に重要で日本に不利な史料は、ほぼ全てを除外している。「太政官文書」、「日本霊異記《りょういき》参考図」、『粛宗《スクチョン》実録』、『東国文献備考』、『万機要覧』、『皇城新聞』の「鬱陵島事況」、「ダレス電文」などが洩れている。もし意図的だったら研究倫理に違反するものだ。感情的な反日も良くないが、日本の主張に盲目的に追従するのは、さらに良くない。

（鄭《チョン》テサン、二〇一九年、抜粋引用）

一九四六～五一年の独島

一九四五年八月、アジア・太平洋戦争に敗北した日本は、一九五二年四月のサンフランシスコ条約の発効によって主権が回復されるまで、米国など連合国の統治を受けました。東京に設置された連合軍総司令部は、一九四六年の一月と六月、二回にわたって行政命令を出し、日本政府の行政力が及ぶ範囲と漁民の操業区域を定めました。そのとき、鬱陵島、リアンクルト岩（独島）、済州島が日本領から除外されました。連合軍総司令部の担当将校がどういう理由でそう決めたのかは分かりませんが、当時描かれた地図上の海上境界線（別名マッカーサー・ライン）を見ると、簡単に推測できます。独島は、近い将来独立する韓国の領土になるのが確実な鬱陵島により近い島である、という地理的要因のためだと思います。私は、国際法には詳しくなく、そのような地理的要因が、領土の境界を決めるときにどれほど有効かは知りません。しかし、そのような観点からすれば、我が政府と国民が主張する独島領有権が、一面の正当性を持つとは思います。

しかし、その後、日本の独立を承認したサンフランシスコ条約の結論は、それとは異なるものでした。同条約の第二条a項は、日本の領土から除外する島を列挙しながらも、独島については言及していません。このことに対して研究者たちは、相異なる解釈をしています。ある人たちは、「連合軍総司令部が下した二つの命令は、サンフランシスコ条約にかかわらずなお有効であり、独島が同条約から除外されたのは、韓国領であることがあまりにも明らかだったからだ」と主張していますが、どうも説得力に欠けます。他方の国際法を専門にする人たちの多数意見は、「連合軍総司令部が日本を占領していた期間に発した命令はあくまでも暫定的な行政措置であって、サンフランシスコ条約の効力を超えられず、したがって、独島が韓国領と主張することには無理がある」というものです。

サンフランシスコ条約において日本から分離される島に独島が入っていないのは、条約締結の実質的な主管者である米国が、独島を日本の領土と判断したからです。それについては『反日種族主義』でも紹介しましたが、その根拠として、条約締結の一カ月前に米国務省のラスク次官補が韓国政府に通告した、「独島を韓国領とする根拠はない」とする非公開の書簡がよく知られています。米国務省は、一九四七年からサンフランシスコ条約の草案を準備します。一九四九年までに全部で八種の草案を準備しますが、そこでは独島を韓国領としていました。ところが、その後一九五一年九月までに準備された一四種の草案からは、そのような表記が消えました。日本政府が独島は日本の領土であることを多くの資料をもって説得した結果だそうです。一方、韓国政府は、そのような働きかけができませんでした。新生国として、働きかけるだけの外交的な力量も保有していなければ、米国を説得できるだけの資料もなかったのです。このようなサンフランシスコ条約の成立過程をしてある研究者は、「日本が大々的な広報を行なって米国の判断力を鈍らせた」と非難していますが、公正な意見とは言えません。一国の外交活動というのは、全て自国の利益のために行なわれるものなのですから、日本がそういう働きかけをするのは当然です。

右の叙述と関連して、冒頭でも紹介したように鄭テサンは、私が「当時の米国務長官であるダレスの電文を無視した」と非難していますが、事実ではありません。ダレス長官は、ラスク次官補の書簡が韓国政府に発送されていたにもかかわらず、「米国は両国間の紛争には介入しない」とし、両国が紛争を国際司法裁判所に回付して円満に解決するよう希望しました。私は前作『反日種族主義』の中でラスク次官補の書簡を紹介した後、「アメリカは、韓国に通告した自らの見解（ラスク書簡が示した見解）があるにもかかわらず、二国間の紛争に介入しませんでした」と明確に言及しました。具体的に「ダレス電文」という名前を出さなかったからと言って、私が米国の立場を日本に有利に歪曲した、と非難してもらっては困ります。論争の核心は、サンフランシスコ条約で独島が日本領から除外される島から洩れていたことをどのように解釈するか、ということですが、そのことに限っての、条約の締結を主導した米国の立場は、ラスク次官補の書簡に示されていた通りだったということです。

李承晩大統領の独島編入

一九五二年一月、李承晩《イスンマン》大統領は電撃的に海洋主権宣言を発し、独島を我が領土に編入しました。サンフランシスコ条約が発効する三カ月前のことでした。日本政府は抗議しましたが、李承晩大統領は頑《かたくな》な態度をとりました。彼は、海洋主権宣言により引かれた平和線（別名、李承晩ライン）を越えた日本の漁船を拿捕《だほ》し、漁師らを釜山一帯に強制収容しました。そのために、李承晩大統領に対する日本国民の評価は今でも非常に否定的です。

このような李承晩大統領の決断の正当性を、歴史文献に求めてはならないと思います。李承晩大統領は、『世宗実録地理誌』や『東国輿地勝覧』のような歴史記録を根拠に、そのような決断を下したのではありません。あまりにも原論的な主張かも知れませんが、ある国の領土変更は、政治的意思と軍事的行動の結果です。近年、日本が北方領土を巡ってロシアと繰り広げている紛争も同じです。私は、独島の紛争を巡り歴史学者が正当性を論ずる主体として前面に出て来るのは、ナンセンスなことだと思います。彼らは、必要に応じて呼び出される助演に過ぎません。

李承晩大統領には、日本への不信感がありました。日本を、「いつか韓国と北朝鮮に残した財産を取り戻すために再び侵略して来る国だ」と見ていました。一九四六年の日本政府と連合軍総司令部の共同調査によると、日本が韓国に残して来た政府及び民間の財産は、一九四六年の価格で約二二億ドルでした。それは、当時の韓国の国富の八〇%に達する大きなものでした。日本は、その財産を諦めてはいませんでした。そのため李承晩大統領は、我々は一日も早く海軍を養成して日本の再侵入を防ぐべきであり、早急の海軍養成が難しければ、商船でもいいからたくさん製造して有事に備えなければならない、といつも政府と国民を促しました。一九五七年、日本政府は、韓国に残して来た日本の財産に対する請求権を公式に放棄しました。それでも李承晩大統領は、日本に対する警戒心を緩めませんでした。一九五六年、日本は共産国家ソ連との国交を修復しました。北朝鮮との交渉も進め、在日同胞を北朝鮮に送還する事業を推進しました。そのような日本に対する李承晩大統領の不信感は、日本の『毎日新聞』主筆からの質問書への返書（『毎日新聞』一九五六年二月一三日朝刊掲載）において、次のような要旨で表出されています。

我々は、日本がソ連、中国、北朝鮮傀儡《かいらい》と同調しようとしていることに失望している。我々は、日本が自国商品の市場を得るために、邪悪と妥協していると思っている。

李承晩大統領による独島編入は、そのような、彼の日本に対する不信感と宗教的な反共主義の産物でした。

国家としての尊厳の固守

一九五一年九月、米国は日本と安全保障条約を締結しました。この条約は、共産主義勢力からアジア・太平洋地域を防衛するに当たって日本を軍事拠点にするという、米国の東アジア政策を前提にしています。そのような思惑から米国は、韓国が日本と協力することを要求しました。当時は韓国戦争期でした。米国は、韓国に相当額の軍事援助と経済援助を行なっていました。米国は韓国に、援助物資の相当部分を日本から購入するよう要求しました。日本経済の復興を助けるためでした。

李承晩大統領は、日本を中心にするという米国の東アジア政策に反発しました。それは、長期的に見ると韓国を再び日本に従属させる結果をもたらす恐れがあったからです。李承晩大統領は、日本が中心となる東アジア安保体制に編入されることを拒否しながら、米国との直接的な軍事同盟を追求しました。米国は、結局、彼の強い要求を受け入れ、一九五三年に韓米相互防衛条約を締結しました。さらに李承晩大統領は、日本経済から自立的な国家経済を追求しました。彼は、米国が援助物資を日本から購入するよう強要すると、「いっそのこと、そういう援助は受けない」と言って、米国に立ち向かいました。結局、彼は、援助物資の購買権だけは確保することに成功しました。

米国と日本は、李承晩大統領のそのような対外政策が納得できませんでした。米国と日本は李承晩大統領を、「非理性的」な人物であり、心理状態が精神科の診療を要するほど「病理的」だと評価し、〝恐喝と脅迫〟を繰り返す彼を不快に思いました。米国のある新聞は李承晩を、「ナイフを口にし、血を流しながら喧嘩を売る愚かで頑固な老人だ」と揶揄《やゆ》しました。

李承晩大統領が統治一二年間で一貫して追い求めた最上の価値は、新生大韓民国の国家としての尊厳でした。彼は、一九一〇年に大韓帝国が敗亡する過程を痛恨の思いで見た人です。もちろん、最も大きな責任は、自由と独立の精神を欠如した我ら韓国人にあります。その点を指摘し、啓蒙した、当時の唯一の政治家が李承晩です。同時に彼は、弱小国の存廃を勝手に決定し交渉する、強大国の横暴さに憤怒しました。一九〇五年、米国は日本の韓国に対する特別な権利を承認しました（桂・タフト密約）。以降、米国は、長期間にわたり韓国問題に対して沈黙し続けました。一九四五年に米国は、日本との戦争に何の寄与もしなかったソ連を巻き込み（ヤルタ会談）、韓半島を分断させてしまいました。一九四八年には大韓民国が成立しました。その後、米国は、無責任にも軍隊を撤収させ、それが一九五〇年の韓国戦争へと繋がって行きました。

独島問題も同様です。李承晩大統領の立場からすると、それは米国の気まぐれで横暴でした。最初は独島を韓国領にすると言い、後には日本領だと言って切り離しました。李承晩大統領はそれが容認できなかったのです。いくら弱小の新生国でも、国家としての尊厳は固守されなければならなかったのです。彼の独島編入は、米国の高い鼻に拳骨を一発食らわした、当時のどの政治家にもできない、李承晩だけができるわがままでした。

国民作りの象徴

一九五三年七月に韓国戦争が終わりました。一九五四年四月にはジュネーブで戦後処理の会談が開かれますが、そのとき「大韓民国を解体し韓半島の統一問題をもう一度交渉し直そう」と提案する北朝鮮と中国の攻勢を、李承晩大統領は成功裡に防ぎました。大韓民国が国際社会において国家としての地位を確保するのは、このジュネーブ会談を通じてでした。その後、李承晩大統領が自国民に訴えたのは、大韓民国の精神的独立でした。当時の韓国人たちの精神は、まとまりがなくバラバラでした。多くの人が、南北の分断と戦争による貧困と混乱に疲れ果て、日本に密航しました。日本で逮捕され長崎の収容所に入れられた人たちが、一時期は一万人を超えました。多くの人々が、「日政期のほうが良かった」と過去を偲《しの》びました。多くの人々が、日本の歌を好んで歌いました。内心で日本の再統治を望む人々も、少なくありませんでした。

一九五四年五月、李承晩大統領は、このような人々を批判する中で、親日派の六つの要件を提示しました。第三回国会議員選挙が迫っていた時期でした。「このような親日派を国会議員に選んではならない」という国民に向けてのメッセージでした。「以前は親日派だったとしても『言葉や行動』において愛国精神を明らかにすれば、もう親日派ではない」と言いました。「以前は親日派ではなかったが、『言葉や行動』において日本との親善を主張する人々、特に、富強な日本とは競争できないと思う敗北主義者たち、日本に行って国権をおとしめ政府を批判する共産主義者たち、さらには、生活作法を日本人のように行なう者たちが真の親日派だ」と攻撃しました。

このように李承晩の親日派批判は、新生国の精神的独立と国民の統合を目指すためのものでした。決して今日のような反日種族主義の敵対感情ではありませんでした。李承晩大統領には、歴史と現実に絶望したあまり無気力でバラバラになっている植民地出身の群像を、新生国の自由市民、さらには愛国的な国民として統合するための、何らかの象徴が必要でした。それには独島が最上の選択でした。李承晩による独島編入は、日本と米国を相手にした独立の宣言を意味するだけではなく、〝国民作り〟の象徴であり、梃子《てこ》でもありました。振り返ってみると、あまりにも作為的で、副作用を伴うしかない選択でもありました。その副作用の克服は、李承晩の後代が担うべき歴史的課題でした。その点まで視野に入れながら、李承晩大統領の独島編入が持つ歴史的意義を再評価しなければなりません。

一九六〇年、李承晩大統領が下野した後、案の定、大混乱が起きました。大混乱は、一九六一年の軍事革命をもたらしました。以後、一九七九年までの朴正熙《パクチョンヒ》大統領の執権期は、経済開発を国政において最も価値あるものとして追求する時代でした。高度成長のためには、日本の資本と技術支援が切実に求められました。日本との国交正常化は、それ以上先送りのできない時代的課題でした。多数の国民もその点を理解し支持しました。最大の障害は野党の政治家たちと在野知識人たちでした。彼らは、国交正常化のための日本との交渉を、「屈辱的なものだ」と煽動しました。

一九六五年、朴正熙大統領は米国を訪問しました。当時の米国務長官は、一九五一年に独島を日本領と判定したラスクでした。彼は朴正熙大統領に、「独島に韓日共同管理の灯台を建てなさい、島の帰属権は決めないほうが良い」と勧めました。それに対し朴大統領は、「韓日修交において暗礁となる独島は、爆破してしまいたい」と答えました。一九六五年の日本との国交正常化は、このような朴大統領の悲壮な決意によって達成されたのです。

公式外交史では確認できない事件ですが、国交正常化が近づいていた一九六五年一月、両国の最高指導者の間で独島問題を巡る密約が結ばれたと言われています。それについては二〇〇七年三月、『月刊中央』注44が、密約の締結過程と内容を、生存する関係者たちへのインタビューを通じて報じたことがあります。二〇〇八年には、ロー・ダニエル著の『竹島《たけしま》密約』という本が日本で出版されました。私は、密約の存在は否定できないと思います。独島問題を放置したままでは、やはり国交正常化は不可能だったからです。密約の内容は、次のようなものとして知られて

注44　**月刊中央**：韓国の日刊新聞社である中央日報社が刊行する月刊誌。

います。

①今後、独島を韓日両国共に自国の領土と主張することを認め合い、同時にそれに反論することに異議を提起しない。

②将来漁業区域を設定する場合、両国が独島を自国領土とする線を画定し、両線が重複する部分は共同水域とする。

③現在韓国が占拠している状況を維持する。しかし、警備員を増強したり、新しい施設の建築や増築はしない。

④両国はこの合意を守り続ける。

この密約は、三〇年間にわたり両国の政府によって遵守されました。その間、韓国経済は、資本主義の歴史上例のない高度成長を謳歌しました。高度成長の第一の要因は、日本と米国の資本、技術、市場を存分に活用できた、国際政治と国際経済の環境でした。私はそれを、韓国経済が享受した〝地経学的比較優位〟と定義しています。日本との国交正常化が、その比較優位を顕在化させる契機となりました。海の中にある無用の岩島を巡って繰り広げる紛争ほど浪費的なことはないでしょう。韓日両国は、相互尊重と配慮の精神からその紛争を封印しました。一時代を自由と平和と繁栄に導く、素晴らしい精神でした。

密約の破棄

独島密約は、金泳三《キムヨンサム》大統領によって破棄されました。彼は、建国以降、歴代の大統領たちが継承して来た〝国造り〟の歴史を否定しました。彼は、自分こそ解放以前に中国で活動した大韓民国臨時政府を正統的に継承する最初の大統領だ、という唐突な思いから、建国大統領の李承晩をおとしめました。金泳三の大統領就任演説には、「いかなる同盟も民族に勝ることはない」というような幼稚な張り切りがにじみ出ていました。彼は、朴正熙大統領が構築した高度成長の開発体制を解体しました。慎重な企画と緻密な執行を特徴とする開発体制の代わりに、即興的な大衆政治が経済を支配し始めました。その結果、一九九七年一一月、外貨不足による金融危機が発生しました。韓国経済は不幸にも国際通貨基金（ＩＭＦ）の統制下に入ってしまいました。ある新生国が〝国造り〟に失敗するのは、ほとんどが無責任な大衆政治のせいですが、この国の歴史では、金泳三大統領が、そういう意味での教科書的な模範を見せたわけです。

金泳三大統領は一九九五年、日本政府の抗議にもかかわらず独島の接岸施設建設に着工し、一九九七年一一月に竣工しました。右の密約③を露骨に否定したのです。しかる後に金融危機が起きましたが、これらの事件は決して無関係とは言い切れません。愚かな行動は、それに伴う代償を支払わなければなりません。無責任な政治家たちは、対日勝利感に酔っていたかも知れませんが、道端には失業者とホームレスが満ち溢れていました。次の金大中《キムデジュン》大統領の執権期は、金融危機の収拾過程でした。彼には他の選択肢がありませんでした。金大中大統領は、右の密約②により、有効期間が終了した日本との漁業協定を改定しました。

次の盧武鉉《ノムヒョン》大統領は、金泳三の大衆政治を継承しました。独島の接岸施設を増築した彼は、二〇〇五年から独島に対する民間人観光を許可しました。二〇〇六年には、韓日関係に関する特別談話を発表し、「独島は我が領土です。独島問題を主権守護の次元で真正面から取り扱って行きます」と宣言しました。その後、韓日間でどのようなことが起きたのかは周知の通りです。二〇〇五年以後、日本政府は、毎年の防衛白書に独島は日本の領土であることを明示しました。島根県は「竹島《たけしま》の日」を制定しました。二〇〇八年には、中学校の学習指導要領に独島に関する記述が載り、二〇一四年には、「竹島《たけしま》（独島）は歴史的にも国際的にも日本の領土だ」と歴史教科書に記しました。これによって独島紛争は、それまではあまりこの問題のことを知らなかった日本国民の、国家的関心事となりました。

それと歩調を合わせて、韓国政府と国民の対応も強くなりました。いつの間にか、独島を防衛する軍事訓練が毎年実施されるようになりました。昨二〇一九年の軍事訓練は、陸・海・空軍と海兵隊まで動員された大規模なものでした。これに対し、それまで沈黙し続けて来た米国政府が介入して来て、「非生産的な行為だ」と我が政府を非難しました。

現在、文在寅《ムンジェイン》大統領は、いざとなれば日本との断交も辞さない構えですが、それで得られる国益は何でしょうか。文大統領が日本に対して示す敵対心とその盲目性は、私が『反日種族主義』を通じて批判しようとした、韓国人の集団的アイデンティティに潜在した原始性と野蛮性、その種族主義的特質を証明する最も良い例と言えるでしょう。

独島に対する認識の推移

私は、『反日種族主義』の中で独島を指して、韓国人を支配する「反日種族主義の最高象徴」と記しました。しかし、最初からそうだったのではありません。以上述べて来たような独島を巡る政治史が、そのようなイメージの独島を作り出しました。

独島を巡っての両国の摩擦は、一九四七年から生じていました。鬱陵島の漁民が独島近海で漁をしていたら、島根県の漁民が「自分たちの島だ」と言って漁を禁じました。それで鬱陵島の漁民が米軍政当局に陳情し、その事実が新聞に報じられました。世論が高まると、米軍政下の過渡政府が独島捜索委員会を組織しました。同年八月、同委員会が独島を実地調査し、そのとき参加した歴史学者の申奭鎬《シンソクホ》が、「独島の所属について」という文章を発表しました。独島に関して韓国人が書いた最初の論文と言えます。

当時韓国人には、独島に関する認識がまだ形成されていませんでした。第11章でも紹介しましたが、一九四七年に崔南善《チェナムソン》は、彼の『朝鮮常識問答』に、「朝鮮の『極東』は東経一三〇度五六分二三秒であり、『慶尚北道鬱陵島竹島《チュクト》』だ」と記しました。しかも、李承晩大統領が独島を編入した後でも、同じ認識が続けられました。一九五七年、文教部が検定した中学校用の『我が国の地理』は、「韓国の東端は東経一三〇度四一分二二秒だ」としました。独島ではなく鬱陵島の経度でした。

しかし、李承晩大統領による独島の我が領土への編入以後、韓国人の独島に対する認識は変わらざるを得ませんでした。李承晩大統領が期待した通り、独島を象徴とした国民形成の過程が進行したのです。

一九六五年まで両国政府は、独島の所属を巡って四回の攻防を繰り広げました。一九五四年九月までの二回の攻防で我が政府の立場を主導したのは、当代の最高の歴史学者である崔南善でした。彼は、前に紹介した通り、一九四七年の時点でも、独島についてあまり知ってはいませんでした。しかし、李承晩大統領の独島編入以後、独島が我が領土だったことを立証できる資料を探し、論理を作るのに全力を傾けました。彼は、一九五三年八月から二五回にわたって、「鬱陵島と独島」という記事を『ソウル新聞』注45に連載しました。最も重要な論拠は、やはり于山島でした。今日の独島固有領土説は、事実上、彼によって骨格が形成されました。

しかし、独島という島名の語源に関しては、意見が異なりました。崔南善は、島の形態が甕《かめ》形《がた》であることに独島の語源を求めました（編集部補注：韓国語では甕のことを「トク」と言う）。彼に先立って申奭鎬は、「海の中に孤立している島」としました。独島と称するのは全羅道の方言「トルソム」による、という無理押しの説は、当時はありませんでした。そのような説が台頭するのは、一九六九年、石島《ソクト》を鬱島郡の付属島嶼と指定した大韓帝国の勅令四一号が知られるようになってからです。そのように独島の歴史やイメージは、独島を巡っての政治状況の展開によって、あるいは関連資料の発掘と共に、少しずつ段階的に形成されて来たのです。

注45　**ソウル新聞**：韓国の日刊紙。1904年に創刊された新聞『大韓毎日申報』（のちに『毎日申報』、さらに『毎日新報』と改称）の後継紙とされる。

大局的に申し上げれば、我が政府が独島密約を遵守していた一九八〇年代までは、独島は世論や学界のそれほど大きな関心事ではありませんでした。特別な契機に単発性の騒動があっただけです。独島固有領土説の証明が国家的プロジェクトに昇格し、多額の研究費が投入され、多くの研究者たちがそれに執着するようになったのは、やはり金泳三大統領が独島密約を破棄した一九九五年頃からだった、と記憶しています。その結果、『反日種族主義』でも指摘しましたが、二〇〇五年頃になると、「独島の岩を砕けば韓国人の血が流れる」といったような一種のトーテミズムが、文化界の一角に打ち建てられました。学界の研究者たちが『三国史記』以来の各種記録に登場する于山を全て独島と見る、一種の〝弊習〟が定着しました。一九六九年に大韓帝国の勅令四一号の存在が知られるようになってからは、全羅道の方言に頼って〝石島＝独島〟という無理押しの説を作り出したりもしました。

今日、我が政府と研究者たちの独島固有領土説は、〝于山島＝石島＝独島〟説を中枢としています。私は『反日種族主義』で、また前の三つの章で、こういう中枢説がどれほど没実証的で非論理的かを明らかにしました。

私の主張に対して少なからぬ研究者たちが、「日本の主張に盲目的に追従するものだ」と罵倒しています。私は、日本のどの研究者が于山島が幻想の島であることを一貫して証明したのか知りません。日本のどの研究者が、〝石島＝独島〟説が無理押しであることを一九一六年の地図まで使って論証したのか知りません。そのような私への批判は、立場が異なる人を悪や敵と見なす、種族社会に固有の集団心性を代弁しているだけです。我が社会が未だにそのようなレベルに留まっているのは、非常に残念なことです。

私が大いに参考にした日本人学者の本があります。池内敏教授の『竹島《たけしま》問題とは何か』という本です。秀逸な研究書です。まだ韓国には、これほどの研究書は出ていないようです。彼の独島に対する理解は、日本の学界でも少数派のようです。彼は、「一九世紀末まで朝鮮政府と日本政府のどちらも、独島に関する認識や領有意識が不透明だったのは同じだった。日本は、一七〜一九世紀に三回にわたって、『独島は自国の領土ではない』と確認した。客観的に見て、朝鮮側により近い島だったからだ。そのような島を一九〇五年、〝無主地先占の原則〟に従って自国領土に編入したのは、果たして道徳的に正当なのか」と、日本人に問うています。結論的に池内は、「独島問題については両国政府が目くじらを立てて争うのではなく、自身の弱点を謙虚に直視しながら、一歩ずつ引き下がる必要がある」と述べています。

『反日種族主義』でも強調しましたが、私も同じ意見です。私は、地理的要件からすれば独島領有の正当性がなくはないが、また、李承晩大統領の独島編入が持つ歴史的意義も大きいが、それだけで国際社会を説得するのは力不足だと思います。于山島は幻想の島でした。〝石島＝独島〟説は有効ではありません。したがって、日本と断交する覚悟でなければ、両国が一歩ずつ引き下がって紛争を封印するのが正しいと思います。一九六五年の独島密約のように、お互いに譲り、尊重し、配慮する姿勢に戻らなければなりません。それからは、両国の政府と国民が協力する中で、明るい未来の東アジアを作って行かなければなりません。そのような姿勢で、独島を海の真ん中にある無用の岩島ではなく、夜空に光る星へと昇華させなければなりません。両国民が共有する永遠不変の理性と自由と道徳律の象徴としてです。

〈参考文献〉

金（キム）ビョンリョル、盧（ノ）ヨング、李（イ）サングン『独島研究六〇年の評価と今後の研究方向』韓国海洋水産開発院、二〇〇九年刊
［김병렬・노영구・이상근 (2009),『독도연구 60년 평가와 금후의 연구방향』, 한국해양수산개발원］
金（キム）サンジン「韓日協定締結の五カ月前、〝独島密約〟があった」（『月刊中央』二〇〇七年三月号）
［김상진 (2007),「한일협정 체결 5개월 전 '독도밀약' 있었다」,『월간중앙』2007년 3월호］
金（キム）ソクヒョン、崔（チェ）テヒョン『独島領有権とＳＣＡＰＩＮ文書の効力関係』韓国海洋水産開発院、二〇〇六年刊
［김석현・최태현 (2006),『독도영유권과 SCAPIN 문서의 효력관계』, 한국해양수산개발원］
李栄薫（イ・ヨンフン）『韓国経済史』Ⅱ、一潮閣、二〇一六年刊
［이영훈 (2016),『한국경제사』Ⅱ, 일조각］
鄭秉峻（チョン・ビョンジュン）「韓日間独島領有権論争と米国の役割」（『歴史と現実』第六〇号〔二〇〇六年刊〕所収）
［정병준 (2006),「한일 독도영유권 논쟁과 미국의 역할」,『역사와 현실』60］
鄭（チョン）テサン「〝反日種族主義〟の〝独島〟に反駁する」（『週刊朝鮮』二〇一九年一〇月二一日号）
［정태상 (2019),「'반일 종족주의'의 '독도'를 반박한다」,『주간조선』2019년 10월21일자］
＊ロー・ダニエル『竹島密約』草思社、二〇〇八年刊／韓国語訳：金（キム）チョルフン訳『独島密約』ハンウル、二〇一一年刊

第4編

土地・林野調査

14

土地収奪説に再度論駁する

李《イ》栄薫《ヨンフン》

反日種族主義者からの罵倒

なぜ李栄薫をはじめとする一部ニューライト経済史学徒たちは、筆者（慎鏞廈《シンヨンハ》）の史料と証拠に依拠した徹底した実証研究をデタラメな研究だと侮辱するのか。それは、筆者が土地調査事業の土地略奪に対する真実を究明し、日帝植民地政策を批判したためである。彼らは、筆者が日帝の収奪政策を近代化開発政策に捏造しようとする彼らの画策を失敗させる研究をしたため、筆者の研究を故意に中傷しているだけである。

（慎鏞廈、二〇一九年、抜粋要約）

批判の核心

朝鮮総督府は一九一〇～一八年にかけて、全国の田、畑、垈《たい》（敷地）などの人間の生活空間を成す土地を対象に、その位置、形態、面積、等級、地価、所有者を調査する土地調査事業を行ないました。続けて一九一七～二四年には、全国の山地を対象に林野調査事業を繰り広げ、同様の内容を調査しました。総督府はこれらの事業を「一般施政の根幹」を成すものとして重視しました。その結果作られた土地台帳、地籍図、林野台帳、林野図は、今もこの国の一般行政の基礎を成しています。土地行政だけではありません。人間行政も同様です。土地調査事業を通し、今日の洞里、面、郡などの地方行政区域の境界が確定されました。それによって人の行政的所属が、その本籍と共に決定されました。私には、いくつかの郡を廻りながら土地台帳や地籍図を閲覧し複写した経験があります。そのたびに郡庁の地籍担当公務員から、「日帝は、土地測量に関しては本当によくやった」という言葉を数多く聞きました。日帝が土地調査事業を通して大量の土地を収奪した、という学界の通説に私が疑問を抱くようになったのは、このような過程を通してでした。

私が学界の通説を批判した論文を書いたのは、二七年前の一九九三年です。「土地調査事業の収奪性再検討」という論文でした。それ以後の四年間、私は同僚研究者たちと共に土地調査事業（以下、事業と略称）に関する共同研究を遂行し、一九九七年にその成果を『朝鮮土地調査事業の

時期	京畿道				黄海道				合計
	畑	田	垈	その他	畑	田	垈	その他	
1911年末	100	100	100	100	100	100	100	100	800
1912年末	150	50	150	50	130	50	130	90	800
1913年末	70	80	100	150	80	70	100	150	800

表14-1　国有地面積の仮想変動

研究』として刊行しました。私が批判の主な標的としたのは、一九八二年に出された慎鏞廈教授の『朝鮮土地調査事業研究』でした。その本の中で慎鏞廈は、「日帝が事業を施行した目的の一つは大量の国有地の収奪にあった」と主張しました。私は一九九三年の論文で、その主張が成立しない数々の理由を事細かに提示しました。批判の核心は次の通りです。

一九一〇年九月の事業の開始期に総督府が所有した国有地の面積は一一万八九四九町歩です。一九一八年一二月の事業の終了期は一二万七三〇四町歩です。その間の八年間、国有地を巡って数多くの紛争が起こりました。それでも国有地の面積は増えました。このことについて慎鏞廈は、紛争に対する総督府の政策は「明らかに初めから結論が出ていたもの」と断定しました。つまり、「一切の紛争を銃剣で押さえ付け、抑圧してしまった」と言うのです。それに対する私の批判は、調べてみて分かった非常に単純な論理です。

一九九三年の論文で提示した表を使って説明するのは複雑過ぎるので、その代わり、略式で作った上の表14-1をご覧ください。京畿道と黄海道の国有地の面積を地目別、時期別に提示した仮想の表です。一九一一年末における二つの道の国有地面積の合計は八〇〇です。一九一三年末も八〇〇なので、変化がないように見えます。その期間に、国有地を民有地だと主張する数多くの紛争が起きた、としましょう。慎鏞廈が主張するように全ての紛争が抑圧されたのでしょうか。地目別、時期別変動を見ると、そのようには言えないことが分かります。相当な変動がありました。

便宜上、地目を畑、田、垈、その他の四つに分けました。京畿道の場合、一九一一年末と一九一二年末の間に畑と垈は増加し、田とその他は減少しました。増加分を全て合わせ「増加合」、減少分を全て合わせて「減少合」としましょう。表14-1において一九一三年末までで、二つの道の増加合を求めると三七〇、減少合を求めると三七〇です（編集部補注：増加合は、京畿道の畑で一九一一年末から一九一二年末にかけて一五〇－一〇〇＝五〇増、田で一九一二年末から一九一三年末にかけて八〇－五〇＝三〇増、といったふうにして、二つの道において地目全てで前年より増加した分の数値のみ合計。減少合は、同様にして減少した分のみ合計）。要するに、国有地の合計に変動がないように見えますが、実際の内訳においては相当な変動があったわけです。

私はこの点に着眼し、一九一〇年九月から一九一八年一二月までを八つの区間に分け、一三カ道別の国有地変動の増加合と減少合を求めました。その結果、増加合の総計は九万九四八三町歩、減少合の総計は九万一一三一町歩でした。つまり、一九一〇年九月の国有地一一万八九四九町歩と、一九一八年一二月の国有地一二万七三〇四町歩は、その内訳において決して同じではありません。相当な入れ替わりがあったのです。入れ替わりの程度は統計の特性上、過少評価されています。道別の変動は、郡別または面別変動が相殺《そうさい》された結果だからです。時期別相殺もあります。

例えば、ある年の一～六月までは増加したが、七～一二月には大きく減少した、といったこともあり得ます。

増加合をもたらすのは、未測量国有地が新規に測量された場合であったり、当初民有地として申告されたものが国有地に変わったりした場合です。減少合をもたらすのは、当初国有地として申告されたが、紛争の結果、民有地として支給された場合であるか、国有地を鉄道・道路・河川の敷地などの公有地に充当した場合です。

私は、このようにして確認された道別・時期別の増加合と減少合の変動を中心に、事業期間中の国有地調査と紛争においてどのような重要事件があったのか追跡しました。その結果、次のようないくつかの新しい事実を知るようになりました。

度支部の混奪入地処分

大韓帝国の財政は、政府財政と皇室財政とに二元化された構造をとっていました。一九〇七年、統監府は皇室財政を廃し、政府財政に一元化しました。それによって、皇室が独自の財源として所有して来た土地が国有地として接受されました。当時、皇室の土地は、宮庄土、駅土、屯土の三つの範疇から成り立っていました。宮庄土とは、皇室の私的財政機構である宮房の所有地です。皇室は、宮中のいくつかの厨房に各種食材を供給し、いくつもの王族の祭祀を行なうのに必要な物資を調達するため、漢城府（現ソウル）内に宮房を設置しました。一九〇七年当時、それは一五ありました。駅は国家の通信機構で、駅土とは、駅馬を飼う費用や駅吏の生活費に充当するために設置した土地です。屯土とは、中央政府の各機関や軍営が財政補充のために設置した土地です。駅土と屯土は、朝鮮王朝の公有地です。そのため一八九四年の甲午改革[注46]によって、これらの土地は農商工部や度支《たくし》部の所管となり、政府財政の財源に編入されました。一八九七年に大韓帝国が成立した後、高宗《コジョン》皇帝は、これらの駅土と屯土は皇室の所有地であると考え、皇室財政を担当する内蔵院の所管に編入させました。宮庄土については、甲午改革にもかかわらず何の変動もありませんでした。

一九〇七年、統監府は、皇室が所有していたこれら宮庄土、駅土、屯土を国有地として接受した後、それらに「駅屯土」という名前を付けました。同年、統監府は「駅屯土実地調査」という、これらの土地の位置、地目、面積、小作農についての調査を行ないました。ところが、これらの土地の農民たちから強い反発を買いました。農民たちは、「駅屯土は元々自分たちが所有していたものだ」と主張し、統監府の調査を拒否しました。統監府は、官憲を動員し測量を強行しようとしましたが、農民たちは洞里の入口をふさぎ、測量班の進入自体を拒否しました。その結果、大量の駅屯土が未測量となりました。全羅北道、全羅南道、黄海道の四五カ面の五一三カ洞里では、一九一二年になっても測量が不可能な状態でした。測量を終えた駅屯土でも、所有権紛争は続いていました。

このような事態が発生した理由は、一七世紀にまで遡ります。宮庄土の場合、法の形式では宮房の所有地ですが、内容においては事実上、農民の所有である土地が多かったのです。宮庄土は

注46　**甲午改革**：1894年から翌年にかけて行なわれた開化派による近代化への政治改革。高宗の俄館播遷（276頁の注47参照）により頓挫し、施策には死文化したものも少なくなかった。

元々無主地でした。宮房は開墾にかこつけて、その土地を自分の所有にしました。ところが、開墾は宮房によってではなく、農民の努力と費用でなされていました。農民はその土地を自分の所有地と考え、長い間、相続したり売買して来ました。宮房には低率の税を払うだけでした。宮庄土が設置されると、周辺の土地の所有者が自分の土地を宮房に捧げたりもしました（これを投託と言います）。そうすれば、郡県が賦課する高率の税や役が免除されるからでした。

このような事情は駅土や屯土でも同じでした。このようにして形成されて来た複雑な構造の所有関係が、一七世紀以来一度も整理されないまま、一九〇七年まで続いて来ていたわけです。概略的推定によれば、一九〇七年当時、全体の駅屯土の三分の二がこのような由来を持つ事実上の民有地でした。残りの三分の一は、宮房が買い入れたり直接開墾したりした、名実共に宮房の所有地でした。

一九一〇年八月に大韓帝国を併合した後、総督府は土地調査法を公布し、事業の施行を公式化しました。しかし、国有地におけるこのような紛争を放置しておいたままでは、事業の正常な推進は困難でした。そこで六カ月後の一九一一年四月、総督府傘下の度支部は、事実上の民有地である証拠が明白な国有地に対しては、道長官の裁量で該当の土地を所有者に支給する措置をとりました。当時、これを指して「混奪入地処分」と言いました。それと共に、それまでの未測量国有地に対する測量を強行しました。

前に説明した国有地の増加合と減少合を通して、当時の事情を探ることができます。一九一〇年九月から一九一四年三月まで、六万三千余町歩の国有地が新規測量によって増加した反面、同じ期間に、五万八千余町歩の国有地が混奪入地処分で減少したのでした。総督府が一九一二年八月に土地調査令を公布し、事業を本格的に開始できるようになったのは、このような国有駅屯土における紛争を、事前に円満に処理したからでした。

慎鏞廈は、このような結末に至った駅屯土紛争について、知るすべがありませんでした。彼は、「日帝が大量の国有地を創出する目的で、事実上の民有地である宮庄土、駅土、屯土を無理やり国有地とし、銃剣で押さえ付けながら強奪した」としか言いません。一九〇七年、皇室の所有地を国有駅屯土として接受したとき、統監府は、その土地の所有関係がどうであったのか分かっていませんでした。この国に足を踏み入れてやっと二年という外来権力が、それについてどうして知り得るというのでしょうか。また、それについては当時の大韓帝国も、詳しく知り得ていませんでした。土地の内訳を調査し区分したことがなかったからです。したがって国有地紛争の原因は、一七世紀以来の朝鮮王朝の土地制度自体に内在しており、具体的には、事実上の民有地を自身の所有地として支配して来た王室や皇室にその責任があると言えます。

慎鏞廈はその歴史的原因と責任を、突拍子もないことに外来権力に転嫁してしまいました。慎鏞廈の憶測とはまったく違い、この地に足を踏み入れた外来権力は、大量の国有地創出を意図しませんでした。予想だにしなかった紛争が起こったことで、ある程度前後の事情を把握した総督府は、混奪入地処分を通し、紛争地の相当な部分を民間に支給しました。そうしてから事業を本格的に推進したのでした。

臨時土地調査局の処分

事業は、土地所有者が所定の様式に従って、土地に関する諸般の事項を土地が存在する府と面に申告することでスタートしました。そうして、事業の主務官署である臨時土地調査局の調査班が土地の実地調査に臨みました。所有者は自身の土地で自分の名前を書いた立て札を持ち、洞里長と隣人の立ち会いの下に、調査班の実地調査を受けました。その過程においていかなる異議も提起されなければ、所有者の査定はそこで完了することになっていました。所有権を主張する人が二人以上いれば、その土地は紛争地として処理され、別途の紛争地審査委員会の判決を受けなければなりませんでした。

申告の実績を見ると、全国の総千九百十万余筆地のうち申告された通り査定されたものが千九百万余筆地（九九・五％）で、絶対多数を占めました。残りの〇・五％の筆地は紛争地でした。一七〜一九世紀にわたり一地一主の形態で、土地の所有権意識が高いレベルで成熟していたことが、こうしたことを可能にしました。無申告地として国有地に編入されたのは主に墳墓や雑種地で、八九四四筆地に過ぎません。「農民は申告することの意味が分からず、そのため申告期間を逃してしまい、その結果、土地を失った」という俗説は、『反日種族主義』でも強調しましたが、それこそ無責任に作られたデタラメです。

紛争地審査委員会に接受された紛争地は、全部で三万三九九七件、九万九四五五筆地でした。

所有権紛争の大部分は国有地で起こりました。前述したように、既に相当な量の国有紛争地が、度支部の混奪入地処分によって民有地として支給されました。それにもかかわらず事業期間中ずっと、残りの国有地での紛争は止むことがありませんでした。それほど旧皇室の土地の所有構造が複雑だったと言えます。

紛争地審査委員会の処分が全般的にどうであったのかについては、史料が残っていません。いくつかの地方の事例を見ると、京城府（現ソウル）の場合、総二三〇筆地の紛争で九一筆地が民有地と判定されました。京畿道坡州郡では、二六九筆地のうち二四五筆地がそうでした。反面、慶尚南道金海郡の七つの面の場合は、四五五筆地のうち三五三筆地が国有地と判定されました。ひと言で言って、紛争の処分の結果は多様でした。同委員会は、厳格に文書主義に立脚し、紛争地ごとに異なる判定を下しました。

このようにして所有権に関する一次査定が終わると、臨時土地調査局はその結果を民間に公示し、不服の申請を受け付けました。その際、再び国有地を巡り二万一四八件の紛争が発生しました。その大部分は、一次査定のときには黙っていて、遅れて提起した紛争でした。それほど一次査定における雰囲気が、民間にとって不利ではなかったということです。この遅ればせに提起された紛争の処理も、同様でした。それに関しては金海郡の例が知られていて、二七三件の不服申請のうち七二％が、不服を申し立てた人の主張通りに受け入れられました。

全般的に言って紛争地審査委員会の処分は、予め設定された政策的意図のない公正な処分でした。前に紹介した国有地の時期別の増加合と減少合の推移を見ると、一九一四年三月に混奪入地処分が終了した後も、一九一七年まで毎年、減少合が増加合を凌駕し、国有地の面積が減り続けて行きました。その点で、紛争地の処分はむしろ民間に有利な方向に進んだと言えます。それにもかかわらず、事業の開始期に比べ事業末期の国有地面積が大きくなっているのは、一九一八年に、全羅南道の島嶼地域に分布した一万五千余町歩の大規模民有地が、国有地の判定を受けたためです。紙面に限りがあり、この興味深い紛争の歴史をここで紹介できないのは残念です。

愼鏞廈は、事業期間に繰り広げられた以上のような紛争の動態的過程を知りませんでした。彼は、「総督府は〝片手にピストル、もう片方の手に測量器〟を持った〝武装調査団〟を編成して測量と査定を強行し、農民たちが提起した一切の紛争をピストルで、あるいは第一線の警察の即決処分で制圧してしまった」と断定してしまいました。そのような視点から、紛争の進行状況に関する臨時土地調査局の報告さえ適当に操作しました。

国有地の払い下げ

前述したように、事業の結果、総督府が確保した国有地は一二万七三〇四町歩でした。当初総督府は、国有地を日本の移民に払い下げ、日本人の朝鮮移住を奨励する計画でした。しかし、一九一〇年代は日本の経済が好況で、朝鮮に渡る移民が思ったほど増えませんでした。一九一九年、三・一独立運動が勃発すると、国有地紛争にまた火がつくように見えました。これに対し総督府は、自作農を養成するという名分で、一九二四年までに十一万三千余町歩に達する大部分の国有地を、朝鮮人の縁故小作農に払い下げました。払い下げは、法定地価を一〇年間分割償還するという有利な条件であり、大部分の縁故小作農はこれを歓迎しました。わずかに残った国有地はその後も続けて払い下げられ、結局は、農地としては国有の範疇は無くなってしまいました。

慎鏞廈はどういうわけか、事業が終結した後に展開されたこのような国有地払い下げについては目をつぶりました。どうして「事業の結果、総督府は朝鮮最大の〝植民地半封建地主〟になった」と言うのでしょうか？　知らなかったと言うのでしょうか？　それとも知らぬふりをしているのでしょうか？　まことに察し難い心中です。

さて、結びに至ろうと思います。一九九三年、私は以上のような内容で慎鏞廈の土地収奪説を批判しました。以後長い間、慎鏞廈は私の批判にいかなる反応も示しませんでした。彼は二〇〇六年に『日帝植民地政策と植民地近代化論批判』という本を出しました。そこでも私の批判には沈黙しました。ひたすら一九八二年に出した本の内容をそのまま繰り返し、私を「日帝の統治を美化する者だ」と批判しただけです。ついに二六年ぶりに慎鏞廈は、私たちの『反日種族主義』を直接のターゲットとした『日帝朝鮮土地調査事業収奪性の真実』という小冊子を出しました。しかし、やはりここにおいても、一九九三年の私の批判には沈黙しています。一九八二年の本を、古びたレコードをかけているかのごとくに、忠実に繰り返すだけです。私の論文を知らないのでしょうか？　そうではないでしょう。単に権威主義的に無視しているのです。

『反日種族主義』で私は、慎鏞廈の研究を「デタラメだ」と批難しました。研究者社会ではめったに聞くことのない、みだりにしてはいけない語調の、強い批判でした。しかし、ここまで紹介して来た一九九三年以来の事情を読み取られた読者の皆さんは、私がなぜそうしたのか、理解されることでしょう。

慎鏞厦は、「総督府は土地調査事業と林野調査事業を通し、全国の土地の五〇・四%を略奪した」と主張しています。土地調査事業の研究において彼が犯した誤謬は、林野調査事業の研究においても、ほとんど変わりない形態で繰り返されています。これについては、林野調査事業の専門家である李宇衍《イウヨン》の書いた次の章まで読んでいただくようお願いします。

〈参考文献〉

金鴻植（キム・ホンシク）他『朝鮮土地調査事業の研究』民音社、一九九七年刊
［김홍식 외 (1997),『조선토지조사사업의 연구』, 민음사］

慎鏞厦（シン・ヨンハ）『朝鮮土地調査事業研究』知識産業社、一九八二年刊
［신용하 (1982),『조선토지조사사업연구』, 지식산업사］

慎鏞厦『日帝植民地政策と植民地近代化論批判』文学と知性社、二〇〇六年刊
［신용하 (2006),『일제 식민지 정책과 식민지 근대화론 비판』, 문학과 지성사］

李栄薫（イ・ヨンフン）『朝鮮後期社会経済史』ハンギル社、一九八八年刊
［이영훈 (1988),『조선후기사회경제사』, 한길사］

李栄薫「土地調査事業の収奪性再検討」（『歴史批評』第二二号〔一九九三年刊〕所収）
［이영훈 (1993),「토지조사사업의 수탈성 재검토」,『역사비평』22］

李栄薫「国史教科書に描かれた日帝の収奪相とその神話性」（『時代精神』第二八号〔二〇〇三年刊〕所収）
［이영훈 (2003),「국사 교과서에 그려진 일제의 수탈상과 그 신화성」,『시대정신』28］

趙錫坤（チョ・ソクコン）『韓国近代土地制度の形成』海南、二〇〇三年刊
［조석곤 (2003),『한국 근대 토지제도의 형성』, 해남］

15

事実と逆である林野収奪論

李《イ》宇《ウ》衍《ヨン》

反日種族主義者による暴論

朝鮮総督府の所有地総計一一二〇万六五二三町歩は、一九一八年一二月の全朝鮮の土地総二二二四万六五二三町歩の五〇・四％に達するものだった。これを農地などと林野とに区分すると、日帝は全国農地の五・八％、全国林野の五九・一％を奪ったことになる。（中略）日帝が朝鮮の全土地の五〇・四％を略奪したというのは、農地などと林野を奪ったということであって、農地だけを奪ったということではない。

（慎《シン》鏞《ヨン》廈《ハ》、二〇一九年、一八六〜一八七頁、要約引用）

歴史的背景

慎鏞廈は、「朝鮮総督府は『朝鮮林野調査事業』を通じて韓半島の総林野の五九・一％を国有林として収奪した」と主張しています。それは、同事業の実態をわきまえない不合理な主張です。いやしくも歴史学者であるならば、ある歴史的事件を研究するに当たっては、その全貌を詳しく把握するだけでなく、その歴史的背景まで浮き彫りにできるよう努力しなければならないはずです。「朝鮮林野調査事業」の研究に臨む慎鏞廈の姿勢は、歴史学者としてはあまりにも未熟です。

朝鮮王朝時代の一七〜一九世紀、人口の増加によって山林資源が相対的に不足し、その結果、林野の私的所有権が発展しました。しかしその林野所有権は、今日のものと同様の一物一権の所有権ではありませんでした。たとえ私有林であっても、近隣の住民が薪を取ったり、生存のために落ち葉や枯れ枝のような副産物を採取したりすることは、慣例として認められていました。また、「無主空山」と言われる、所有権が未成立である林野が広範に存在していました。その土地の林産物には、「無主物先占」という、先に持って行った人が所有者だという原理以外の、何の規則もありませんでした。

どの社会においても、どんな物でも、私的所有権が確立できていないとき、消費は過大となり、投資は少なくなり、結局その資源は枯渇して行きます。他の人が持って行くので消費が急がれ、投資をしたところでその実りが自分に返って来るわけではないため、投資する人がいなくなるからです。これを「共有地の悲劇」と言います。所有権制度の欠陥によって一七世紀以来、人口増加に従って韓半島の山林は急速に荒廃して行きました。暖房や炊事に必要なたきぎと木材の需要が増え、食糧の需要が増すに従い、山地の開墾も拡大されました。そのために、少しの雨にも洪水が起こり、雨が数日降らないと旱魃となり、農事を台無しにしてしまいました。他の国の歴史においても頻繁に起こった生態学的危機が、朝鮮にも発生したのでした。治山治水がなされないのですから、農業が成り立つはずがありません。私は、朝鮮後期における農業生産性の下落と経済危機の発生は、まさにこの山林の荒廃化に原因があると考えています。

森林法

朝鮮を併合した日本は、山林の復旧と林野所有権の整理に着手しました。日本による林野所有権の整理は、一九〇八年の森林法から始まり、一九三四年の特別縁故森林譲与に至るまで、二六年の長期にわたり進められました。林野所有権の整理が目指した最優先の目標は山林緑化でした。当時はこれを指して、よく「緑化主義」と呼びました。植民地統治の成功のためにも緑化主義は効率的な政策でした。荒廃した山林の復旧は、少ない費用で大きな効果が得られると同時に、統治の正当性を広く宣伝できるからです。

森林法の第一九条によれば、林野の所有者は三年以内に所有の事実を申告しなければならず、申告しなければ国有と見なされました。これにより、約二二〇万町歩の林野が申告されました。

韓半島の総面積は約二二二五万町歩で、その七三％に当たる一六一七万町歩が林野でした。以後、所有権整理の過程で民有林は、全林野の六五％である一〇五九万町歩にまで増えて行きました。つまり、一九〇八年の森林法により申告された約二二〇万町歩の民有林は、以後民有になる林野の二一％に過ぎなかったわけです。

一九一〇年には、「林籍調査」と言う、全国の山林状況と所有権に対する調査がなされました。その結果、無立木地《むりゅうぼくち》が全林野の二五％の四一一万町歩、民有林が全林野の四七％の七五五万町歩であることが分かります。これは簡易な方法でなされた調査で、以後の林野調査事業に比べれば精密さに欠けていました。それでも、林野に関する最初の全国的調査だったため、それを基にして、林野所有権の整理の方向と山林政策の基軸が決まりました。つまり、緑化主義を柱とした森林令が一九一一年に制定、公布されました。森林法は廃止されました。

森林令

森林令の緑化主義を最もよく示しているのが、造林貸付制度です。造林を目的に国有林を貸し付けられた者が造林に成功した場合、その林野をその人に無償で譲渡するという内容です。造林貸付の対象となった国有林は、「近所の人が木を切って行っても構わない」ような、権利関係者や権利の対象を特定できない無主空山が中心でした。

総督府は林籍調査を通し、森林法の第一九条にもかかわらず所有権を申告しなかった林野の中にも、正当な所有者と思われる人のいる私有林がたくさんあることを知りました。総督府は彼らを「国有林の縁故者」と呼び、事実上の所有者として扱いました。彼らの権利は保護されました。木材やたきぎなどの林産物を伐木、採取する権利は、以前のように維持されました。当該林野は総督府も、第三者に売却、譲与、貸し付けなどの処分をすることができませんでした。本来の所有者に返される土地だったからです。

総督府は森林令と関連法規を通し、この縁故者を所有者に転換しようとしました。山林緑化の実績を上げれば私有権を付与する方法で、前に述べた緑化主義を貫徹していました。つまり、縁故者が樹木の保護や造林投資によって一定レベルの山林状態を確保すれば、造林貸付を受けたと見なし、彼らに法律的所有権を付与できるようにしたのです。

林野調査事業と特別縁故森林譲与

森林令の後、一九一七~二四年にかけて朝鮮林野調査事業が行なわれました。農地に対して土地調査事業があったように、林野には林野調査事業がありました。林野の所有権を近代的所有権に置き換えて査定し、その所有権を登記するのに必要な林野図と林野台帳を作る事業です。林野調査事業は、土地調査事業の終了を前にした一九一七年から始まりました。同事業を通して把握された国有林は九五六万町歩で、全林野の五九・一%でした。国有林は「縁故者のいない国有林」と「縁故者のいる国有林」とに分けられました。それぞれ六一八万町歩と三三八万町歩でした。

「縁故者のいる国有林」における縁故者とは、前に述べた、森林法の段階で所有権を申告しなかった事実上の所有者です。総督府は、林野調査事業でこれら縁故者を所有者に転換させようとしました。所有権者を確定し造林義務を負わせておくことが、緑化主義を推進するのに有益だったからです。そのために林野調査事業では、所有権を付与する造林成績の基準を、森林令の関係規定より一層低めました。それにもかかわらず、まだ基準が高かったのか、規定に達しない林野がたくさんありました。そのような林野が、林野調査事業が終了しても、依然として「縁故者のいる国有林」として残ったのでした。

続いて一九二七〜三四年には、特別縁故森林譲与事業が進められます。縁故者たちに当該林野の所有権を譲渡する事業です。その結果、二八〇万町歩の林野が国有から民有に変わりました。一九二七年は、総督府の山林政策の重点が、林野所有権の整理から山林緑化へと移って行く時期でした。山林緑化を推進するには所有者をはっきりさせる必要があり、そのような理由から、縁故者がいる国有林を全て民有林に転換したのです。

事実とは逆である収奪論

愼鏞廈は、前に紹介した「縁故者のいる国有林」の三三八万町歩は「総督府が朝鮮人から〝略奪〟したものだ」と主張しました。彼は、総督府の特別縁故森林譲与を知らなかったか、または隠蔽しました。次頁の表15-1に見られるように、譲与事業によって林野の所有構造が大きく変

年度	地域	国有	民有	計
1927	南部 (%)	1,509,000 (27.4)	3,999,000 (72.6)	5,508,000 (100.0)
	北部 (%)	7,661,000 (69.9)	3,301,000 (30.1)	10,962,000 (100.0)
	計 (%)	9,170,000 (55.7)	7,300,000 (44.3)	16,470,000 (100.0)
1934	南部 (%)	440,064 (8.0)	5,028,814 (92.0)	5,468,878 (100.0)
	北部 (%)	5,300,986 (48.8)	5,563,638 (51.2)	10,864,624 (100.0)
	計 (%)	5,741,050 (35.1)	10,592,452 (64.9)	16,333,502 (100.0)

（単位：町歩）
資料：李宇衍、2010年、287頁

表15-1　特別縁故森林譲与 ― 以前と以後

化し、韓半島の南部では、今日見られるような、小規模の民有林を中心とする所有構造が確定しました。一九二七年と一九三四年を比較すると、全国的に国有林は五五・七％から三五・一％に減少し、それだけ民有林が増加しました。特に南部における民有林は九二％にも達しました。

慎鏞廈がこのような重大な事実を故意に隠蔽したとは思いません。彼はたぶん知らなかったのだと思います。彼は、一九〇八年から一九三四年に至る総督府の林野政策の基礎資料を詳しく読まなかったか、関連研究の成果を充分に渉猟しようとはしませんでした。なぜでしょうか？　研究者としての姿勢が粗雑で怠慢だったと言うより、彼の問題意識が初めから的外れなところにあったからでした。それは、「日帝の収奪や蛮行を告発しよう」ということでした。即ち反日種族主義です。

そのような低級な心性に囚われているので、関連資料も他人の研究も読まずにいるのです。彼が我々の『反日種族主義』に対抗し慌てて出した『日帝朝鮮土地調査事業収奪性の真実』は、林野調査に関する私の本『韓国の山林所有制度と政策の歴史 一六〇〇〜一九八七』にひと言も言及していません。がっかりすると言うより悲しいことです。それが我々学界の恥ずかしい素顔です。

国有林ならみな収奪？

ここまで私が主に説明して来たのは、「縁故者のいる国有林」についてです。終わりに「縁故者のいない国有林」について見て行きましょう。前に述べたように、それは一九一七年の時点で六一八万町歩でした。総督府がそれを国有林にしたからと言って、そのことが果たして、慎鏞廈が主張するような〝略奪〟なのでしょうか？

「縁故者のいない国有林」には二種類ありました。まずは無主空山です。経済学では「自由参入型の所有権」と言い、所有権はもちろんのこと、誰が何をどのように利用するのかについて規則のない状態です。前に説明したように、総督府はこの範疇の林野を対象に、造林実績により所有権を形成するという造林貸付政策を推進しました。慎鏞廈が「この部類の国有林は収奪された」と主張する根拠は、「朝鮮人は過去において公有林に自由に出入りし、開墾、放牧、たきぎの採取をするなどの入会《いりあい》権を持っていたが、林野調査事業によってその権利が行使できなくなった」ということにあります。

まず彼は、公有林の概念を誤って使っています。公有林とは、村落、地方自治体、学校、組合などの団体が公有する、あるいは総有する林野を指します。入会権が剝奪されたという主張も事実とは異なります。「入会」は、朝鮮時代に広く存在したり、大きく発展したりした慣行ではありません。日本固有の制度である「入会」は、誰がどこをどのように利用するのかについての約束と規律がはっきりしている、という特徴を持っています。誰でもどこにでも入り、勝手に採取することを「入会」とは言いません。「自由参入」と言うべきでしょう。それは山林を荒廃させる無規則の状態です。つまり、収奪されるような入会権は初めから存在していませんでした。自由参入は世界のどの近代国家も許容しません。それを禁じたからと言って、収奪だと言えるのでしょうか?

二つ目は、咸鏡道、平安道、江原道の奥地に分布していた原始林です。これらの原始林は、朝鮮時代の末期まで、資本と技術の不足で利用できていませんでした。林野調査事業以後、これらの林野は総督府が経営する国有の山林として保存されます。どの国にも、国土保全や財政収入のため国家が経営する国有林があります。それをもって収奪とは言えません。現在、大韓民国の林野は総六五〇〇万町歩で、その二〇%である一三二万町歩が国有林です。一九二四年の時点で、現在の大韓民国に属する地域の「縁故者のいない国有林」は一一〇万町歩です。所有権の整理が完了した一九三四年になると、九七万町歩にまで減少します。つまり大韓民国の国有林は、植民地期における朝鮮南部の国有林より遥かに広いのです。愼鏞廈式の論理で行くと、大韓民国政府の山林政策は、旧総督府よりもずっと収奪的です。しかし、誰もそのようには言っていません。国際比較においても、大韓民国政府が保有する国有林の比率は、むしろ少ないほうです。皮肉にも、朝鮮総督府の山林政策がそのような結果を生み出しました。慎鏞廈の林野収奪論は、ひと言で言って詭弁です。反日種族主義に囚われた反科学です。我々が心を痛める病理現象でもあります。

〈参考文献〉
慎鏞廈（シン・ヨンハ）『日帝朝鮮土地調査事業収奪性の真実』ナナム、二〇一九年刊
［신용하（2019），『일제 조선토지조사사업 수탈성의 진실』，나남］
李宇衍（イ・ウヨン）『韓国の山林所有制度と政策の歴史 一六〇〇～一九八七』一潮閣、二〇一〇年刊
［이우연（2010），『한국의 산림소유제도와 정책의 역사 1600 - 1987』，일조각］

第5編

植民地近代化

16

韓国史において近代はどのように出発したのか

李栄薫《イヨンフン》

近代に対する無知

ある社会や国家が近代化するにおいて最も明白な指標は、〝法のもとでの平等〟であると考えます。民法の表現を借りれば、〝私権の主体〟としての〝個人〟の成立とも言えます。私はそのような観点で、一九〇五年以来、あるいは一九一〇年以来の日政期の経済史を整理しています。

数年前のことです。法務研修院で若い検事四十余名を対象に講義をしたことがあります。私は何気なく尋ねてみました。「我が国で民法が成立したのはいつですか?」と。ところが、誰も答えませんでした。あまりにも常識的な質問だ、と薄笑いして受け止めている雰囲気ではありませんでした。彼らの顔には、本当に分からないという気配が見えました。しばらくしてある検事が、「一九五八年ではないですか?」と控え目に答えました。それは現行民法の成立年度です。正解は一九一二年です。

その年、朝鮮総督府は朝鮮民事令を発布し、日本で施行中である民法を朝鮮でも施行し始めました。その民法を土台にして一九五八年、現行民法が制定されました。二つの民法には大きな差がありません。民法は、個人の人間としての権利と、財産に関する権利を規定した法です。法律家の主要責務は、その権利を保護することです。ところが韓国の若い検事たちは、彼らの職業を成立させているその法律が、いつどのようにして成立したのか知らずにいました。

そのときから私は、この国の法学教育には深刻な問題がある、と考えるようになりました。歴史的事実があまりにも明白で、法律家でなくても誰もが当然、容易に答えられるべき質問です。しかし、あまりにも長い間、誰も問うことがなく、教えることもなかった質問でした。韓国の大学法学部でそれに関する講義がないか、あるいは粗略にしか扱って来なかったようです。この国の若い検事たちがその質問に答えられないということについては、そうとしか説明できません。

歴史に対する無知は、この国の国民を二つに分ける左右対立の問題ではありません。むしろ二つの陣営が共有する問題です。陣営間の対立がだんだん深刻になっているのも、他でもない、世の中全体を満たす歴史に対する無知のせいです。私が提起した質問の趣旨は、結局、次のように言えます。「韓国人よ、あなたは一体誰なのか？」。これにきちんと答えるのは、質問を投げ掛けた私自身にとっても、今なお難しいことです。我々みなが、薄っぺらな政治的攻防から脱却し、求道者の姿勢で追求しなければならない、存在論的質問です。

朝鮮後期の公と私

一七〜一九世紀の朝鮮後期に、私権とか、その主体としての個人とかいう範疇はありませんでした。その時代は、性理学が支配する世の中でした。その土台となった中国宋の朱子学において、公とは天理を、私《し》は人欲を指しました。朱子は、人間の心には天理と人欲が混ざっているが、ともすれば天理の公が人欲の私に勝てずに危うくなる、と警戒しました。朝鮮の性理学を定立した李滉《イファン》（李退渓《イテゲエ》）は、このような朱子の公私論を一層教条的に受容しました。李滉は「公理は貴く、私欲は賤しい」と述べました。

朱子にとっての公と私が心の中でその善悪を競う関係だとすると、李滉にとっての公と私は貴と賤の位階であって、前者が後者を支配しなければならない関係でした。李滉は「私《し》は心を蝕む害虫であり、諸悪の根源である」と述べました。この言葉からも、彼がいかに情熱的に私《し》を排撃したかが窺えます。

朝鮮性理学における公理とは、王に忠誠を尽くす「忠」、父母に孝行する「孝」、目上の人を恭敬する「悌」、子供に慈愛深く対する「慈」などの人倫でした。忠、孝、悌、慈の四つを合わせて「仁」と言いました。性理学が規定した人間の本性は仁でした。天が下すこの本性を実現した人間は貴い君子であり、これが両班《ヤンバン》です。反面、自分の体一つが大事であるとし、不忠、不孝、不悌、不慈する中、私欲に走る者たちは賤しい小人《しょうじん》であり、これが常人（サンノム）です。朝鮮後期は、このような性理学の教理と共に、両班‐常人の身分制がさらに発達した時代でした。

一九世紀末まで朝鮮の政治哲学は、このような性理学の公私論や身分論を越えることができませんでした。よく、「一八〜一九世紀の実学者たちは人間の平等を追求した」と言いますが、誇張あるいは誤解です。実学者で有名な丁若鏞《チョンヤクヨン》は、「人間には上下を分かつ位階があるが、これをはっきりさせることこそが、民（百姓）の心を安定させ国を正す、変わることのない法である」と主張しました。「位階が明確でなく紊乱《びんらん》すると、民が乱れ、国の綱紀が失われてしまう」と心配しました。そのような観点から彼は、当時奴婢制が解体されつつある現実に対してひどく慨嘆しました。私はその点から朝鮮の知性史は、利己心を人間の本性の一環として承認し、さらには職業の貴賤を否定する社会倫理を成熟させた日本と中国の精神文化とは、一定の格差を見せたと考えます。

開化の本質は貴賤の区別

多くの韓国人は、一八九四年の甲午改革で身分制が廃止されたと認識しているようですが、これもまた誤解です。甲午改革は奴婢制を廃止しようとはしましたが、実現できませんでした。両班奴婢主の反発が激しくなると、政府は、「その法令の趣旨は良民を奴婢にするのを禁じるというものであり、既に存在する奴婢を対象にしたものではない」と言って改革を後退させました。まして、身分制のさらに広い底辺を成している両班と常人の差別、つまり班常《パンサン》制については、手もつけられませんでした。

甲午改革当時、政府は断髪令を出しました。すると、朝鮮性理学の正統な学統を継ぐ柳麟錫《ユインソク》が堤川で義兵を起こしました。彼の麾下に、常人身分の金伯先《キムベクソン》を将帥とする部隊がありました。一八九六年、柳麟錫の義兵は忠州で日本軍を攻撃しましたが、失敗しました。金伯先は、作戦に協力しなかったある両班身分の将帥を追及しました。その場を見ていた司令官柳麟錫は、金伯先を引きずり出し、斬首してしまいました。柳麟錫が義兵を起こした目的は、人倫の秩序として朝鮮王朝の国家体制を守護することにありました。その体制において両班と常人の位階は、侵すことのできない秩序でした。ところが、義兵部隊の中でそれを壊すようなことが起きました。柳麟錫としては、許すことのできない背倫だったわけです。

柳麟錫は、誰よりも強力に甲午改革に反対しました。彼は、旧制度の全面的な復旧を主張しました。彼にとって旧制度は不変の秩序であり、開化それ自体でした。一八九八年、大韓帝国の法部は、隷下の裁判所に次のような趣旨の訓令を下しました。「貴賤の違いをわきまえることは天地の道理であり、これこそが開化である。下の者が上の人を侵し、賤しい身分が貴い身分を軽んずるに及んだときは、その罪が重い者は誅殺し、軽い者は懲役に処して、決して許してはならない」。このように班常制は、依然として時代の滔々とした潮流でした。柳麟錫が義兵陣営で班常の位階を侵した将帥金伯先の首を打ったのも、そのような時代の流れの中では、さして奇怪なことではありませんでした。

汝の罪を告げよ

韓国史学者沈載祐《シムジェウ》が書いた『汝の罪を告げよ』という本があります。「公は貴く、私《し》は賤しい」という法哲学が支配する朝鮮後期の世においては、私権は成立できませんでした。沈載祐の本は、朝鮮後期の裁判制度や裁判の実態が、どれほど残忍に民の権利を無視し抑圧したものであったのかをよく描写しています。裁判は、客観的証拠ではなく、自白によってなされました。裁判を担当した郡県の守令は、自白を得るための拷問を裁判の正常な手段と考えました。そのため「汝の罪を告げよ」、あるいは「汝の罪は汝が知っている!」と言って、被告人を棍杖（平たい棍棒で刑具の一つ）で打ちました。全国の村々で、理不尽に官庁に連れて行かれ、棍杖で打たれる民の悲鳴が絶えませんでした。元々朝鮮王朝の法制によれば、罪人を尋問したり処罰するのに使用するのは、長さ一メートル、直径一センチの棒でした。それが一七世紀以後次第に大きくなり、長さ一・八メートル、幅一六センチ、厚さ三センチの棍杖に変わりました。丸出しにされた臀部《でんぶ》を棍杖で打つと、肉が裂け、血が飛び散りました。一八世紀末、慶尚道の昌原府使李汝節《イヨジョル》という者は、ありとあらゆる口実を設け、三十余名の民を棍杖で打ち殺しました。

残忍な裁判制度で命を失った民の哀史に関しては、多くの物語があります。一七一九年、柳述《ユスル》という人物が平安道安州牧使をしていたときの話です。軽い罪に問われたある衙前《がぜん》（町の役人）を棍杖で打たせながら、柳述は訪問中の客と囲碁を打ちました。囲碁の石を打つたびに「強く打て！」と言い続けました。囲碁を打ち終わって衙前を見ると、ほとんど死にかけていました。当時、人々は「囲碁が人を殺した」と言いました。町の土着勢力である衙前でさえもそのようだったのですから、一般の民に対しては言うに及ばない世の中でした。

生きていても死んだ状態

一九世紀に入り、朝鮮の経済は次第に深刻な危機状態に陥りました。農業生産が減退し、市場が萎縮しました。一九世紀後半になると、朝鮮の王室は財政難を打開するため官職を売りました。郡県の守令は投資金を回収するため裁判の権力を濫用しました。一八九四年に朝鮮を旅行したイギリスの地理学者イザベラ・バード・ビショップは、「この国は略奪者と被略奪者の二つの階級で構成されている。〝免許皆伝の吸血鬼〟である両班から絶えず補充される官僚階級と、人口の五分の四を占める下層の常民階級だ」と書き残しました。まさに班常制の姿でした。

外国人による観察だけが残されているのではありません。一八九七年六月一〇日の『独立新聞』でも、ほとんど同じ内容の記事を読むことができます。この国の人々が暮らして行く道は二つしかない。一つは農業をしてやっと延命して行く道、もう一つは官僚になって農民を食い物にして行く道だ。そのため自分の手で稼ぐ人々は、いつどのような目にあって財産をむしり取られるのか分からず、官職についている人々もやはり、いつどうやって刑罰を受けて死んでしまうか分からないため、皆が、生きてはいても死んでいるも同然だ、という内容の嘆息です。ほとんど同様の表現の叙述が李承晩《イスンマン》著の『独立精神』にも登場するところを見ると、記事を書いた記者は青年李承晩だったと考えられます。李承晩が見た当時の朝鮮は、息も絶え絶えの、蘇生の可能性の見えない重症患者でした。長い歳月、外の世界と遮断された中、「公は貴く、私《し》は賤しい」という法哲学が、残忍な刑罰制度と共に民を抑圧して来た歴史の報いでした。一九一〇年の朝鮮王朝の敗亡は、このような文明史的視角から再検討する必要があります。

個人の誕生

一九一二年、朝鮮総督府は朝鮮民事令を発布し、日本で施行中の民法をその新領土朝鮮でも施行しました。ただ、親族、結婚、相続など、日本の法をそのまま施行できない領域では、公的秩序に触れない限り朝鮮の習慣を容認しました。民法第一条は「私権の享有は出生から始まる」としました。第二条は「外国人も、法令や条約で禁止している場合を除いては、私権を享有する」としました。これで朝鮮に暮らす全ての人間は、私権を享有する主体として認定されました。もっとも、だからと言って、これを契機に直ちに変化が生じた、というわけではありませんでした。変化の速度はゆっくりとしたものでした。しかし、変化の方向だけは確かでした。韓国人は徐々に自由人へと変貌して行きました。

民法の基礎を成す私権という概念は、一六〜一八世紀の西ヨーロッパにおいて、啓蒙主義の政治哲学から生まれたものです。ジョン・ロックなどの啓蒙主義者たちは、社会と国家が成立する以前の自然状態において、人間は誰にも隷属されないまま、自身の身体と生命と財産を自身の権利として享有する自由な存在である、という自然法を信奉しました。国家は、自然状態の人間たちが互いに権利を容認し、保護するための契約の結果として導き出されたものです。このような近世西ヨーロッパの啓蒙主義政治哲学は、一七七六年のアメリカ革命（独立宣言）と一七八九年のフランス革命を起こした原動力でした。

革命以後のフランスで最初に制定された民法は、その後、世界各地域に伝播して行きました。西ヨーロッパ以外の世界に、私権の概念やそれを支持する自然法はありませんでした。東アジアをはじめとする他の世界が、西ヨーロッパで発生した近代文明の挑戦を受けた際に見せた対応の様態は多様でした。そうした中、挑戦の本質を理解し、生き残るためにそれに似せて自身を変革することに成功した国家は、日本が唯一でした。

日本は一八八〇年、列強と結んだ不平等条約を締結し直すには社会そのものを近代化しなくてはならないとして民法の制定に着手し、一八九八年に完成させました。日本の民法は、国家主権の所在と原理を明らかにしているフランスの民法とは違い、財産権に関する法律としての性格を強く帯びていました。国ごとに相違した国家体制や文化の背景があり、民法の受容は多様な変容を見せました。そうであっても、人間を私権の主体と考える、民法の基本原理に変わりはありませんでした。

民法は、人間を自由な存在とし、他の人との関係において自身の問題を自ら治める〝私的自治の原理〟に立脚していました。この原理は〝所有権絶対の原則〟と〝契約の自由の原則〟によって具体化します。例えば、民法第一七六条は「物権の設定及び移転は当事者の意思表示によってのみ効力が発生する」とし、〝所有権絶対の法則〟を明らかにしました。また、第九六条は「詐欺または強迫による意思表示はこれを取り消すことができる」とし、〝契約自由の原則〟を表明しました。

一九一二年の民法の施行と共に、朝鮮ではあらゆる種類の私有財産権が包括的に成立しました。それに従い、植民地朝鮮の経済は〝近代的経済成長〟の道に入って行きました。国民所得の増加率が人口増加率を凌駕し、一人当たりの実質所得が持続的に増加し始めました。この地の人間たちは、彼らを長い間貧困と疾病の罠に追い込んで来た、いわゆる〝マルサスの罠〟から解放され始めました。

民法が追求する自由で平等な人間関係は、伝統朝鮮社会の構造を徐々に変えて行きました。大韓帝国が頑強に守ろうとした社会と政治の身分原理は、もはや許容されませんでした。朝鮮総督府の地方行政は、郷吏や常人のような旧来の二等身分の出身者が掌握しました。両班身分に許された諸般の特権はなくなりました。何よりも、奴婢や白丁《ペクチョン》（家畜解体業などに従事する人たち）のような最下層の賤民が解放されて行きました。白丁の子供も、両班の子供と同じ普通学校（のちの小学校）に就学しました。至るところで両班勢力が反発しましたが、総督府はこれを受け入れませんでした。従来、常人は、路上で両班に出会うと屈身の礼をとって敬意を表さなければなりませんでしたが、そんな慣行も消えて行き、両班と常人が平等に交わる新しい世の中が訪れました。

女性の社会的権利も強化されました。民法施行の初期には、婚姻、離婚、養子縁組、相続、分家などは、慣習の領域に委ねられました。妻の法律行為や経済活動には、夫の許可が求められました。夫の不当な行為に妻が対抗するには、深刻な制約がありました。伝統的に、妻の離婚訴訟は不可能でした。しかし、民法の影響を受け、伝統は解体あるいは変えられて行き、女性の法的能力も強化されました。総督府は何度か民法を改定し、慣習の領域を縮小し、それを成文化しました。例えば、一九二一年の民法改定では、妻が離婚訴訟を起こす権利を認定しました。

刑事裁判制度の近代化

総督府権力の成立と合わせて朝鮮人の社会生活に引き起こされたもう一つの重大な変化は、恣意的で非道な裁判権力からの解放です。従来の裁判は、犯罪者と被害者の身分関係や親疎（親しいか疎遠か）によって刑量が違っていました。犯罪者の身分によって裁判の手順や担当機関も違っていました。法のもとでの万民平等は、朝鮮の裁判制度とは関係がありませんでした。行政と司法は分離されていませんでした。裁判は一般的に、裁判を担当する官吏の蓄財行為として行なわれました。前述したように、証拠主義は不備であり、自白を得るための拷問は裁判の正常な手段と考えられていました。刑事と民事の区別がはっきりしていない中、拷問は民事裁判でも行なわれました。

刑事裁判制度の近代化に関しては、韓国史学者都《ト》晃会《ミョンフェ》の『韓国近代刑事裁判制度史』が代表的な研究業績です。この本によると刑事裁判制度が、行政と司法の分離を通した専門主義、没身分と没親疏の平等主義、罪刑法定主義、証拠主義、一事不再理の原則、時効制度、覆審制度、弁護士制度等と共に近代化するのは、一九一二年に公布された朝鮮刑事令によってでした。一八九四年の甲午改革で刑事裁判制度が形式的に近代化しますが、すぐに保守反動化し、恣意的裁判と過酷な刑罰に明け暮れたため、民衆の生命と権利を守ることができませんでした。そのため、「国が滅びて行くというのに、大部分の民衆は日帝に反抗せず、それどころか日帝が整備した近代的な刑事裁判制度に期待さえした」と右の本では指摘しています。このように都冕会は、今日の韓国人が享受する刑事裁判制度の植民地的起源を、また、そこに宿る歴史の屈曲と矛盾を、隠すことなく指摘しました。

ソウル大学校法学専門大学院に刑法を専攻する曺国《チョグク》という教授がいます。彼は、我々の『反日種族主義』が出版されると「吐気をもよおす本だ」と言い、我々を「反逆売国親日派」と罵倒しました。どうしてそうしたのでしょうか。刑法を専攻する人ですが、韓国の刑事裁判制度のこのような歴史をよく知らずにいたからです。たぶんその方面で一番権威のある都冕会の本を読んでいなかったのでしょう。

法学の他の分野においても、事情は大同小異でしょう。前に指摘したように、この国の若い法律家たちは、彼らの民法がどこに由来するのかを知らずにいます。私は、韓国の法学は没歴史の機能主義に過ぎないと判断しています。

幻想の蔓延

私は、韓国史における個人の誕生は、また、それを通しての近代化の出発は、一九一二年の朝鮮民事令と朝鮮刑事令によると考えています。もちろん、あくまで出発であって、決して完成ではありません。二つの法令はどこまでも日本の法であり、植民地朝鮮に移植されたものです。移植は小さな出発に過ぎないものでした。世界的に見て、植民地への近代の移植は、形式に終わったり不具に帰結したりするのが一般的でした。定着を成功させるには、伝統社会と文明の積極的対応がなければなりません。そのような問題意識から私は、過去一世紀の間、法の歴史がどうだったのか、その結果、今日の韓国の法秩序と法文化はどのような特質を持つに至ったのかが、まことに気にかかります。私は、法学界がその観点に立つ長期の法制史を一日も早く整備してくださることを、首を長くして待っています。

その作業を遂行するに当たり一つ念頭に置かねばならないのは、いつからか韓国の知性社会に生まれ根を張るようになった歴史認識の大きな空白です。研究者や教育者は長い間、この国の近代文明の植民地的起源に対し、口をつぐんで来ました。それは禁忌の領域でした。その結果、実に大きな認識の空白が生まれ、ありとあらゆる形態の中世的幻想と狂信が、そこを埋めているのが実情です。

我々の『反日種族主義』に対して今日までの九カ月間、研究者たちが見せて来た態度は、とても口では言い表わせないほどに低級なものでした。今ではほとんどなくなってしまいましたが、以前は、お互い同席しながら討論する場がそれなりにありました。私は、植民地近代化論を猛烈に拒否する人々に質問しました。「では、あなたは、我々の近代化がいつどのようにしてスタートしたと考えるのですか」。私の反問に大部分の批判者は沈黙します。

一部の批判者は、「二〇世紀は本当の意味での近代ではない」と再反論します。彼らの指向する〝本当の近代化〟が何であるのかについては、おおよそ察しがつきます。たぶん中国や北朝鮮の人民民主主義のことでしょう。いずれにせよ、現行の中・高等学校の歴史と社会科の教科書をどんなにめくっても、この国の近代化過程に対する叙述を見つけることができないのは、このような理由からです。

一部の批判者は、「一五～一九世紀の朝鮮王朝は既に近代化された国だった」と主張しています。その批判者たちは、「我々が指向する真の近代とは、あの美しかった、人間性の豊かであった朝鮮王朝の文明だ」と考えています。我々の『反日種族主義』に対抗し『日帝種族主義』を出した黄泰淵《ファンテヨン》を中心としたグループが、まさにそのような人々です。

黄泰淵の主張によれば、一七世紀以来の朝鮮は、中世に留まっていた日本はもちろん、宋・明の中国より優れた「低い段階の近代」に既に突入していました。二十余年の前から韓国史学界の一角に形成された国粋主義的文化史観を受け入れた彼らの主張に、ここで反駁する紙面の余裕はありません。前述したように、私権が未成立の中、班常の身分制が滔々とした流れを成していたその社会を指して「近代だ」と言い放っているのには、開いた口がふさがりません。前に、「歴史認識の空白が中世的幻想と狂信で満たされている」と述べたのは、このような場合を指してのことです。

中世的幻想と狂信に基づいて新しい国を建てることはできません。我々を種族社会に縛り付けているものを、一つずつ撃破して行かなければなりません。たとえ失敗した歴史であっても、それを直視して行くべきです。歴史というのは、人間たちの賢明だったり愚かだったりする選択によって、成功と失敗の分かれ道が折り重なる過程です。愚かな選択の累積は、結局その社会と国家を滅ぼしてしまいます。そういう点で朝鮮王朝の成功と失敗は、私たちにとってこの上ない優れた歴史教科書だと考えます。幻想に代わり、事実に忠実な自由人だけが読むことのできる、値打ちのある教科書です。

〈参考文献〉

都冕会（ト・ミョンフェ）『韓国近代刑事裁判制度史』青い歴史、二〇一四年刊
［도면회 (2014),『한국 근대 형사재판제도사』, 푸른역사］
沈載祐（シム・ジェウ）『汝の罪を告げよ』山のように、二〇一一年刊
［심재우 (2011),『네 죄를 고하여라』, 산처럼］
イザベラ・バード・ビショップ著、李仁和（イ・インファ）訳『韓国とその隣りの国々』サルリム、一九九四年刊（『朝鮮奥地紀行』他のタイトルで邦訳が何種類かある）
［이사벨라 버드 비숍 지음, 이인화 옮김 (1994),『한국과 그 이웃나라들』, 살림］
李昇一（イ・スンイル）『朝鮮総督府法制政策—日帝の植民地統治と朝鮮民事令—』歴史批評社、二〇〇八年刊
［이승일 (2008),『조선총독부 법제 정책 – 일제의 식민지 통치와 조선민사령 –』, 역사비평사］
李栄薫（イ・ヨンフン）『韓国経済史』Ⅱ、一潮閣、二〇一六年刊

［이영훈(2016),『한국경제사』Ⅱ, 일조각］

黄泰淵（ファン・テヨン）『日帝種族主義』NEXEN MEDIA、二〇一九年刊
［황태연(2019),『일제종족주의』,NEXEN MEDIA］

17

高宗の習慣性播遷と国家意識

金容三《キムヨンサム》

反日種族主義者による暴論

高宗《コジョン》は日帝によって毒殺されるときまで、最後まで日帝に立ち向かい戦った抗日君主だった。俄館《がかん》（露館）播遷《はせん》注47はロシア公使館への命がけの亡命で、高宗は不滅の忠義を見せた君主だった。高宗を暗君と罵倒するのは、植民地史観に染まった附倭奴たちの妄言である。

（金鐘旭《キムジョンウク》、二〇一九年、抜粋要約）

編集部注：右は主に前作の韓国語版『反日種族主義』の第16章「亡国の暗主が開明君主に化けた」（金容三著）に向けられた批判ですが、日本語版の『反日種族主義』ではその章は、高宗は一般の日本人には馴染みの薄い存在である点などを考慮し、訳出しませんでした。ただ、以下の金容三氏による再批判は、前作を参照せずとも理解できると思われるので、そのまま掲載いたします。

注47　**俄館播遷**：1896年2月、高宗が宮女用のかごに乗り密かに王宮を脱出、ロシア公使館に逃げ込んだ事件。97年2月までここで、ロシアの保護下、親露政策をとった。露館播遷とも言う。

陳腐な論争

高宗が暗君だったか開明君主だったかというのは、既に学界においてはひとしきり論争を呼び、事実上結論が出ているテーマです。その陳腐な論争が、『反日種族主義』に対抗して出された『日帝種族主義』という本において、金鐘旭の「高宗の抗日闘争史そして受難史」というタイトルで再演されました。右に掲示したように、金鐘旭は高宗を、日帝によって毒殺されるまで独立のため猛烈に戦った抗日君主として位置付けています。

大韓帝国が滅んだ原因はいくつかありますが、その最たるものは、高宗と閔《ミン》王后（閔妃《ミンビ》）の外交の失敗にあると考えられます。乱世を自力で突破できない弱小国は、外勢と同盟を上手に結ぶことによってこそ生存の道が保障されます。高宗と閔王后は、イギリスとロシアの〝グレートゲーム（Great Game）〟が東アジアで繰り広げられたとき、秘密協約を結んでロシアを韓半島に引きずり込み、覇権国イギリスから捨てられました。大韓帝国はそれで滅びたのです。

播遷か亡命か

一八八四年、ロシアと修好通商条約を締結した後、高宗は、ロシアと連合軍を結成する密約を締結しました（第一次朝露密約）。イギリスはこの事実を知り、巨文島を占領し、ロシアの南進を阻止しました。イギリスが巨文島を占領しているさなかに、高宗は再びロシアとの密約締結を試みます（第二次朝露密約）。すると、宗主国である清《しん》が高宗を廃位しようとし、高宗は大きな危機を迎えます。一八九五年に日清戦争が終わると、高宗と閔王后は、またしてもロシアを引き込もうとします。この事態に直面した日本は、閔王后を殺害するという蛮行を犯しました。そのような日本の挑戦に対し一八九六年二月、ロシアは、高宗を景福宮から脱出させ自国の公使館に移すという俄館播遷で応戦しました。

金鐘旭は、ロシア公使館に播遷した高宗の行為は「亡命を通し臨時政府を樹立する計画」だと主張しています。播遷の辞典的意味は「王が都を離れ、戦乱を避けること」です。一方、亡命は「政治や思想、宗教などの理由で、自己の国で弾圧や威嚇を受ける人がこれを避けて他の国に出て行くこと」です。金鐘旭は、「高宗は都を離れたことはないので播遷ではなく、ロシア公使館、つまり事実上ロシアの領内に移ったのだから亡命と言うべきだ」と主張しています。『日帝種族主義』の編者黄泰淵《ファンテヨン》も、彼の『甲午倭乱と俄館亡命』という本で同じ主張をしています。

日館・米館・英館播遷の試み

「高宗の行為は播遷ではなく亡命だ」と主張する前に、金鐘旭は次のような事実をまずチェックする必要がありました。高宗は彼の在位期間に、合わせて七回も外国公使館への播遷を試みました。

そのまず一番目は一八八二年、壬午軍乱[注48]が起こったときです。武装した兵士たちが昌徳宮に乱入し、高宗の目の前で、貪官汚吏として目を付けられていた閔謙鎬《ミンギョムホ》と金輔鉉《キムボヒョン》を殺害しました。すると高宗は、花房義質《はなぶさよしもと》駐朝鮮日本公使に、「朝鮮の軍兵たちが再び動乱を起こしたら、日本公使館に身を避けたい」と日館播遷を要請しました。日本公使は快くこの提案を受け入れましたが、以後軍乱が鎮圧され、実際の播遷はありませんでした。このような高宗の試みは、播遷でしょうか亡命でしょうか？　もちろん日本の保護を受けようとしたので、抗日君主の亡命とは言えないでしょう。とにかく、俄館播遷であれ日館播遷であれ、危機に直面して国王高宗が見せた態度は、同一の原理に基づいていました。そのことについては後で説明して行きます。

一八九四年、日清戦争が勃発しました。高宗は日清戦争の原因提供者です。彼は、東学農民軍の討伐のため清に援兵を要請しました。すると日本軍も朝鮮に出動しました。自身が呼び込んだ二つの外国軍が戦争を起こそうとすると、高宗は外国の公館に身を避ける計画から立て始めます。高宗はシル駐朝鮮米国公使に、「万が一戦乱の事態が発生したら、米国公使館に身を避けたいから準備してくれ」と米館播遷を要請します。シル公使は「朝鮮の政局に介入するな」という本国政府の訓令を受け、高宗の要請を拒否しました。アメリカと交渉している間、高宗はガードナー駐朝鮮イギリス総領事に密使を送り、イギリス領事館への播遷（英館播遷）を打診します。イギリス政府は高宗の要請を断固拒絶しました。

注48　**壬午軍乱**：1882年7月、漢城（現ソウル）で起こった、待遇に不満を持つ軍人たちによる暴動。

俄館播遷の成功

高宗の度重なる播遷の試みは、一八九六年二月の俄館播遷でついに成功しました。一国の国王が宮女の服装に変装し、宮女のかごに乗り、ロシア兵士の護衛を受け、ロシア公使館に居所を移したのです。事前に駐朝鮮ロシア公使から高宗の計画を聞いていたロシア皇帝ニコライ二世は、これを歓迎します。韓半島からイギリスと日本の勢力を追い出せる、またとない好機だったからです。

高宗の俄館播遷を独立国家を樹立するための亡命に装うためには、それに相応する高宗の努力が確認されなければなりません。しかし、ロシアの公使館に留まった一年間、高宗は何をしたでしょうか？　その期間における彼の業績としては、近代国家樹立のための甲午改革の諸般の措置を取り消し、元の木阿弥にしてしまったことしかありません。もう一つあるとすれば、自分を後援してくれるアメリカとロシアに、精一杯利権を売り払うことでした。アメリカには京仁鉄道敷設権と雲山金鉱採掘権、ロシアには咸鏡道慶源・鐘城の鉱山開発権と鴨緑江・鬱陵島の伐木権など、とてつもない国家資産が二つの国の手中に渡って行きました。

一年後、高宗は、ロシア公使館から慶運宮（現在の徳寿宮）に居所を移しました。当時国王の居所としては、正宮として景福宮と昌徳宮とがありました。高宗はどうして二つの王宮を拒み、巨額の予算をかけて慶運宮を改修し、居所を移したのでしょうか？　長い歳月が過ぎて、その理由が明らかになりました。一九八一年、文化財を調査する過程で、ソウル貞洞に所在した旧ロシア公使館の鐘塔の下に、密室と秘密通路が発見されました。秘密通路は慶運宮まで連結されていました。高宗は、いざというとき、またロシア公使館に身を避けられるよう対策を立てた後、そこに隣接した慶運宮に居所を定めたのです。

一八九七年、高宗は、「我が国は帝国である」と宣布し、皇帝として即位しました。事前に高宗は、ロシア皇帝ニコライ二世の意向を打診し、彼の内諾を受けて皇帝の座につきました。高宗は、自身の決意と抱負で皇帝に即位するほど、肝の太い人ではありませんでした。

最後の播遷の試み

高宗皇帝が最も信頼し頼りにしたのは、ロシア皇帝ニコライ二世でした。高宗が彼と交した親書は三十余通にのぼります。親書は暗号文で作成されました。一九〇四年五月一六日、駐韓パブロフ公使が本国外務部に送った報告書には、「高宗皇帝が所蔵しているロシア外務部との連絡用暗号通信文が、徳寿宮（慶運宮）の火災で焼失した。もしかすると日本が横取りして保管しているかも知れないので、予め防備せよ」という記述があります。一九〇三年から日露間に戦雲が漂い始めました。大韓帝国を狙ったロシアと日本の間の戦争でした。その緊迫した時期に高宗は、自身の即位四〇周年を盛大に記念するため、莫大な費用をかけて慶運宮内に石造殿を建築しました。

戦争の危機が迫って来ると高宗は、あの国この国のわきまえもなく、手当たり次第に播遷の交渉を始めました。一九〇四年一月二一日、パブロフ公使は本国の外務部に、「大韓帝国皇帝が、一身上に危険が差し迫った場合、やむなくロシア公使館に身を避ける場を求めたり、ロシアに脱出したりする問題について、密かに協力の可能性を打診して来た」と報告しました。一九〇四年一月、憲宗《ホンジョン》（高宗の先々代の王）の継妃孝定《ヒョジョン》王后が死亡しました。パブロフの報告によれば高宗は、孝定王后の屍身を運ぶとき、ロシア公使館の塀の裏口を利用して王宮を脱出しよう、と計画していました。ロシアは、日本との戦争がいつ起こるか分からない状況下で、日本を刺激する必要はない、という理由で、高宗の〝第二次俄館播遷〟の要請を拒否しました。

日本軍が韓国に上陸すると高宗は、戦時国外中立を宣言しました。大韓帝国の中立宣言を支持した国は、一つもありませんでした。イギリス政府は、外交慣例により大韓帝国の公文を受け付けました。すると高宗は、「イギリスが大韓帝国の中立を保証した」と錯覚し、我が身の身辺に危険が迫った場合、イギリス公使館に身を避けられるかどうかをジョーダン駐韓英国公使に打診しました。もちろんイギリス政府は断固として拒絶しました。中立宣言が国際的承認を受けられないと分かると、高宗は、「漢城（現ソウル）地域だけでも中立を維持したい」と駐韓フランス公使プランシーに提案しました。この頃、漢城の外交関係者の間では、駐韓フランス公使館内に高宗とその側近たちが泊れる温突《オンドル》の部屋ができている、という噂が広まっていました。そのときちょうど、武装したフランス海軍三九名と将校二名が入国します。高宗がフランス公使館に播遷を要請したのかどうかは明らかになっていません。

日本軍が旅順の要塞を陥落してから一五日経った一九〇五年一月一九日、駐韓米国公使アレンは、シル公使時代の一八九四年に続いて、またしても高宗から播遷の要請を受けました。アレンは、「皇帝が我々の反対を押し切って、公使館の塀を乗り越えて来たとしても追い返す」と本国政府に報告しました。高宗の習慣性のある播遷の試みについてアレン公使は、「これまでたいそう長い距離を旅し四千年の歴史を垣間見て来たが、韓国の皇帝のような人は初めてだ」という記録を残しました。高宗は一八八二年以後、少なくとも七回以上、五カ国への播遷を試み、その中の一回は成功して、六回は失敗しました。以上が、金鐘旭と黄泰淵が開明抗日君主だと称賛する高宗の挙動でした。

ロシアに騙された高宗

ロシアとの戦争に勝利した日本は、大韓帝国を保護国にしました。戦争終結以後も、韓半島と満洲を巡る日本とロシアの葛藤は、そう簡単には解消されませんでした。一九〇七年、日本とロシアは外交的交渉を始めました。ロシアは、相当な代価が受け取れない限り、日本の韓国併合は承認できず、既存の保護権さえ認定しない、という態度を見せます。対立が激化するとロシアは、大韓帝国を利用し、日本に打撃を与える作戦を準備します。金鐘旭は、一九〇七年に高宗がハーグ万国平和会議に密使を派遣した理由は、「自身の死をもかえりみず抗日闘争を展開するため」だった、と主張していますが、歴史の真実はまったく違っています。

国際情勢の動向に無知であった高宗は、日本とロシアが大韓帝国の運命のかかった交渉を進めているることを知らないまま、ロシアに持続的に「大韓帝国の独立を維持しようと努力している我々を支援してほしい」と訴えました。ちょうどニコライ二世が主唱した万国平和会議がハーグで開かれることになり、ロシアが議長国を任せられました。ロシアは高宗に特使を派遣するよう誘導しました。そして、ハーグ平和会議開催の知らせと共に、この機会に日本の内政干渉を列強に知らせることもできる、という諜報を漏らします。耳寄りな話に舞い上がった高宗は、漢城のフランス語学校の教師を通し、ハーグ平和会議への大韓帝国代表の招請を要求する親書をロシアに送ります。ロシア政府は、「ハーグ万国平和会議に大韓帝国の代表を招請する」と返信するかたわら、同会議のロシア代表委員ネリドフに、「韓国のハーグ会議特使派遣に関し、全面的に協力するよう」訓令を送ります。

ニコライ二世との友誼を信じて疑わない高宗は、一九〇七年四月、密使を派遣しました。一方、日本は、大韓帝国皇室の所々に浸透させた密偵たちを通し、ロシアの招請発送、高宗の密使派遣などを詳細に把握していました。高宗が派遣した密使は、ウラジオストックとサンクトペテルブルクを経て、六月二五日、オランダのハーグに到着しました。平和会議は六月一五日に開会されていたので、真っ最中でした。密使一行がハーグに到着する前日の六月二四日、膠着状態のままだった日本とロシアの交渉が、劇的な妥結を見ます。するとロシア政府は、ただちに平和会議の議長ネリドフに、「韓国の特使たちの会議場入場を拒否せよ」という訓令を発しました。同時にロシア外務部は、高宗がハーグに密使を派遣した事実を日本に通報しました。

高宗の密使派遣が言論機関によって報じられると、日本政府は大韓帝国の内政を掌握することを決め、その実行を伊藤博文統監に一任しました。伊藤統監は、日本の保護権を無視したという理由を挙げて高宗を退位させ、第三次韓日協約を締結しました。協約に従い、大韓帝国の軍隊は解散させられました。日本人が大韓帝国の高位官吏に任命されるなど、大韓帝国の行政権と司法権は、事実上統監に掌握されました。第三次韓日協約が調印されてから六日後の一九〇七年七月三〇日、ロシア外相イズボルスキと駐ロシア日本大使本野《もとの》一郎は、第二次日露協約に調印しました。この協約で二つの国は、大韓帝国と外モンゴルをそれぞれの特殊利益地域として相互認定しました。このとき日本は、事実上、大韓帝国併合に対するロシアの同意を得ました。このように高宗のハーグ密使派遣は、亡国の歩みを促進させただけでした。それなのに「不滅の抗日忠義」ですか？　度を越した歴史に対する欺瞞であり、言葉が出ません。

高宗の国家意識

ハーグ会議への密使派遣が成果なく終わると、高宗はニコライ二世に、ロシアへの政治的亡命を打診します。ロシアは、ポーツマス講和条約の遵守と極東の秩序を強調し、高宗の要求を拒絶します。一九一〇年六月三日、日本政府は韓国を併合する方針を決定します。八月二二日、併合条約が締結され、八月二九日、大韓帝国の皇帝は、日本の皇帝に大韓帝国の統治権を永久に譲渡することを民の前に宣布しました。

そうなっても大韓帝国の臣民は、いかなる抵抗もしませんでした。いえ、抵抗する気力を喪失した状態でした。そのような絶望的状態を当時三五歳の李承晩《イスンマン》は、息が絶えて行く患者に譬えました。一九〇九年一〇月三〇日付のイギリスの雑誌『エコノミスト』誌は、「外国から現代的な行政システムの援助を受けたほうが、むしろ韓国の国民にとって利益となるだろう」と報じました。「日本が韓国を完全に支配すれば、大韓帝国の皇帝は権力を濫用し国民を搾取することができなくなり、両班《ヤンバン》もこれ以上民を搾取できなくなるだろう。併合されれば韓国という国はなくなるが、その国民は日本の支配下で、よりましな暮らしができるようになる」からでした。

金鐘旭は、「一八九四年七月の日帝の景福宮侵奪から、一九一九年に日帝によって毒殺されるまで、高宗は民と共に日帝に立ち向かい、二五年を戦い抜いた」と主張しています。高宗がそのように戦ったとしましょう。何のために戦ったのでしょうか？　民の生命と財産を守るために戦ったのではありません。高宗にとって国家とは、中華帝国の国際秩序の中で、諸侯として封じられた一王家に過ぎませんでした。彼にとっての国家とは、祖先から譲り受けた家産としての王業でした。民の生命と財産を支配すると同時に保護するという、統合的で双務的な秩序としての国家意識は、彼には存在しませんでした。それで危機が迫るたびに、新しい宗主国を求め、繰り返し他国の公館に身を避けることばかりを考えていたのです。

臣下や民と一緒になって、甲冑《かっちゅう》を身に付け、彼の王国を生死をかけて守り抜こうという意思は、その発想すらありませんでした。彼は誠実な臣下を疑い続け、裏切り、死へと追いやりました。そうかと言って、家産としての王業を守るという高宗の必死の努力が、完全に失敗したというわけではありません。彼の一族は、王公族の身分で日本の皇室に編入され、優遇されました。

それだけではなく、国が亡びて行く中、朝廷の大臣も地方の両班も、挙国的抗戦に立ち上がりませんでした。諸侯国の大夫と士として、彼らには自ら守らなければならない家産があったからです。哀れなのは、何の家産も持っていない愚かな民でした。「彼らは新しい支配者の日本を迎えることで、むしろ、よりましな暮らしができるようになるだろう」と記したイギリスの『エコノミスト』誌の予測は、以後展開された三五年の歴史を見るとき、それほど間違ったものではありませんでした。

〈参考文献〉
金鐘旭（キム・ジョンウク）「高宗の抗日闘争史そして受難史」（『日帝種族主義』NEXEN MEDIA〔二〇一九年刊〕所収）
［김종욱 (2019),「고종의 항일투쟁사 그리고 수난사」,『일제종족주의』, NEXEN MEDIA］
魯柱碩（ノ・ジュソク）『帝政ロシア外交文書から読む大韓帝国秘史』イダムブックス、二〇〇九年刊
［노주석 (2009),『제정러시아 외교문서로 읽는 대한제국 비사』, 이담북스］
田保橋潔著、金（キム）ジョンハク訳『近代日鮮関係の研究』上下、一潮閣、二〇一三・二〇一六年刊
［다보하시 기요시 지음 · 김종학 옮김 (2013, 2016),『근대 일선관계의 연구』(상 · 하), 일조각］
朴鍾涍（パク・チョンヒョ）『激変期の韓露関係史』鮮仁、二〇一五年刊
［박종효 (2015),『격변기의 한 · 러 관계사』, 도서출판 선인］
小川原宏幸著、崔（チェ）ドクス、朴（パク）ハンミン訳『伊藤博文の韓国併合構想と朝鮮社会』開かれた本、二〇一二年刊
［오가와라 히로유키 지음, 최덕수 · 박한민 옮김 (2012),『이토 히로부미의 한국병합 구상과 조선사회』, 열린책들］
張（チャン）ギョンホ「日清戦争直前の高宗の対米依存深化と米館播遷の試み」（『韓国近現代史研究』第八

六号〔二〇一八年刊〕所収）
［장경호 (2018),「청일전쟁 직전 고종의 대미의존 심화와 미관파천 시도」,『한국근현대사연구』86］
鄭城和（チョン・ソンファ）他『日露戦争と東北アジアの変化』鮮仁、二〇〇六年刊
［정성화 외 (2006),『러일전쟁과 동북아의 변화』, 선인］
崔（チェ）ソンラク『一〇〇年前、英国の言論は朝鮮をどのように見たのか?』ペイパーロード、二〇一九年刊
［최성락 (2019),『100년 전 영국 언론은 조선을 어떻게 봤을까?』, 페이퍼로드］
韓（ハン）スンフン「一九世紀後半朝鮮の対英政策研究（一八七四〜一八九五）：朝鮮の均勢政策とイギリスの干渉政策の関係　定立と亀裂」（高麗大学校博士学位論文、二〇一五年）
［한승훈 (2015),「19세기 후반 조선의 대영정책 연구 (1874～1895)：조선의 均勢政策과 영국의 干涉政策의 관계 정립과 균열」, 고려대학교 박사학위 논문］

18

西欧近代文明の拡散という大枠で捉えねば

金洛年《キムナクニョン》

反日種族主義者による強弁

『反日種族主義』は〝植民地近代化論〟を基底に置いている。植民地近代化論は、日帝期になされた経済成長と近代的な法制の確立を強調している。これに対しては二つの問題提起が可能である。一つは、〝近代化〟というのは経済成長だけを指す概念ではない、ということである。身分制度の廃止、国民主権の実現、義務教育の導入など、近代社会が揃えなければならない他の制度は、日帝は移植しなかったのである。もう一つは、植民地近代化論は、「植民地だったにもかかわらず近代化がなされた」ではなく、「植民地になったから近代化がなされた」という主張に繋がる恐れがある、ということである。後者の論理に陥らないためには、韓国の〝自主的近代化〟の努力を浮上させる必要がある。『反日種族主義』は、そのような韓国人の努力を充分に評価できないことにより、日帝の韓国強占を合理化するだけでなく、自主的近代化の可能性を否認する論理に陥ってしまった。

（李先敏《イソンミン》a＆b、二〇一九年、抜粋引用）

植民地近代化：経済、社会、政治

私は『反日種族主義』で、植民地期に起きた経済的変化として、「朝鮮経済が日本中心の地域統合体制に編入され、貿易が活性化され、産業構造も大きく変化し、朝鮮人の工場と会社も速いペースで成長していた」と書きました。『朝鮮日報』の李先敏記者はそのことを「我々の通念や常識と異なってはいるが、歴史的事実として」受け入れる、と述べています。しかし彼は、「身分制の廃止、国民主権の実現（普通選挙の実施）、義務教育の導入など、近代社会が必ず揃えるべきほかの制度は、日帝は移植しなかった。日帝は、韓国をまともな近代社会に発展させることに関心がなかった。このような近代的制度は、甲午改革や大韓民国政府によって実現された」と主張しています。まず、そのような主張を簡単に検討したいと思います。

まず、身分制の廃止は、法的には一八九四年の甲午改革によって行なわれたと言えます。しかし、身分差別を支えて来た物質的な基盤や慣習あるいは意識は、簡単に変わるものではなく、したがって身分制の実質的な廃止は、漸進《ぜんしん》的になされざるを得ません。この過程において、一九一二年に施行された朝鮮民事令が与えた影響に注目する必要があります（本書の第16章を参照してください）。日本の民法を移植した朝鮮民事令の第一条は、韓半島に居住する全ての人間を〝私権〟の主体として認めています。日本人にだけでなく、朝鮮人やその他の外国人にも同じように認めました。民法は、個人あるいは法人間の売買、賃貸借、雇用のような、契約や財産権行使の基本規則を定めたものです。したがって、朝鮮人の日常生活は次第に民法によって規律化され、伝統的な身分差別の慣習はもはや持続することが難しくなりました。身分制の廃止に関わる一九一二年に施行された民法の意義を、看過してはなりません。

二番目に、植民地期の学校教育においては、民族間の差別がありました。学制が異なり、初等教育では、日本人は六年制の小学校に、朝鮮人は四年制の普通学校に通いました。中等教育においても、日本人は五年制の中学校、朝鮮人は四年制の高等普通学校というように、学制が異なりました。一九二二年には教育期間の差異を無くし、一九三八年には民族間の学制区分が廃止されました。初等学校の朝鮮人の就学率を見ると、三・一独立運動後に速いペースで上昇し（一九一九年の三・五％から一九二五年の一五・一％に）、その後しばらくは停滞したものの、一九三〇年以後に再び伸びて、解放直前には五〇％に達しました。初等学校では義務教育は施行されておらず、中等教育の本格的な普及は、解放後に行なわれたと言えます。しかし、植民地期に朝鮮人も、漸増する近代教育の機会を享受したのも事実です。

三番目は、朝鮮人の参政権の問題です。朝鮮総督には、行政権だけでなく、法律によって規定すべき事項を「制令」という総督の命令で定める立法権、そして裁判官を任命するなどの強力な権限が与えられていました。しかし、朝鮮内ではこれらを牽制《けんせい》する制度的装置はありませんでした。朝鮮人に政治的権利を与えなかったことは、日帝が掲げた同化主義と矛盾します。斎藤実《まこと》総督は、三・一独立運動への対応策として、朝鮮人に参政権を与える方案を模索したことがあります。日本の議会に朝鮮で選ばれた議員を参加させ、日本国内レベルの朝鮮地方議会を設置する、という案でしたが、日本本土の反対で実現しませんでした。その代わりに一九二〇年には、地方レベル（道、府、邑、面）の諮問《しもん》機関である協議会が構成され、一九三〇年には、これを議決機関（道会、府会、邑会）に変えました。これらの機関の議員は選挙によって選ばれましたが、一定レベルの納税者にのみ選挙権が付与される制限選挙でした。

戦争末期、総力戦を展開していた状況下、徴兵制の実施と共に、朝鮮人の参政権問題が再び提起されました。〝内鮮一体〟という同化主義の論理のもと、朝鮮民族の戦争協力を引き出す必要性があったからです。その結果、一九四五年には朝鮮に日本の衆議院選挙法を施行すると決定しましたが、日本の敗戦により実施できませんでした。制限選挙によって二三名の議員を選び日本の国会に参加させる、ということでしたが、前述した斎藤構想と比較すると、朝鮮地方議会が抜けています。日本では、一九二五年から成人男子の普通選挙が実施されましたが、朝鮮では適用されず、制限選挙を維持しました。朝鮮人が圧倒的多数を占める状況下で普通選挙を実施したり自治を認めたりすると、独立に繋がる恐れがある、と考えられたからです。

要するに、植民地期の朝鮮社会の変化は、分野によって様子が異なりました。経済では、日本とほぼ同一の制度的環境下、一人当たりの所得が持続的に増える近代的経済成長が始まりました。

それに比べて政治は、長期的には朝鮮を日本の一つの地方のように完全に統合しようとしましたが、スピード的には同化主義の進展が最も遅い分野でした。社会分野における変化の程度は、経済と政治の中間くらいに位置していました。

李先敏は、「身分制の廃止は甲午改革によるものだ」と強調していますが、度を越した話です。身分制の廃止は遅い速度で進行しており、一九一二年の民法の施行も、同様に重要な契機だったのです。

彼は、義務教育の施行を近代社会の指標として強調していますが、これもまた度を越した話です。先進国でさえ義務教育制の施行は、一九世紀後半か二〇世紀に行なわれたのです。植民地期に小・中等教育が着実に拡大したことは、解放直後に義務教育が導入される土台になったと言えます。大韓帝国時代まで、朝鮮人は政治的に無権利でした。一朝一夕に近代国家の主権者として自立することはできません。そのような視点から、植民地期を通じて朝鮮人の政治的権利と政治参加の機会が、ゆっくりとした歩みながら拡大していたことに注目する必要があります。

解放前と解放後の成長率の差：世界経済を見なければならない

私は『反日種族主義』の中で、解放前と後を包括する長期統計を提示しながら、両時期の経済の特徴を比較しました。解放後に比べて解放前は、経済的な不平等が甚だしかったのですが、民族間の格差だけでなく、朝鮮人内部でも地主と小作農間の格差が大きかったのです。一人当たりの所得が持続的に増加し始めましたが、それは解放後に比べて半分にも達しなかったという点も指摘しました。李先敏は、こうした話の中でも特に解放前と後の経済成長率の差に注目し、「結局、日帝期は、韓国が独立したときに達成できた飛躍的経済成長を日帝が邪魔して」おり、「なぜ、我が民族が独立運動をしたのかが、経済的側面からも説明」できる、と言いました。

この主張には無理があります。両時期の経済成長率に差があるのは、独立国であったかどうかに起因するというよりは、世界経済が与える影響のほうがより大きく作用したからです。第一次世界大戦と第二次世界大戦の狭間の期間は、全ての世界経済が沈滞していましたが、第二次世界大戦以後というのは、世界史上、最も高い成長率を見せた時期でした。世界経済と各国の一人当たりの国内総生産（GDP）増加率を比較すると、朝鮮は一九一一〜三九年に年平均二・三％増加し、世界経済の平均水準だった〇・九％を遥かに超えていたことが分かります。解放後の高度成長期と比較すると増加率は低かったのですが、他の国と比べると、両時期共に所得の増加が非常に速かったと言えます。この点で、「日帝の植民地支配が朝鮮の飛躍的な経済成長を邪魔した」という彼の主張は、成立し難いものだと思います。しかし、独立をしなければならない理由は、経済だけでなく政治や社会の全ての方面において満ちあふれるくらい多かったと私も考えており、この点については異存はありません。

植民地〝支配〟ではなく〝制度〟が近代化をもたらした

もう一つは、より重要な論点ですが、『反日種族主義』の論理は、「植民地近代化論」と呼ばれて批判されているように、場合によっては日帝の植民地支配を正当化するものに繋がって行くのではないか、という憂慮に関するものです。これについて李先敏は、『反日種族主義』が開港期[注49]の愛国啓蒙運動とその系譜を継ぐ保守右翼の成長に、あまり注目していない点を批判しています。そして、その点を強調してこそ日帝の植民地支配を正当化する論理に陥る危険から免れることができる、と見ています。つまり、愛国啓蒙運動勢力の努力と成長があったから、①「日帝の植民地支配にもかかわらず近代化された」という解釈が可能であるということです。しかし、この点を抜きにすれば、②「植民地になったから近代化がなされた」という主張につながる恐れがあり、日帝の植民地支配を批判することが難しくなると主張しています。

私は、①と②のどちらも、近代化の説明としては限界があると思います。①は近代的制度の移植を前提にした話です。近代的制度の導入は、当時、高宗をはじめとした為政者たちもなすことができませんでしたが、自主的近代化を夢見た愛国啓蒙運動勢力も、その点では同じでした。結局は国が滅びるのを防ぐことができず、近代的制度の移植と施行は日帝によってなされた、という冷厳な歴史的事実を直視する必要があります。朝鮮人は、このようにして近代的制度が施行されてから、それを学習しながら自分のものにして行き、解放後を準備することができました。彼

注49 **開港期**：朝鮮王朝は、1876年に日本と日朝修好条規を結ぶことで鎖国政策を止め、以後、欧米諸国と通商条約を締結、この開港により西欧近代文明が朝鮮にも流入するようになった。この時期を開港期と言う。

の主張は、前者（近代的制度の移植）を看過して、後者（朝鮮人の活動）にだけ焦点を合わせたという点で、一面的だと言えます。

一方、②は、日帝の〝支配〟のおかげではなく、日帝が移植した近代的〝制度〟のおかげだ、としなければならないと思います。ただし、日本が朝鮮に移植した制度は、植民地支配のための手段でもあったのですから、両者を区別して認識するのは簡単ではありません。しかし、それを区別できる契機が解放後に訪れます。ここでは、民法を事例に挙げて説明してみます。

解放前に朝鮮民事令という形で、日本の民法がほぼそのまま朝鮮でも施行されたことは前述しましたが、これが解放後もそのまま存続した、という点に注目する必要があります。一九五八年に大韓民国の民法が制定され、一九六〇年に施行されるようになりましたが、その内容を見てみると、解放前の朝鮮民事令、即ち日本の民法と大差がありません。ただ、法律に規定がない場合、慣習法や条理に依拠するようにさせ、信義誠実と権力濫用の禁止を明らかにした第一章の「通則」が、新たにつけ加えられました。それは、個人の権利に対する社会的規制を強化した、現代法の流れを反映したものだと言えます。新しい民法が日本の民法とほとんど変わらないという点は、国会で問題になりました。民法の基礎案を作成し初代大法院長を務めた金炳魯《キムビョンロ》先生は、そのとき、「日本の民法典と民法学そのものがフランス法やドイツ法などを移植したものであり、日本固有のものではない」という認識を示しています。

つまり、民法には、財産権の保護や契約または営業の自由のような近代社会の原理と制度が含まれていますが、これは西欧に由来した普遍的価値に基づいています。解放後、独立国家になったので、それまで依拠して来た日本の民法をいくらでも廃棄することができましたが、大韓民国はそのようにはしませんでした。そこに普遍的価値が含まれていることを認識したからです。制憲憲法は附則に、民法をはじめ「現行の法令は憲法に抵触しない限り効力を持つ」と規定しました。それにより植民地期の法と制度が、ほぼそのまま大韓民国に受け継がれて行きました。

しかし北朝鮮では、植民地支配を清算するとして、既存の法令を廃棄してしまいました。その代わりに、〝民主的法意識〟や〝朝鮮人民の利益〟を前面に打ち出しますが、これは法を政治に従属させ、法的安定性や予測可能性の保障を難しくしました。このことが、その後、韓国と北朝鮮の発展経路が分かれるのに重大な影響を与えたと思います。たとえ話をすれば、汚れた赤ん坊にお風呂を使わせた後、汚くなった水だけを捨てればいいものを、北朝鮮は赤ん坊までも捨てるようなことをしたのです。それと反対に韓国は、汚れたという批判にさらされたものの、結局は赤ん坊を捨てたりしませんでした。ここでは、〝赤ん坊〟は普遍的価値を有する近代的制度を指し、〝汚れ〟は植民地支配の一環でもあったという事実を指します。

植民地支配による近代の拡散

世界文明の発展史を見ると、ある地域に出現した新しい思想と制度が普遍性を持っていると、それらは他の地域に広がって行きます。他の地域の既存の文明は、それを受け入れることでより豊かなものになります。韓国における近代的制度の移植と定着は、不幸にも日帝の植民地支配という形でなされた、非西欧の日本を媒介にした、という点に特徴があります。開港以後の韓国の近現代史は、日帝期も含め、そのような西欧近代文明の移植と受容という大きな枠で理解する必要があります。

冒頭で紹介したように李先敏は、「韓国の近代は、外部の力による〝移植〟ではなく、韓国人の〝主体的受容〟の過程と把握すべきである」と主張しています。彼は、近代を肯定するという点では、自らを右派民族主義者であると自負しています。彼は、「日帝期は、西欧近代文明の受容という歴史的課題を実現する過程での、他者の意図によってしばらく脱線した期間」と認識しています。つまり、「開港以後の一五〇年間にわたった近代化過程は、右派民族主義の苦難に満ちた〝主体的受容〟の過程だった」と言うのです。これについては、彼が見過ごしている二つの点を指摘したいと思います。

最初に指摘したいのは、近代の新しい思想と制度を発信できた国は、英国、米国、フランス程度に留まり、その周辺の国家はそれなりに主体的に受容できたと言えますが、他のほとんどの国々は、植民地支配を通じて近代を経験した、という点です。植民地支配による近代化あるいは外部の力による近代の移植が、むしろ歴史発展の有力な類型の一つになった、と言えます。ただ、帝国主義国家の植民地支配方式や植民地住民の対応がどうだったのかにより、その後の発展には多様な展開があったと思います。

二番目に指摘したいのは、歴史の展開には、過去になされた決定が現在を規定するという意味で〝経路依存性〟がある、という点です。この観点から、彼が強調する韓国民の〝主体的な受容〟を吟味してみたいと思います。そのための糸口を、彼の主張から見つけることができます。即ち、「右派民族主義者たちを主軸とする大韓民国樹立の主役たちが朝鮮民事令体制を維持したのは、日帝が移植した制度であっても近代国家に必要であれば選択的に活用する、という眼を持っていたからである。これは、彼らが西欧的近代の普遍性を理解していた、ということを物語っている。そのため、汚水を捨てても赤ん坊は捨てない知恵を発揮できた」ということです。この引用文に対して異存はありません。

ただ、彼の言う右派民族主義者たちの〝眼〟や〝西欧的近代の普遍性〟を理解する〝知恵〟がどこから来たのかについては、自問する必要があります。よしんば主体的に作ったものではなくても、移植された近代の民法体制を実際に経験、学習し、その結果、形成されたもの、と見なくてはならないのではないかと思います。移植された近代制度を前提にせずに、そのような〝眼〟と〝知恵〟が〝主体的に〟生まれた、と見るのは難しいからです。この本の第16章で指摘しているように、韓国には一九世紀末まで、近代的な私権の概念が存在していませんでした。この点を思い起こせば、なおさらそうです。彼は、近代の〝移植〟と〝主体的受容〟の差異を強調していますが、植民地支配を経験した国においてそのような区分けをするのは、実際には不可能だと思います。彼の民族主義的な姿勢が、そのような差異を敢えて作り、誇張しているだけです。

〈参考文献〉

金洛年（キム・ナクニョン）「植民地朝鮮経済の制度的遺産」（『精神文化研究』第三三巻第四号〔二〇一〇年刊〕所収）

［김낙년 (2010),「식민지 조선경제의 제도적 유산」,『정신문화연구』33 (4)］
李先敏（イ・ソンミン）a「〝国史学専攻〟記者が李栄薫教授に聞く」（『週刊朝鮮』二〇一九年八月二六日号）
［이선민 (2019a),「'국사학도' 기자가 이영훈 교수에게 묻다」,『주간조선』2019년 8월 26일자］
李先敏b「〝国史学専攻〟記者が〝反日種族主義〟に対して再反論」（『週刊朝鮮』二〇一九年九月三〇日号）
［이선민 (2019b),「'국사학도' 기자 '반일종족주의' 재반론」,『주간조선』2019년 9월 30일자］
＊金洛年『日本帝国主義下の朝鮮経済』東京大学出版会、二〇〇二年刊

19

「制度と政策を通した収奪」？　姿を変えた収奪論に過ぎない

金洛年《キムナクニョン》

反日種族主義者による強弁

日帝強占期に、『反日種族主義』で言うように、代価なく銃剣で奪う〝土地収奪〟や〝米収奪〟はなかった。そうであるならば、日帝の経済収奪はなかったというのか？　いや、そうではない。〝制度と政策を通した収奪〟が広範囲でなされた。日帝の農業政策によって植民地地主制が発達し、その過程で朝鮮の農民が没落し、日本人大地主のもとに土地が集中した。特に、日帝が米の増産のために水利施設を拡充しようとした水利組合事業に、そのような収奪が目立った。日本人は川の周辺の低湿地や常習浸水地を大量に購入し、水利組合に編入するなどして利益を狙った。朝鮮人農民は過重な水利組合費負担で農地を喪失し、小作農に転落した場合が少なくなかった。大地主を媒介にした米の大量移出もなされた。これを〝土地収奪〟〝米収奪〟という言葉以外の何という言葉で表現すべきか？　そうであるにもかかわらず、金洛年教授は朝鮮農民の貧困を、このような日本帝国主義の植民地経済政策と説明せずに、当時の朝鮮が伝統社会のしがらみから抜け出せなかったためだと解釈する間違いを犯している。
（田剛秀《チョンガンス》a&b、二〇一九年、抜粋引用）

〝略奪〟はなかったが〝収奪〟はあったと？

『反日種族主義』は、韓国史教科書あるいはその背後にある韓国史学界の植民地期に対する認識が大きく間違っていることを批判しましたが、韓国史学界からは反論を受けずに来ました。経済史学者の田剛秀教授が、それを代弁する役割を買って出たようです。田剛秀は「日帝が銃剣で朝鮮農民の土地と米を〝略奪〟しなかったのは歴史的事実」だと認めています。当時の一次資料に目を通した研究者であれば、誰もこれを否定できないと思います。しかし彼は、「そうであるならば、日帝強占期に〝収奪〟がなかったというのか？」と自問した後、「いや、そうではない」と断言します。そしてその根拠として、「制度と政策を通した収奪」がほしいままに行なわれた、と述べています。これは一体何を言っているのでしょうか？　何を言いたいのか意味が伝わって来ません。それにはいくつかの理由があります。その点を検討して行こうと思います。

田剛秀は、植民地期に現われた「制度と政策を通した収奪」の最も典型的な事例として、水利組合事業を挙げています。日帝は、朝鮮の米の増産のために一九二〇年から産米増殖計画を推進して来ましたが、その核心的事業が水利施設を拡充することでした。そして、これを推進する事業の主体として、全国各地に水利組合が作られました。田剛秀は、「このとき水利組合に編入された朝鮮人農民は、過重な組合費負担で農地を失い、小作農に転落したケースが少なくなかった反面、日本人は土地を集め、短い期間に大地主に変身した、そして彼らの主導で、米の増産と日本への大量移出がなされた、これは〝土地収奪〟であり〝米収奪〟だ」と主張しているのです。

田剛秀は、前では「土地と米の〝略奪〟はなかった」と認めておきながら、後ろではまた「土地と米の〝収奪〟がほしいままに行なわれた」と主張しているのです。彼も、このような形式論理の矛盾を感じたのか、銃剣によるものは〝略奪〟で、制度と政策を通したものは〝収奪〟だ、と努めて区別しています。しかし国語辞典によれば、どちらも「強制で、あるいは無理やりに奪うこと」であって、違いはありません。結局、彼は辻褄の合わない話をしているわけです。彼の主張が何を意味しているのかよく伝わらない理由が、ここにあります。

水利組合事業の経済性

ところで、産米増殖計画をはじめとした農業政策の結果に関する彼の評価は、果たして事実に立脚したものなのでしょうか？　これを調べるためには、いくつかの補足説明と事実のチェックが必要です。日帝が一九二〇年代に推進した産米増殖計画では、米の増産のためには旱魃や洪水の被害を減らすことが肝要だとして、その被害削減を実現するために水利施設を拡充しようとしました。ところが、それには大きな資金が必要となるため、産米増殖計画では、朝鮮殖産銀行などを通し必要な資金を融資して水利施設を建設し、その恩恵を受ける農民たちは水利組合を結成し、組合費を集め元利金を償還する、という政策を取りました。水利組合に編入された農家は、恩恵を受ける一方で、組合費を負担することになるわけです。しかし、農地の位置によって水利の程度が違い、それによって組合費の負担も勘案しなければならず、これを巡って農民たちの間で利害が衝突したりしました。これをうまく調整できず、組合自体が設立できないケースもたくさんありました。総督府は、水利組合の設立と運営を円滑にするため、資金の支援だけでなく、制度的支援も行ないました。

設立された水利組合の数は、一九三五年に一九〇に至りました。これらを対象に、事業が施行される前と後の米の生産を比較することができます。『朝鮮土地改良事業要覧』で一九二七～三七年の実績を見ると、事業施行前には反歩当たり稲一俵余りだった収穫量が、事業施行後には三俵前後に大きく増えました。事業成果が、反歩当たり平均稲二俵近い収穫量増加となったのです。当時、耕地所有者が小作農に耕地を貸すと、収穫量の半分を小作料として取っていたため、増えた収穫量の半分は耕地所有者の取り分と見なせます。そして、耕地所有者が組合費を負担したため、耕地所有者は、増えた収入のうちの四〇～六〇％を組合費として負担したと推定されます。この過程で耕地所有者が負担する肥料代金や営農管理費が追加で増える可能性を勘案したとしても、全体的には水利事業の経済性が認定できます。ただ、組合によって成果の差が大きく、米の増収が予想に満たず、その収益では組合費に充当できないケースもありました。また、収支が合わない農家の中には、土地を売って小作農に転落して行くケースもあったでしょう。

以上の事実を見て行くと、田剛秀の言う〝制度と政策を通した収奪〟というのが一体何なのか、さらに不可解となります。「水利組合事業という政策を通し朝鮮農民が没落して行った」と言いたいのでしょうか？　そのような主張が成立するには、水利組合事業で米の収穫量が大きく増え、組合費負担を勘案しても、おおむね収支が合った、という前述した評価を否定できなければならないでしょう。しかし彼は、このような評価を否定できるだけの証拠を出せませんでした。その代わり、「一九一〇年当時は日本人の田の所有面積は朝鮮全体の田の二・八％に過ぎなかったのに、一九三五年には一八・三％に急増した」という許粋烈《ホスヨル》教授の推計結果を引用し、「これは土地収奪がほしいままに行なわれた結果だ」と断定しています。

姿を変えた収奪論

ところで、日本人の土地所有の比率が増えたからと言って、土地が収奪されたという主張が成り立つのでしょうか？　日本人の田の所有は、二つの経路を通してなされました。一つは、川や海岸周辺の低湿地や常習浸水地の灌漑《かんがい》で、これを通して耕地が新たに追加されました。もう一つは、朝鮮人の土地の買い入れです。土地購入には当然、代価が支払われているため、日本人所有の比率が上がったという事実だけで、土地を収奪したとは言えません。日本人の田の所有比率は、植民地初期と世界恐慌期に特に高くなり、一九三五年以後は減少に向かいました。日本の植民地投資が、当初の農業中心から非農業のほうに移って行ったためです。この様相に照らし合わせると、日本人の田の所有の比率が高くなった原因としては、土地の買い入れを含め農業投資を増やして来たことと、世界大恐慌が農村に及ぼした衝撃が大きかったことが考えられます。

現在でもそうですが、ある政策を評価する際には、その政策が、意図した成果をどれだけ出し得たか、あるいは、その政策がどの階層にどのような影響を及ぼしたのか、また、副作用はなかったのかを調べてみるべきです。土地を失い小作農に転落した朝鮮の農民が増えたのなら、それがその政策の結果なのか、そうでなければ他の要因によってなのかを明らかにして行くことも重要です。そういう検討も行なわずに、市場取引の結果として現われた現状を、収奪という経済外的強制で説明するのは、経済的分析を放棄したのと同じです。

彼は許粋烈の推計結果を引用しましたが、許粋烈は、引用されたまさにその本の中で、「収奪という言葉は使わない」と述べています。許粋烈は、彼自身の結論は収奪論と違わないのですが、「収奪という概念に依存していては、植民地期経済をそれなりにきちんと分析できない」と分かったのです。田剛秀は、許粋烈のこのような悩みをまったく理解できなかったように見えます。その結果、「〝略奪〟はなかったが、〝収奪〟はほしいままに行なわれた」という辻褄の合わない話を持ち出して、概念の混乱に陥ってしまいました。「制度と政策を通した収奪」という彼の主張を水利組合の事例をもって具体的に検討してみると、〝収奪〟とは一体何なのかいよいよ分からなくなるのも、その混乱のためです。田剛秀は、土地と米の略奪がなかったことを歴史的事実として認めた点で、韓国史教科書の認識から一歩外に出たかのように見えますが、市場取引を通し現われた現象を結局は収奪と説明してしまった点からすれば、取り立てて変化はないと言えます。私が彼の主張は姿を変えた収奪論に過ぎないと言うのはこのためです。

農村貧困の原因

私は『反日種族主義』で、当時の朝鮮の農民、特に小作農が貧しさから抜け出せなかった原因は、「低い農業生産性と、土地に比べて過剰な人口、それによる強固な地主制の存続という、伝統社会以来の罠に嵌《はま》っていたからだ」と説明しました。これに対し田剛秀は、「〝日本帝国主義の植民地経済政策〟に問題を見ようとせず、朝鮮内部に原因を求めようとする、日帝を免責する論理だ」と批判しました。そして、『反日種族主義』でその根拠として提示した統計資料に対しても、疑いを表明しています。果たして彼の言う通りでしょうか？

この問題を検討するため、過去一〇〇年間の非農業就業者数と農家人口の年平均増加率の推移を示す図19-1を提示しました。それによれば、解放前も後も、非農業就業者の増加率が農家人口のそれより高くなっています。これは、農家人口が都市の非農業部分に移動して行ったことを示します。それにもかかわらず、解放前はもちろんのこと一九六〇年代までも、農家人口の増加率はゼロより大きく、絶対数が増え続けていました。耕地が限定されているのに、農村で人口が増えればどうなるでしょうか？　耕地の価値が相対的に上がり、人の価値は下がって行きま

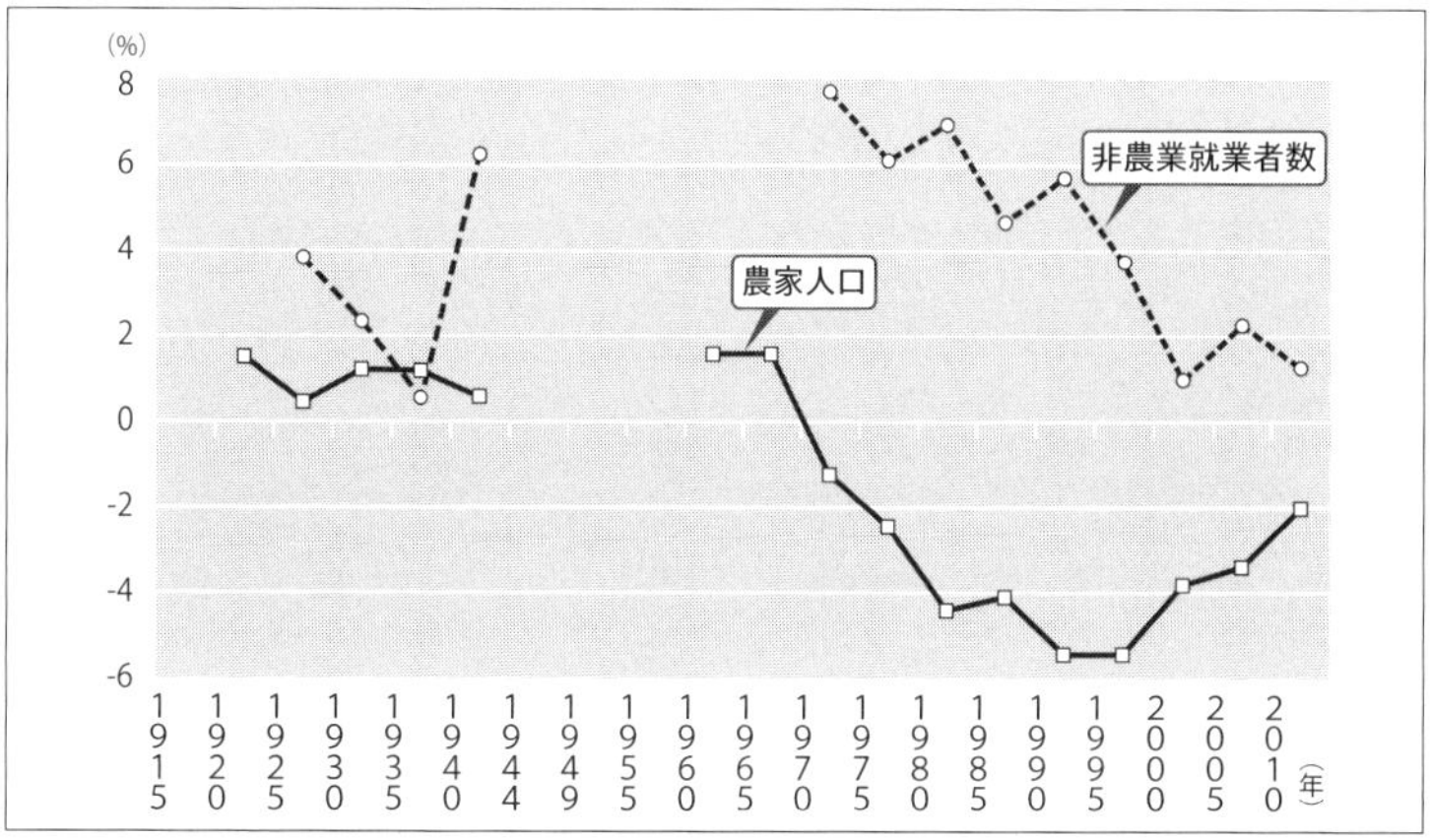

資料：解放前は『韓国の長期統計』、解放後は統計庁とKOSIS

図19-1 農家人口と非農業就業者数の年平均増加率

す。朝鮮時代から植民地期まで地主制が強固に維持されたのは、このためです。人が安く使えるので、労働力の投入を減らす技術（例えば機械化等）が開発される誘因がなく、伝統社会以来の低級な農業技術から脱却できませんでした。

ところが、一九七〇年代以降の高度成長期には状況が大きく変わります。農家人口が急激に減り始め、農村では働き手が不足して来ます。賃金が上がるので機械化が進行し、労働生産性が上がって行くので農家所得も上がって行ったのです。その推進力は、非農業部分に現われた雇用の急増加です。これは、経済成長の恩恵が農村の底辺にまで波及したことを意味します。

このように長期統計は、当該時期が他の時期とどのように違っているのかを比較できるようにするため、その時期に対する理解を高めます。「解放前の小作農の貧困の原因は、伝統社会以来のしがらみから抜け出せなかったことにある」と述べたのは、事実に依拠してのことです。これは朝鮮に限ったことではなく、貧困から抜け出せずにいる他の開発途上国が、今なお陥っている落とし穴でもあります。田剛秀は、「当時の貧困の原因は、日帝の植民地経済政策に求めるべきだ」と述べていますが、彼が事例として挙げた農業政策は、水利施設を拡充するために投資を増やし、生産物の米の移出を促進するものでした。現在の経済学の概念からすれば、これらの政策が、所得の増加に寄与することはあっても、なぜ貧困の原因になるのか理解できません。

収奪論否定と植民地支配の肯定は違う

田剛秀はまた、「『反日種族主義』は、植民地支配の不当性をはっきりと強調すべきだった」と主張しています。これに関しては既に私は、「日本は旧韓国政府の主権を強制的に奪い、植民地として支配しました。一国の主権を文字通り『強奪』したと言えるでしょう。日帝はまさにこの点において批判され、責任を逃れることはできないと思います」と明確に記しています。しかし、その事実が即、土地や食糧を手当たり次第に〝収奪〟したことを意味しているわけではありません。日常生活では民族間差別が無数にあったでしょうが、差別を制度として公式化はしませんでした。日帝は、朝鮮を日本の一つの地方として完全に編入し日本化する、同化主義支配方式を目指したからです。こういう私の意見に彼は、「日本帝国主義者たちの収奪と悪行に対しどこまでも寛大」な論理だ、と非難していますが、このことを直視せずには、日帝が朝鮮をどのように支配しようとしたのか見逃してしまいます。

〈参考文献〉

金洛年（キム・ナクニョン）、朴基炷（パク・キジュ）、朴二沢（パク・イテク）、車明洙（チャ・ミョンス）編『韓国の長期統計』Ⅰ・Ⅱ、海南、二〇一八年刊
［김낙년・박기주・박이택・차명수（2018）,『한국의 장기통계』Ⅰ・Ⅱ, 해남］

田剛秀（チョン・ガンス）a「〝親日派〟批判が理不尽？　自業自得だ―『反日種族主義』を批判する①―」（『オーマイニュース』二〇一九年八月一四日付）
［전강수（2019a）,「『반일 종족주의』를 비판한다 ①'친일파' 비판이 억울? 자업자득이다」, 오마이뉴스 2019년 8월 14일자］

田剛秀b「銃剣で奪ったのでなければ〝収奪〟ではないのか？」（『オーマイニュース』二〇一九年一〇月八日付）
［전강수（2019b）,「총칼로 빼앗는 게 아니면 '수탈'이 아닌가?」, 오마이뉴스 2019년 10월 8일자］

朝鮮総督府『朝鮮土地改良事業要覧』各年度
［조선총독부,『조선토지개량사업요람』, 각연도］

許粋烈（ホ・スヨル）『開発なき開発』銀杏の木、二〇一一年刊
［허수열（2011）,『개발 없는 개발』, 은행나무］

20

朝鮮人の開発のない植民地開発？

朱《チュ》益《イク》鍾《チョン》

反日種族主義者による暴論

日本人たちは猛烈な速度で朝鮮の土地を掌握して行き、鉱工業資産は九〇%以上が日本人所有だった。少数の日本人が土地や資本のような生産手段を集中的に所有したため、所得の分配が民族別に不平等になるしかなかった。このような不平等な所得分配構造は、日本人にさらに多くの生産手段を所有できるようにし、それが所得不平等を拡大させた。このような民族別不平等の拡大再生産過程が、植民地時代の朝鮮で行なわれていた開発の本当の姿だった。（中略）朝鮮人はそのような開発のアウトサイダーに過ぎなかった。

（許《ホ》粋《ス》烈《ヨル》、二〇一九年、抜粋引用）

許粋烈の〝開発なき開発〟主張

二〇〇〇年代初めから、金洛年《キムナクニョン》教授など落星垈経済研究所所属の経済史学者たちは、韓国の長期経済統計を作成することに主力を注ぎ、相当な成果を収めました。彼らは経済学の推計技法を活用して日帝下の国民所得統計を作成し、それを分析して、植民地近代化を統計によって立証しました。過去、数的優位だけを信じ、植民地近代化系列の研究を無視して来た韓国史研究者たちは、このような統計に裏づけられた植民地近代化論に思うように反駁できず、苦しい立場に置かれています。こんな韓国史学界に援軍の役割を果たしたのが、経済史学者の許粋烈です。長い間、日帝下の経済統計を作成・分析して来た彼は、単身で植民地近代化論の研究陣に立ち向かいました。

許粋烈は、日帝下の経済成長をある程度認めますが、落星垈チームに比べるとその経済成長率を低く見つもり、また、日帝末に生産が大幅に減退し、結局日帝によって経済成長は〝元の木阿弥〟に戻った、と見ます。何よりも彼は、朝鮮人はそのような経済成長に参与できなかった、と見ています。「日帝下で経済成長はあったが、民族間の所得分配が極端に不平等であり、成長の実りは日本人が独占し、朝鮮人にとっては良くなったものなどなかった」と主張しています。その理由は、「土地や鉱工業資産のような生産手段が日本人に極端に集中したことにある」としています。

日帝下において生産手段が日本人に集中していたのは事実です。そうだとしても、果たしてそのために、成長の実りを日本人が独占し、朝鮮人は脇役としてだけいる〝開発のアウトサイダー〟となったのでしょうか？　この問題を正確に究明しようとすれば、まず、日帝下における経済成長の規模を推計し、また、民族間の所得分配を推計し、朝鮮人所得がどのように変化したのかを把握しなければなりません。特に、朝鮮人一人当たりの所得の変化を把握するには、人口数も把握しなければなりません。経済成長の規模の推計、民族間所得分配の推計、人口数の変化の推計の三つのうち、どれ一つをとっても簡単ではありません。多くの、時には無理な仮定をしなければなりません。研究者によって違った仮定をし、推計作業をするため、結果も違って現われます。落星垈チームの推計結果と許粹烈の推計結果が、相当に違っているのはそのためです。ここでは、どちらの推計法が正しいのか一つ一つ詰めて行く余裕がありません。そこで、許粹烈の推計結果は果たして彼の主張を裏づけているのか、それは実際何を意味しているのかを調べて行きたいと思います。

農業部門の開発利益は誰に？

日本は、植民地朝鮮を彼らの食糧供給基地として開発しました。水利施設を整備し、品種を改良し、化学肥料をどしどし投入し、米の生産を増やすという産米増殖計画が、その代表的政策でした。米が大幅に増産され、また、日本への米の輸出（当時の言い方では移出）が増加したのは、よく知られた事実です。ところが、日帝下で米がどれほど増産されたのかに関しては、意見が分かれます。総督府の不正確な米生産量統計を補正する方式が、研究者によって違っているためです。一例として、金洛年チームは、一九一一～三九年の間で米生産量は一二三％増えた、と推計しましたが、許粋烈は、一九一〇～四二年の間で米の生産量は五二％増えた、と計算しました。金洛年が一九一一年と一九三九年の各期三カ年の平均値を比較したのとは違って、許粋烈は、一九一一～一五年の五年の平均値と、一九三五～四四年の一〇年の平均値を比較しました。前で言及したように、許粋烈は経済成長効果を少なく見つもりました。

ここでは、許粋烈の計算結果をそのまま受け入れ、それが何を意味するのかを調べて行こうと思います。許粋烈によると、一九一〇～四二年の間に水田の面積が一五％増加したため、水田の面積当たりの生産性は三二％増加したことになります。この期間中、日本人の水田の比率が二・八％から一六・九％に大きく増加しましたが、彼は、日本人の水田は朝鮮人の水田よりかなり生産性が高い〝沃土〟だったと見なし、日本人の水田で生産された米の比率は四・二％から二三・四％へと大幅に増えた、と考えました。日本人の水田が果たして彼が仮定したような〝沃土〟だったのかについては疑問ですが、それもそのまま受け入れることにしましょう。彼は、朝鮮人地主の水田で生産された米は、みな朝鮮人（地主と自作農、小作農）に帰属したとし、日本人地主の水田で生産された米は、小作料率五五％ほどが日本人地主に、残りの四五％のうち一〇分の九が朝鮮人小作農に帰属した、としています。

このように設定すると、米が朝鮮人と日本人の間でどのように分配されたのか計算できます。

		1910年	1942年	増産量(比率)		増加率
米　生産量指数		100.0	152.3	52.3		
民族別分配	朝鮮人	97.5	131.1	33.6	**64.2%**	34.4%
	日本人	2.5	21.2	18.7	**35.8%**	752.6%
	計	100.0	152.3	52.3	**100.0%**	52.3%

資料：許粋烈、2011年、118頁

表20-1　生産された米の民族間配分の変化

その結果は上の表20-1に示されていて、一九一〇～四二年の間に、米の増産分の三分の二ほどが朝鮮人に、三分の一ほどが日本人に帰属したことになります。つまり、〝植民地開発〟の利益の三分の二ほどが、朝鮮人に戻って行ったのです。

この結果は、許粋烈の主張と符合するのでしょうか？　符合しません。農業（米）増産分の三分の二が朝鮮人に帰属したからです。これは〝開発利益の日本人独占〟という彼の主張と異なります。それなのに、自身の主張と一致していないこの結果を堂々と本に載せています。これはどういうことでしょうか？　朝鮮人の分け前がせいぜい三四％の増加だったのに対し、日本人の分け前は実に七五三％（18.74÷2.49≒7.526）もの増加だったことを強調しようとしたのでしょうか？

実のところ彼は、二〇〇五年に初めて出した『開発なき開発』という本で、「開発利益（米増産分）の八五％は日本人が占め、一五％だけ朝鮮人が取った」としていました。「朝鮮人は植民地開発の脇役だった」という彼の主張にぴったりの結果でした。彼が望んだ結果が出たので、意気揚々だったようです。本のタイトルも自信満々に「開発なき開発」と付けました。〝朝鮮人の開発なき植民地の開発〟という意味です。ところが、彼が日本人の取り分をやみくもに膨らませて計算したことを、落星垈チームの金洛年が明らかにしました。その後、許粹烈が間違いを修正して提出したのが表20-1です（本も二〇一一年に改訂）。しかし、明白な間違いを修正してみると、開発利益の三分の二近くを朝鮮人が持って行った結果が現われました。これは「開発利益の日本人独占」という自身の主張と衝突します。しかし彼は、これをあえて無視し、〝開発なき開発〟を主張し続けているのです。

工業開発利益の民族間配分

「農業は元々朝鮮人の分け前が大きな分野ではないか。朝鮮人の水田の比率が高いため、農業開発の利益を朝鮮人が主に取得したのではないか」と言う人もいるでしょう。つまり、「圧倒的に日本人の比率が高い工業分野では、開発利益は日本人が独占したのだ」ということです。しかし、果たしてそうだったのでしょうか？

許粹烈は、同様にして、工業生産についても民族別比率を計算しました。彼は、家内工業、官営工場、朝鮮内日本人資本と朝鮮人資本の工場生産額、日本系大資本の工場生産額等に分け、工業生産額を推計しました。その結果は次頁の表20-2のように、一九二六～三九年の間で、朝鮮人の工業生産額の比率が四九・一%から三七・二%に減少した、と出ました。しかし、朝鮮人の工業生産額比率の減少が即、開発利益の日本人による独占ということになるのでしょうか？　そうではありません。名目額ではありますが、工業生産額は一九二六～三九年の間で三・四倍増加

		1926年(A)		1939年(B)		開発利益(B-A)	
民間工場	朝鮮人	83.2		380.3			
	日本人	229.3		1,055.4			
官営工場		48.5		77.9			
家内工業	朝鮮人	190.1		323.8			
	日本人	5.4		57.7			
合計	朝鮮人	273.3	49.1%	704.1	37.2%	430.8	**32.2%**
	日本人	283.2	50.9%	1191.0	62.8%	907.8	**67.8%**
	計	556.5	100.0%	1,895.1	100.0%	1,338.6	**100.0%**

（単位: 百万円）
資料：許粋烈、2011年、171頁

表20-2　民族別工業生産額の変化

し、朝鮮人による工業生産額も二・六倍大きくなりました。朝鮮人にも開発利益が配分されました。開発利益のうち三二・二%が、朝鮮人の取り分でした。

付加価値基準の実質額で見るとどうでしょうか？　金洛年チームは、年度別の製造業付加価値生産額を推計しました。これに許粋烈が計算した民族別比率の数値を適用すると、**表20-3**のように、朝鮮人と日本人の配分の数値を得ることができます。金洛年チームによれば、一九二六〜三九年の間で製造業の付加価値は三・一倍に大きくなりました。この製造業付加価値の増加分が、工業部門の開発利益だと言えます。開発利益二億一六〇〇万円のうち六八〇〇万円が朝鮮人の取り分、一億四八〇〇万円が日本人の取り分でした。朝鮮人の比率は三一・五%で、開発利益の三分の二以上を日本人が取って行きました。これを独占と言うべきでしょうか？　前に見た米の増産量のうち、三分の二近くが朝鮮人に帰属しましたが、それを独占とは言いませんでした。そうだとすると、工業部門でも開発利

	1926年(A)	1939年(B)	1926〜1939年 開発利益(B-A)	
製造業付加価値	103.8	319.8	216.0	100%
朝鮮人分	51.0	119.0	68.0	31.5%
日本人分	52.8	200.8	148.0	68.5%

（単位：百万円、1935年価格基準）
資料：金洛年・朴基炷・朴二沢・車明洙、2018年、757頁

表20-3　民族別の製造業付加価値

益を日本人が独占したとは言えず、朝鮮人にも分け前があったと言えます。「工業部門の開発利益の三〇％は少ない」と言うかも知れませんが、開発利益の二億一六〇〇万円が、初年度（一九二六年度）付加価値一億三八〇万円の二・一倍とかなり大きかったことからすると、朝鮮人一人当たりの所得が増加したのは間違いありません。

ここで、もう一つ考慮しなければならないことがあります。表20-3の数値は、単純に事業主が朝鮮人か日本人かによって付加価値生産額を分類したものです。日本人工場の付加価値の中には、朝鮮人労働者に対する賃金支給分があります。この部分を考慮すると、工業部門の付加価値中に占める朝鮮人の分け前は、さらに大きくなります。朝鮮人労働者への賃金支給分がいかほどかが問題ですが、韓国最初の、一九六〇年の産業連関表に依拠して推定してみました。一九六〇年の産業連関表によると、製造業の付加価値総額は三三一億六二〇〇万ウォンであり、そのうち被用者の報酬は一二五億六〇〇万で三七・七％を占めました。この比率を日帝下の製造業に適用すると、被用者報酬額を求めることができます。ところで、日帝下の勤労者の中には、朝鮮人のみならず日本人の技術者や労働者もいたので、この被用者報酬を算出する際には、朝鮮人と日本人とに分けて計算しなければなりませ

ん。ここでは便宜上、朝鮮人労働者の取り分を、全被用者報酬三七・七%のうちの二〇%とします。日本人の技術者・労働者の取り分は、全被用者報酬三七・七%から朝鮮人分の二〇%を差し引いた一七・七%だ、と仮定するわけです。こうすると、開発利益のうち朝鮮人の取り分は、表20-3で「朝鮮人分」とした開発利益三一・五%に一三・七%(「日本人分」の開発利益六八・五%に〇・二を掛けた数字)を足した、四五%ほどになります。許粋烈は、日本人の開発利益独占を主張しようと熱心に推計作業をしましたが、結果は、朝鮮人と日本人の間で開発利益は、半々に近い割合で分けられていました。日本人の人口数が少ないことを考慮すれば、日本人に非常に有利な、民族間不平等が深化された分配でした。しかし、開発利益が朝鮮人と日本人の間で、半々に近い比率で分配されたこと自体に間違いはありません。

朝鮮人が参与した植民地開発

このように見て来ると、許粋烈の〝開発なき開発〟の主張は成立しません。彼は、「民族間の不平等が深化する中、朝鮮人は〝開発のアウトサイダー〟に過ぎなかった」と主張していますが、自ら計算したデータによって、自らの主張が簡単に否定されてしまっています。彼は、この簡単なことを知らなかったのでしょうか? そうではないでしょう。彼は前掲の自著(二〇一一年の改訂版)でこの結果について、それ以上の説明をせず、あやふやにしています。そうして、工業部門で朝鮮人と日本人それぞれの資本や資産にどれほど大きな格差があったかを、くどくどしく叙述しています。工業会社の資本の九五％が日本人の所有であったことを強調しています。たぶん、工業資本所有の民族間の極端な不平等を強調し、読者に所得分配の極端な不平等を、つまりは開発利益の日本人独占を、連想させようとしたのでしょう。

日帝下で実際起こったのは、朝鮮人が参与し、その結果も享有する植民地開発でした。日本は朝鮮を併合した後、私有財産権制度を確立し、交通・通信などの社会間接資本を拡充し、朝鮮内の産業開発を目論みました。日本は、土地所有権と境界の調査及び登記、法律による公平な地税賦課、通貨価値の安定を通し、私有財産権を保護しました。鉄道・港湾・道路を建設し、電信・電話など通信網を拡充し、度量衡制度を統一しました。貯蓄と投資が活性化するよう、金融機関も新設し、会社制度も導入しました。日本は、このような基盤の上に朝鮮で、初期は農業、その次には鉱工業の開発を目指したのです。国家政策として、産米増殖計画や生産力拡充計画が推進されました。これによって国内総生産（ＧＤＰ）が持続的に増加し、第二次産業と第三次産業の比重が大きくなり、産業構造が改編されるという、近代経済成長が起こりました。

朝鮮人は、許粋烈が主張するように、この開発のアウトサイダーだったのではなく、彼が実証したように、この開発の参与者でした。経済成長の主役は日本人でしたが、朝鮮人もその一翼を担いました。朝鮮人も経済成長の実りを分かち持ち、この点で植民地経済成長は、朝鮮人にとっても有用でした。結局、植民地経済成長は〝朝鮮人の開発もある植民地開発〟でした。

〈参考文献〉
金洛年（キム・ナクニョン）、朴基炷（パク・キジュ）、朴二沢（パク・イテク）、車明洙（チャ・ミョンス）編『韓国の長期統計』Ⅰ・Ⅱ、海南、二〇一八年刊
［김낙년・박기주・박이택・차명수 (2018),『한국의 장기통계』Ⅰ・Ⅱ, 해남］
車明洙『飢餓と奇跡の起源』海南、二〇一四年刊
［차명수 (2014),『기아와 기적의 기원』, 해남］
許粹烈（ホ・スヨル）『開発なき開発』銀杏の木、二〇一一年刊
［허수열 (2011),『개발 없는 개발』, 은행나무］
許粹烈「植民地近代化論は〝気まずい真実〟でなく〝気まずい虚構〟だ」（『ハンギョレ新聞』二〇一九年八月二八日付）
［허수열 (2019),「식민지 근대화론은 '불편한 진실' 아닌 '불편한 허구'다」,『한겨레신문』2019년 8월 28일자］

20　朝鮮人の開発のない植民地開発？

21

日帝時代における生活水準の変動

車明洙《チャミョンス》

一人当たりの生産の増加

日本は、朝鮮を経済的に搾取するために合邦（韓日併合）をし、その結果、日帝時代に朝鮮人たちが益々貧しくなったというのは、韓国人なら当然と思う常識です。しかし、その常識は、何を根拠にした常識でしょうか？　一国の総生産は、総所得、つまり、その国の人々が稼いだ所得を全て合計したものです。その総所得を総人口で割った値、即ち一人当たりの生産は、生活水準を表わす指標としてよく使用されます。二〇〇〇年代に落星垈経済研究所のメンバーたちは、日帝時代の国内総生産（GDP）及び人口推計作業を行ない、一九一〇〜四〇年の間の人口増加率は年一・三％、総生産増加率は年三・六％であったという結果を得ました。その結果により、一人当たりの生産が年二・三％（=3.6%−1.3%）ずつ増加したことも分かりました。それは二〇一八年の大韓民国の、一人当たりの生産増加率とほぼ同じです（Cha and Kim, 2012)。二〇世紀の前半には、二回の世界大戦だけでなく、大恐慌も起きました。マディソン・プロジェクト・データベース（Maddison Project Database）によると、この時期の世界経済全体の一人当たりの生産増加率は、一％にも達していませんでした。そのような厳しい状況下での一人当たり二・三％の生産増加率は、高度成長と評価しても良いと思います。

とは言え、日帝時代に一人当たりの生産、即ち一人当たりの所得が増加したからと言って、朝鮮人の労働者や農民の物質的生活がそれと共に向上した、という保証はありません。一〇〇人がいて、九九人の所得は変わらなくても、あるいは下落しても、残りの一人の所得だけが増加したら、一人当たりの所得の平均は増加します。日帝時代に一人当たりの生産が二・三％ずつ増加したと言っても、朝鮮に移住していた日本人の所得だけが増加し、朝鮮人の所得は停滞あるいは下落した、と見ることも可能です。したがって、その時代の朝鮮人の最下位所得階層の生活水準が向上したのか悪化したのかを把握することは、重要な問題です。

身長の増加

朝鮮総督府は、病気、飢餓、寒さ、あるいは犯罪のため、道端で倒れて死亡した人たち、即ち「行旅死亡人」たちの縁故者を探すために、死亡者たちの身長を含めた身体の特徴を朝鮮総督府の官報に掲示しました。明知大学校経済学科の金《キム》ドゥオルと慶北大学校経済学科の朴熙振《パクヒジン》は、六三四六名の行旅死亡人の身長測定資料を回帰分析（結果と要因の関係を明らかにする統計学的手法）

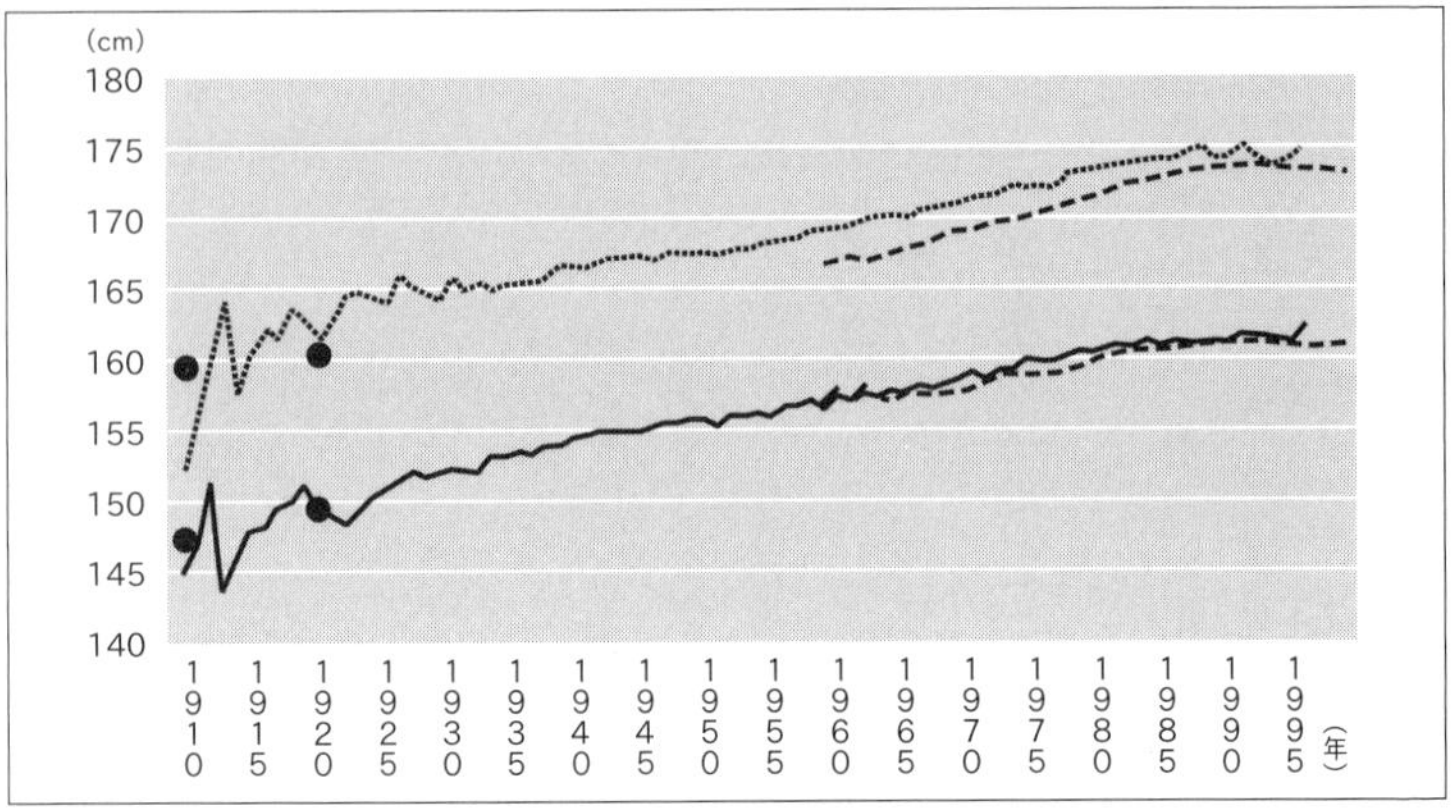

注：横軸は出生年度、縦軸は身長、●は行旅死亡人の20代の男子（上）と女子（下）の身長、1910年から1995年まで左右長く引かれた線は国民健康栄養調査からのマイクロデータを利用した20代の男子（点線）と女子（実線）の身長、計測期間が短めの太い点線は教育部発表の17歳の男子（上）と女子（下）の身長

資料：Kim and Park, 2011年／国民健康栄養調査からのマイクロデータ

図21-1　20世紀における20代男女の平均身長の推移

し、年齢・出身地域・死亡原因が身長に及ぼす影響を除去して分析した後、日帝時代に行旅死亡人の平均身長が二・二センチ増加したことを発見しました。この結果は図21-1に丸い点（●）で表示されています（Kim and Park, 2011）。行旅死亡人は貧しい人たちであった可能性が高いので、日帝時代の一人当たりの所得増加は、貧しい人々の犠牲によって起きたのではないことが分かります。図21-1に示された他の身長推計については、のちほど説明します。

金ドゥオルと朴熙振が発表した身長増加の証拠により、二・三%という一人当たりの所得成長率の推計が、どれほど現実を正確に反映しているのか確認することができます。国際的、歴史的な身長データを分析したオハイオ州立大学のステッケルによると、一人当たりの生産が一%増加すると、平均身長は〇・〇三九七センチ増加する傾向にあるそうです（Steckel, 1995）。一九一一～四〇年の間の一人当たりの生産が年二・三％ずつ増加したのなら、身長は二・六センチ（=0.0397×2.3×29）程度増加しなければなりません。この予測値は、金ドゥオルと朴熙振が行旅死亡人の身長測定記録から計算した実際の身長増加値の二・二センチと似ています。

体重の増加

日帝時代では、身長だけでなく体重も増加していました。朝鮮総督府の官報に載った行旅死亡人の身体の特徴情報に、体重は入っていません。しかし、日帝時代の互いに異なる時期に生まれた人々が、現在まで生存しているため、彼らの体重を通じて日帝時代における朝鮮人の体重の増減を調べることは可能です。保健福祉部（日本で言う厚生労働省）は、国民健康栄養調査の過程で収集した個人の健康関連情報を発表しており、そこには体重が含まれています。この国民健康栄養調査のサンプルには、日帝時代が始まる前に生まれた老人から、一九九〇年代に生まれた若者まで入っています。私は、彼らの身体測定記録を根拠に、一〇〇年前から韓国人が経験した生理学的変化、特に体重、身長、血圧、脈拍、血糖、白血球及び赤血球の数値の、長期的変化を追跡する研究をしています（車明洙、二〇二〇年）。

次頁の図21-2は、一九九八年、二〇〇一～〇四年の国民健康栄養調査のサンプルに含まれた、八八〇六名の二〇歳以上の男性、一万一三二〇名の二〇歳以上の女性の記録を使用して推定した、

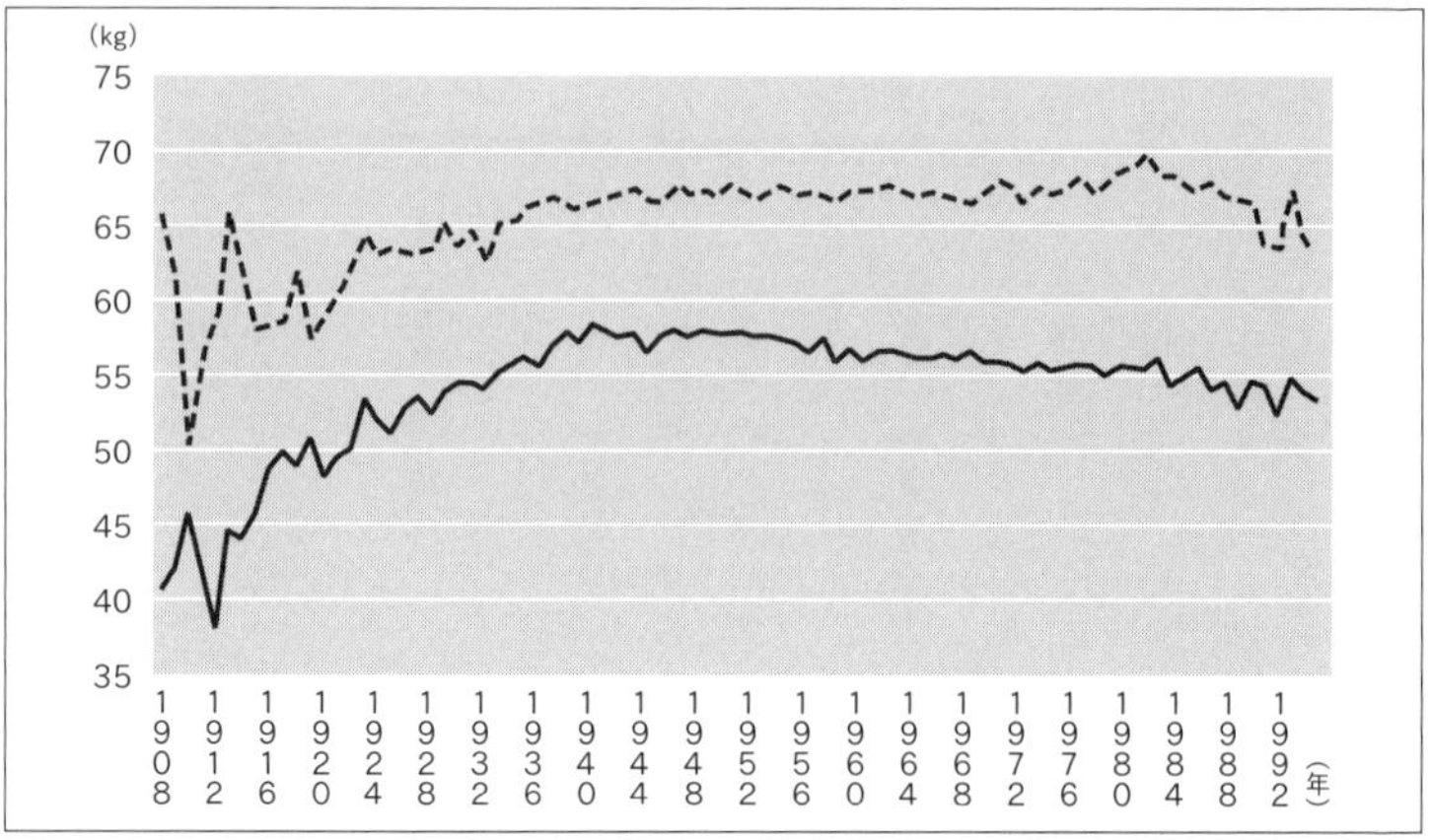

注：横軸は出生年度、縦軸は1998年と2001～04年の国民健康栄養調査のマイクロデータを利用した20代の男子（点線）と女子（実線）の体重の推計

資料：国民健康栄養調査からのマイクロデータ

図21-2　20世紀における20代男女の体重の推移

体重の推移です。体重は年齢によって変化するので、回帰分析を通じて年齢が体重に及ぼす影響を除去した後、さまざまな時点で生まれた人々の二〇代の体重を推定しました。図21-2の中で、二〇世紀初めに生まれた人々の体重の推計値が不規則なのは、国民健康栄養調査のサンプルに入っている高齢者数が少なく、したがって標準誤差が大きいからです。そのため、二〇世紀初めの年度別推計値の変化にはあまり意味がなく、長期推移が増加なのか減少なのかが重要です。図21-2によると、日帝時代に朝鮮人たちの体重は、持続的に増えていました。

国民健康栄養調査のサンプルに入っている高齢者たち、例えば一九一〇年代生まれの人たちは、同世代の中でも比較的健康な人たちなので、一九九八年まで生き残れたと推測でき、したがって図21-2に示された一九一〇年代生まれの人たちの推計値は、全ての一九一〇年代生まれの人々の平均体重よりも大きい可能性が高いでしょう。これは、日帝時代に実際に起きた体重増加の趨勢は、図21-2に示された傾きより急だったはずだ、ということを意味します。

　国民健康栄養調査の資料には身長情報も入っていて、体重と同じ方式で、二〇世紀の間の身長変化を推定することができます。その結果は、先ほどの図21-1に示されています。そのようにして分かった二〇世紀初めの二〇代の朝鮮人男性の身長は、前述した、金ドゥオルと朴熙振が計算し図21-1に●で表示した、行旅死亡人の平均身長とあまり変わりありません。それだけでなく、図21-1には示されていませんが、ソウル大学校経済学部の李澈羲《イチョルヒ》が兵務庁の身体検査記録に基づいて推定した、一九五〇年代の男性身長とほとんど同じです。最後に、図21-1に計測期間が短めの太い点線で描かれた一九八〇~九〇年代の一七歳の男女学生の平均身長とも矛盾しません。一七歳の女子高校生の身長は、二〇代女性の身長と似ていますが、一七歳の男子高校生の身長は、二〇歳の男性の身長より低くなります。その理由は、女性と違って男性の身長増加は、二〇代でも続くのが普通だからです。図21-1の身長の推移を見ると、図21-2の体重と同様に、労務者や慰安婦の強制連行があったと言われる第二次世界大戦期にも、増加が中断しなかったことが分かります。

　身長と体重の推定値を使って体格指数（body mass index：BMI）、即ちキログラムで表示した体重をメートルで表示した身長の二乗で割った比率を、計算することができます。その結果を見ると、一九一〇年に二一程度だったＢＭＩが、一九四〇年に二四にまで増加し、その後は下落して二一の水準に戻りました。ＢＭＩは死亡確率と密接な関係があり、ＢＭＩが二一より小さいか二四より大きければ、死亡確率が高くなります（Fogel, 2004）。

実質賃金、死亡率、生涯所得

日帝時代の最下所得階層である非熟練労働者の実質賃金（名目賃金を消費者物価指数で割った比率）に関する推計が、いくつかあります。許粹烈《ホスヨル》の推計（一九八一年）によると、日雇労働者の生活水準は一九一〇～三八年の間で停滞しました。私の推計（車明洙、二〇一一年）では、八大都市の非熟練労働者の実質所得は、一九一〇～四二年の間で年〇・四五％ずつ増加していますが、統計的に意味のある数値とは言えません。最後に、私は、一九一〇～三八年の間で、非熟練労働者たちの名目賃金を最低生計費で割った比率（厚生比率、welfare ratio）が、増加も減少もしなかったことを示しました（Cha, 2015）。要するにそれらの研究は、人夫、荷運び人などの都市貧民層の実質所得は増加しなかったことを示しています。

貧困層の所得が停滞していたのなら、食べ物の摂取量も停滞していたはずなのに、日帝時代になぜ身長が高くなり、体重も増えたのでしょうか？　その理由は、日帝時代、衛生施設の改善や近代医学の導入によって死亡率が低くなり、平均寿命が延びていたからです。病気と闘うとエネルギーを消耗します。同じ量のカロリーを摂取しても、病気にならなかったら、身長も高くなり体重も増えます。権泰煥《クォンテファン》の推計によると、最初の人口センサス（調査）が実施された一九二五～

三〇年の間の朝鮮人の平均寿命は三七歳でしたが、一九四〇～四五年の間では四一歳に延びました（Kwon, 1977）。族譜に記録された出生と死亡の記録に基づく私の計算によると、朝鮮後期の平均寿命は二三歳程度でした（車明洙、二〇〇九年）。したがって、非熟練労働者の実質賃金が停滞したこと、あるいは非常にゆっくりとしか増加しなかった事実だけを理由に、日帝時代に下層民は経済成長の恩恵を受けていなかった、と言うことはできません。むしろ、実質賃金は不変でも平均寿命が延びたので、生涯所得が増加したと言えます。このような意味でも、最下層労働者の生活水準は向上した、と言うことができます。

最後に、「日帝時代に朝鮮人の生活水準は向上しなかった」と主張する許粹烈は、大工、植字工のような熟練労働者の実質賃金が、非熟練労働者の実質賃金と違って明らかに増加に推移していたことを示しています（一九八一年）。日帝時代の労働者はほとんどが非熟練労働者でしたが、熟練労働者が全労働者の中で占める比率は、増加していた可能性が高いのです。その理由は何よりも、日帝時代に初等教育が拡充されて行くにつれ、読み書きができる人の比率が増加したからです。一九一〇年、五～一四歳の人口中、普通学校（のちの小学校）に通っていた人は三％にも満たなかったのですが、一九三三年には三三％に増加しました。一九一〇年、一五歳以上の人口中、ハングルの読み書きができる人は一九％に過ぎませんでしたが、この比率は一九四四年には四五％に増加しました（車明洙、二〇一四年）。したがって、非熟練と熟練労働者を合わせた全労働者階層の生活水準は改善していた、と評価できます。

日帝時代に起きたこのような変化は、朝鮮王朝時代の最後の二世紀の間に起きた変化とは対照的です。一八〜一九世紀には、実質賃金が下落し、身長が縮んだだけでなく、死亡率も高くなっていました（趙映俊《チョヨンジュン》・車明洙、二〇一二年）。朝鮮後期には、人口が年〇・四〜〇・六％ずつ増加しました（車明洙、二〇〇九年&二〇一四年）。マルサスが『人口論』で説明したように、生産技術が発展しない中で制限された資源を利用する人数が増えると、一人に与えられる生活物資の量は減ります。つまり、生活水準は悪化します。しかし日帝時代には、人口が朝鮮後期に比べて二〜三倍の速度で増えたにもかかわらず、労働者の生活水準は向上していました。生産技術が発展していたからです。日帝時代は、長い間、嵌っていた〝マルサスの罠〟から抜け出て、〝近代経済成長〟の段階に進んだ時期でした。

要約

日帝時代には、一人当たりの生産は増加したものの、貧困層の一年または一カ月間に稼ぐ実質所得は増加しませんでした。地主、資本家などのような裕福な人々の所得は速いテンポで増加し、所得分配が段々不平等になって行きました。しかし、朝鮮後期のような労働者の実質所得の下落はありませんでした。日帝時代には、朝鮮後期より人口が二〜三倍のスピードで増加したにもかかわらずです。日帝時代の人口増加は、死亡率の低下によって起きました。死亡率の低下は、実質賃金が停滞する中で身長と体重がなぜ増加したのかを説明してくれます。また、平均寿命の伸延は、非熟練労働者の生涯に稼げる所得の増加を意味します。日帝時代には、朝鮮人の体だけが大きくなったのではなく、近代教育の普及により、精神的成熟も促されました。学校教育を受けた人々が増えるにつれ、熟練労働者が全労働者階級の中で占める比率が増しました。熟練労働者の実質所得が増加したという事実に、疑う余地はありません。このような全ての変化は、一八世紀末と一九世紀初めの英国でも起き、それを指して「産業革命」と言います。そして、そのような変化が起きた背景には、英国でも朝鮮でも、技術の発展がありました。

〈参考文献〉

趙映俊（チョ・ヨンジュン）、車明洙（チャ・ミョンス）「朝鮮中後期の身長の推移、一五四七－一八八二」（『経済史学』第五三号〔二〇一二年刊〕所収）
[조영준 · 차명수 (2012), 「조선 중후기의 신장추세, 1547 - 1882」, 『경제사학』53]

車明洙「朝鮮後期の出産力、死亡力及び人口増加」（『韓国人口学』第三二号〔二〇〇九年刊〕所収）
[차명수 (2009), 「조선 후기의 출산력, 사망력 및 인구 증가」, 『한국인구학』32]

車明洙「植民地時代の都市・職種間の非熟練労働者の賃金格差」（『経済学研究』第五九巻第一号〔二〇一一年刊〕所収）
[차명수 (2011), 「식민지 시대의 도시간 직종간 비숙련 임금격차」, 『경제학연구』59 (1)]

車明洙『飢餓と奇跡の起源』海南、二〇一四年刊
[차명수 (2014), 『기아와 기적의 기원』, 해남]

車明洙「韓国人の生理学的進化、一九一〇－二〇一〇年」（未刊行原稿）
[차명수 (2020), 「한국인의 생리학적 진화, 1910 - 2010」, 미간행 원고]

許粹烈（ホ・スヨル）「日帝下の実質賃金（変動）の推計」（『経済史学』第五号〔一九八一年刊〕所収）
[허수열 (1981), 「일제하 실질임금 (변동) 추계」, 『경제사학』5]

Cha, Myung Soo（2015）, "Unskilled Wage Gaps within the Japanese Empire", *Economic History Review* 68(1).

Cha, Myung Soo and Kim, Nak Nyeon（2012）, "Korea's First Industrial Revolution, 1911-1940", *Explorations in*

Economic History 49.
Fogel, Robert W.（2004）, *The Escape from Hunger and Premature Death, 1700-2100* , Cambridge: Cambridge University Press.
Kim, Duol and Park, Heejin（2011）,"Measuring living standards from the lowest: Height of the male *Hangryu* deceased in colonial Korea", *Explorations in Economic History 48*.
Kwon, Tai Hwan（1977）, *Demography of Korea*, Seoul: Seoul National University Press.
Lee, Chulhee（2019）,"Economic Development and Changing Socioeconomic Differences in Health: Evidence from South Korea, 1946-1977"（二〇一九年の経済史学会春季学術大会における発表論文）
Maddison Project Database（2018）: https://www.rug.nl/ggdc/historicaldevelopment/maddison/releases/maddison-project-database-2018.
Steckel, Richard（1995）, "Stature and the Standard of Living", *Journal of Economic Literature 33*.

特別寄稿

作られた中国の反日感情

朴尚厚《パクサンフ》

毛沢東の対日感謝

中国人の反日感情は作られたものです。中華人民共和国を建国した毛沢東ですら、反日感情を持っていませんでした。毛沢東は六・二五《ユギオ》戦争（五二頁の注14参照）以後、国際的に孤立した状況を打破するため、日本との関係改善を望みました。彼は、一九五六年に北京の中南海を訪問した旧日本帝国陸軍の中将遠藤三郎の一行に、「日本軍が我々中国に進攻したことに感謝している。あの戦争がなかったら、今の我々はあり得ない。あの戦争があったがために、バラバラに散らばった、砂のようだった人民が団結することができた」と語りました。毛は「侵略」とか「侵攻」という語彙《ごい》をわざと避けました。

この後も多くの日本人が、毛沢東に会うたびに〝謝罪〟をしますが、毛は「皇軍に感謝している」という言葉を連発し、「過去にこだわらない」という考えを一貫して主張しました。毛は一九六四年七月一〇日、日本の社会党の幹部たちが訪中したときも、「国民党によって敗走させられ、兵力を三〇万から二万五〇〇〇にまで減らしてしまった苦境下、日本軍が八年もの間、国民党と戦ってくれたおかげで、紅軍は一二〇万の軍隊となって起死回生できた。どうして日本の皇軍に感謝せずにいられようか」とまで言いました。毛は、日本が中国を侵略したために国共合作もでき、日本軍と共謀し絶えず国民党の弱体化を図ったことで中国全体を手に入れることができた、という肚《はら》の内を幾度か明らかにしました。また、生きている間、日本に歴史問題を提起したことも、抗日戦争勝利を祝ったこともありませんでした。

嘘と宣伝の抗日

いわゆる大長征（the Great March）も、抗日の偽イメージに染め付けられています。毛沢東は一九三一年一一月、江西省の瑞金で中華ソビエト共和国を創設し、一九三四年、国民党軍を避けて西北方面に逃走し始めました。徒歩で一万五〇〇〇キロメートルを踏破することになります。共産軍を追撃したのは蔣介石の国民党軍でしたが、毛はこの敗走過程を「北上抗日」と言いました。このときコミンテルンも、やはり中国共産党に「日本軍のいない西北に逃げろ」と打電しました。「大長征」に加わり、新中国誕生後は人民解放軍総参謀長を務めた粟裕も、回想録で「抗日という目的はなかった」と述懐しています。しかし毛は、「中国工農紅軍の北上抗日宣言」を出したかと思うと、「一致団結し日本帝国主義を中国から追い出そう」という宣伝ビラを一六〇万部以上配布しました。多くの中国人がこの宣伝に乗せられました。

偽の抗日は以後も続きました。一九三七年八月二二日、中共中央は陝西省洛川県で中共中央政治局拡大会議を開きました。ここで「日本帝国主義を打倒せよ」「抗日のため民族は団結せよ」という中国共産党抗日救国一〇大綱領を決議します。しかしこれは、人心を掌握するための宣伝文句に過ぎませんでした。中共中央は、内部的には「日本軍との正面衝突は避けよ」という命令を隷下の紅軍に下していました。当時、紅軍第四方面軍軍事委員会主席であった張国燾の回想録によれば、毛は「愛国主義に惑わされてはならず、前線において抗日の英雄になってはならない」という指針を示していました。そうしながら具体的に、戦力の七〇％は共産党の発展のために、二〇％は（国民党との）妥協のために、残り一〇％は対日作戦に使うよう指示しました。

日本軍と勇敢に戦うことで日本軍に「八路軍は強い」と思われてしまうと、日本軍が戦力を集中させる危険があるため、第一線に出て戦うことを厳禁しました。毛沢東の指針に従い、八路軍はおおむね小規模な後方ゲリラ戦を遂行し、一般国民と国民党軍を対象にした宣伝と洗脳作業を行ないました。第一線で国民党軍が日本軍と戦っている間に、背後で勢力の拡張にだけ没入したのです。しかし戦場の将帥たちは、敵に打ち勝ち戦果を挙げたいという、剛毅の思いを抱かざるを得ませんでした。彭徳懐は一九四〇年八月、日本軍と正面から激突し、日本軍の補給網に大きな損失を与え、「百団大戦」と呼ばれる勝利を収めました。毛は彭徳懐を「そのような目立った戦闘をしてはいけない」と激しく叱責しました。このときの感情のしこりのためなのか、彭徳懐は一九五八年、毛の大躍進運動に反対し、一九五九年に粛清された後、獄死しました。

日本との共謀

毛沢東にとって何よりの目標は、国民党を壊滅させ中国全体を掌握することでした。彼は、甚だしくは日本と共謀さえしました。一九三九年、毛は潘漢年という中共のスパイを上海の日本諜報機関である岩井公館に侵入させ、外務省の岩井英一に近づけさせました。岩井英一は、潘漢年から国民党軍に関する軍事情報を得、その代価として高額の情報提供費を支払いました。潘漢年は一五日に一度ずつ、当時としては警察官の五年分の給料に相当する二〇〇〇香港元を受け取りました。岩井英一は、外務省の機密費をあまりにも浪費したという理由で、以後、広州領事館に左遷されます。

毛沢東はスパイ潘漢年を使って、中共軍と日本軍の間の停戦を提議したりもしました。潘漢年は当時、日本の陸軍参謀本部傘下の梅機関という諜報機関を通し、日本の傀儡政権であった汪兆銘の特務機関「七六号」とも内通していました。一九三六年以後、形式的ではあっても第二次国共合作をしていたため、中共軍が国民党軍の軍事情報を取得するのは簡単なことでした。

このように、日本が戦争で戦った相手は、中華民国の蔣介石政権でした。日本側としては、国民党軍に関する軍事情報を共産党から得、戦争を有利に展開することができました。中国共産党は、国共合作を通して国民党から軍服と武器の支給を受けながら、国民党軍の軍事情報を日本側の諜報機関に売っていたのでした。

映画「色・戒」注50の実際の舞台であった上海一帯を背景とするこのような諜報戦では、潘漢年以外にも、廖承志などの数人のメンバーが活躍します。こういう中、日本との共謀において大活躍をした潘漢年は、一九四九年に中華人民共和国が誕生すると、毛によって逮捕されます。その後、彼は長期間にわたる投獄の末、一九七七年に獄死します。毛の策略をあまりにも知り過ぎていたため、売国奴にされ、口を封じられたわけです。名誉回復は一九八二年、彼の死の五年後のことでした。

終戦後、再び日本を利用する

スパイの中で生き残ったのは廖承志でした。日本で生まれ、早稲田大学にも通い、日本語が堪能だったためでした。廖承志は中華人民共和国の誕生後、対外連絡部副部長と国務院外務弁公室副主任を歴任し、日本の高碕達之助と協力して一九六二年、日中長期貿易覚書に調印するなど、中国の戦後の対日本外交に寄与しました。

国民党に打撃を与えるため日本軍とも内通していた毛沢東は、戦後もまた、日本を利用できたら、と考えました。毛は新中国を建てましたが、国際連合（ＵＮ）は中華人民共和国を中国を代表する国として認めず、承認してくれる国家も多くはありませんでした。中国は六・二五戦争に介入し、アメリカをはじめとする西側の国々を敵に回したため、外交上の孤立を深化させました。このため毛は、日本との関係改善を望み、究極的には日本に中国を国家として承認させるよう力

注50　**「色・戒」**：第二次世界大戦中の香港や上海を舞台に日中のスパイが暗闘する姿を描いた映画。2007年公開。監督はアン・リー、邦題は「ラスト、コーション」。

を注ぎました。その結果、毛は一九七二年九月二九日、日本の田中角栄総理と日中共同声明を発表し、正式な外交関係を樹立しました。共同声明の第五項には、「中国は両国国民の友好のため日本に対する戦争賠償の請求を放棄する」というくだりがあります。中国の周恩来総理は一九七二年、日本の公明党委員長との会見の席で、この条項についてこのように説明しました。

賠償を要求すれば、日本人民に負担をかけることになる。これは中国人民が既に身をもって知るところである。清朝時代の敗戦で銀二億五〇〇〇万両を日本に賠償した。清朝はこのために税金を重くした。戦争責任は一部軍国主義勢力にあるのであり、一般国民と区別されるべきである。そして次世代に、請求権の苦痛を賦課したくはない。

もちろん、蔣介石が一九五二年に日本と修好した際、賠償請求権を果敢に放棄したという前例があり、毛もまた、日本の歓心を買うために請求権を放棄したという側面があります。また、一九七二年当時は文化大革命がピークにあり、賠償金としての慰謝料で経済発展をしようという発想は、思いもつかなかったという側面もあります。

南京大虐殺に口をつぐむ

日本と中国の蜜月が始まったこの時期、毛沢東は南京大虐殺について言及しませんでした。もちろん教育憲章でも教えてはいませんでした。これには、中国人民の反日感情と日本国民の反中感情を抑制することで、日本を、蔣介石の台湾ではなく毛沢東の中国の味方につけようとする計算がありました。しかし、これよりさらに大きな理由は、南京大虐殺が発生した時期、毛の紅軍は延安という深い山中に逃走しており、日本軍とはいかほどの戦闘も交えていなかったという事情にあります。

毛にとって南京大虐殺は、日本軍による事件ではない、他の歴史的意味を持つ事件でした。つまり、清王朝に対する反乱軍であった太平天国軍が、南京に入城して行なった一〇〇万名以上の大虐殺でした。太平天国の乱は、中国全域で二〇〇〇万名、一説では五〇〇〇万名の犠牲者を出した惨劇でした。毛は一九五六年、南京太平天国歴史博物館を建立させました。それより前の一九五〇年には、南京市の雨花台に雨花台死難烈士陵を建てました。これは、国民党軍が一九二七年から一九四九年までの間に殺戮した、一〇万名に達する中国共産党員を祀るためのものでした。

毛は一九五三年二月以来、二十余回南京を訪問しましたが、ただの一度も日本軍の大虐殺について言及しませんでした。南京大虐殺が中国の教科書に載せられるようになったのは、毛の死後、改革・開放が始まってからのことです。南京大虐殺の記念館（侵華日軍南京大屠殺遇難同胞紀念館）が建立されたのも、一九八五年八月一五日のことでした。毛は、第二次世界大戦で中国共産党が連合国の一員でなかった点については、むしろ率直でした。毛は「紅軍は勇敢に日本軍と戦った」と宣伝し、人民を洗脳しましたが、生きている間、〝抗日戦争勝利〟を祝ったことはありません。公式に抗日戦争勝利を祝うのは、当時中国を代表して連合国に加わっていた蔣介石を賛美することになる、と明確に認識していたからです。

捏造された抗日戦争勝利

中国が抗日戦争勝利を記念し始めたのは、江沢民政権のときからでした。ここには二つの背景があります。まずは、江沢民の父親が親日汪兆銘政権の宣伝部副部長を務めるなど、彼の一家が親日家族として裕福に暮らしたという過去があり、その背景を濯《すす》ぐ必要があったためです。二つ目は、一九八九年六月四日に天安門事件が発生しましたが、その同年一一月のベルリンの壁の崩壊、そして一九九一年のソビエト連邦共和国の解体で、社会主義思想に〝空白〟が生じたことです。ここにおいて江沢民は、政権の正当性を強化するため、自身がどれほど反日的であるかを示そうとしました。

江沢民は、反日プログラムを含む〝愛国主義教育〟を一九九四年から始めました。ロシアのエリツィン大統領の招請を受け、一九九五年五月にモスクワで開催された「世界反ファシズム戦争勝利五〇周年記念祝典」を観覧した後、中国でもこれに倣《なら》い、同年九月三日、「抗日戦勝及び反ファシズム勝利記念日」の行事を行ないました。九月三日は中華民国国民党軍が日本の支那派遣軍司令官から降伏文書を受け取った日ですが、江沢民はこれを無視し、連合国の一員であったという態度を示し始めたのでした。

抗日戦争勝利を記念する愛国主義反日教育は、胡錦濤政権を経て習近平政権に入り、さらに強化されました。特に、二〇一五年七月七日の盧溝橋事件記念日から九月三日まで、中国の中央テレビCCTVは連日、「忘れてはいけない歴史」として抗日戦争のドキュメンタリーを、ニュースの後に放映し続けました。まるで現在の中国の人民が抗日戦争を戦っているかのごとく、激烈さにあふれていました。また同じ年、「国際連合（UN）の創設に貢献したのは中国」という、突拍子もない歴史歪曲も行なわれました。このような習近平の反日基調は、二〇一八年から始まった米中摩擦で多少下火になり、対米民族主義の宣伝攻勢に転換しました。

韓国と中国の違い

中国における反日感情は、共産党が人々に愛国心を鼓吹するのによく使って来たカードです。二〇〇〇年代に入って以後、反日感情が最も激しくなったのは、尖閣諸島を巡る領有権紛争が本格化した二〇一〇年からです。中国が日本に対し稀土類輸出禁止措置を取ると、日本は二〇一二年、尖閣諸島を国有化しました。中国政府が反日感情を煽ると、中国人たちは激烈に日本製品の不買運動を始め、日本人の店舗を襲撃するデモを行ないました。もちろん、中国政府が傍観し背後から操縦する官製デモでした。

中国の反日デモは、政府の許可がなかったら〝源泉〟から封鎖されてしまいます。中国は外交的目的から反日感情を利用しますが、必要によっては国益のため、いつそんなことがあったのかというように、百八十度スタンスを変えたりもします。そのパターンを見ると、温水と冷水の反復です。韓国と違って相当に柔軟です。その一例として、国際観艦式での旭日旗掲揚の是非に対する両国の雰囲気を挙げることができます。二〇一八年一〇月、韓国の済州島で開かれた国際観艦式において、旭日旗の掲揚についての議論から日本の海上自衛隊の参加が取り止めになりました。これとは対照的に二〇一九年四月、中国青島で開かれた国際観艦式では、日本の海上自衛隊の護衛艦「すずつき」が旭日旗を掲げて入港しました。このとき、韓国でのように、旭日旗を戦犯旗だと言って猛批判する事例は、官民問わずまったく起こりませんでした。中国は、一八九四年に起こった日清戦争で清朝の水軍が撃滅されたことを「甲午戦争（日清戦争のこと）の恥辱」とし、いつか必ず雪辱を果たす、という意識を持っています。しかし、アメリカと深刻な摩擦を起こしている状況下では、日本との摩擦は禁物である、としっかり認識しているのです。

要約

毛沢東の中国革命は、中国史において繰り返される、歴代王朝の循環のようなものです。毛は、紅い中国共産帝国の皇帝になりたがりました。『三国志演義』『水滸伝』『資治通鑑《しじつがん》』のような帝王学と関係の深い歴史書が、彼の思考を支配しました。中国革命は結局、毛の帝国が建てられて行く過程でした。この過程で反日は煽動の道具であったに過ぎず、毛個人において反日感情はまったくありませんでした。むしろ、改革に成功し、明治維新を成し遂げ、欧米列強の植民地化から免れた日本帝国から進んで学ぶべきだ、という考えを持っていました。毛沢東は、日本と中国は共に西欧列強に対抗しなければならないという「アジア主義」を主唱した、宮崎寅蔵（滔天）の中国湖南省での演説に感銘を受けたりもしました。彼は日本を、善悪という感情で判断しませんでした。

これは、中国革命が進行する過程でも同様でした。中国というチェス盤の上で蔣介石の国民党軍を主敵として戦おうとすれば、日本は適当に牽制しながら利用して行く相手でした。国民党軍が日本軍と戦い、戦力を消耗するすきに、毛は日本と内通し、中国革命の力量を蓄積して行きました。毛沢東は、今日の敵が明日の友になり得るという国際政治の理致も把握していました。第二次世界大戦の終戦と六・二五戦争以後に深まった国際的孤立を打開しようと、毛は、日本と再び外交関係を樹立するために努力し、その結果、一九七二年に国交を正常化しました。中国は日本に対し、戦争の賠償請求を放棄しました。しかし、日本から対外開発援助（ＯＤＡ）を名目とする多様な支援を引き出し、空港、港湾、製鉄所を建設するという実利を取りました。

中国において、政治的状況によって反日感情を本格的に利用したのは、正当性に欠陥のある江沢民執権以後でした。もちろん中国にも、歴史的なわだかまりによる民間の反日感情があります。そしてその感情は、往々にして官製反日デモに繋がったりはしますが、一時的です。中国と韓国が決定的に違っているのは、中国には、韓国の中央庁（旧朝鮮総督府庁舎）撤去イベントのような、政府がしゃしゃり出て「歴史の傷跡を消す」という名分で着手する文化ヴァンダリズム（歴史遺産の破壊）はない、という点です。また、「鉄の杭を打ち込んで朝鮮の風水を破壊した」というふうな歴史怪談もありません。韓国に見られるようなＤＮＡに刻み込まれた種族主義的敵対感情は、中国に存在していません。

〈参考文献〉

＊北海閑人著、寥建龍訳『中国がひた隠す毛沢東の真実』草思社、二〇〇五年刊
＊謝幼田著、坂井臣之助訳『抗日戦争中、中国共産党は何をしていたか―覆い隠された歴史の真実』草思社、二〇〇六年刊
＊遠藤三郎『日中十五年戦争と私』日中書林、一九七四年刊
＊遠藤誉『毛沢東 日本軍と共謀した男』新潮新書、二〇一五年刊
＊蔣介石『敵か味方か：蔣介石総統の対日言論』東亜出版社、一九五二年刊

エピローグ：悪い風俗、浅薄な文化、国家危機

李《イ》栄《ヨン》薫《フン》

通説と記憶の乖離

二〇〇六～〇八年、私は、慶尚南道蔚州郡と慶尚北道醴泉郡を対象地域として、アジア・太平洋戦争期（一九三七～四五年）に軍人、軍属、労務者として日本と中国に行って来た人々の、生涯史の聞き取りを行ないました。全部で五七名でした。たいてい一九二三年から一九二六年にかけての生まれで、八〇歳を超える方たちでした。二〇〇四年、盧武鉉《ノムヒョン》政府は、こういう人々を日帝による強制動員の被害者と規定し、補償作業を推進しました。これに協調して日本政府は、厖大な量の兵籍記録や未払金供託資料などを韓国政府に引き渡しました。私はこれらの資料を元に、二つの地域出身で日本と中国に行って来た方たちを全て調査した後、生存者を訪ねてインタビューしました。遅過ぎる試みでした。大部分は亡くなっており、インタビューに応じられるほど健康な生存者は、あまりいませんでした。それでも二年間、時間を見つけては車を走らせ二つ

の地域を回った結果、五七名の方々にインタビューすることができました。

五七名が語る記憶は、人によってその質がさまざまでした。軍人と軍属出身は二〇名で、たいていの場合、普通学校（のちの小学校）卒業以上の学歴でした。彼らの記憶は、比較的錯乱のない一貫性のあるものでした。以下、彼らについてはこれ以上言及しないつもりです。残りの三七名は、日本の工場と鉱山に行って来た労務者で、たいていの場合、無学でした。彼らの記憶には一貫性がなく、時には虚偽や幻影が混じったりしました。ある人は「工場で朝鮮人をいじめる日本人監督官を同僚三人でたたき殺した後、川に放り投げた」と言いました。もちろん、あり得ない話です。

いく人かは正直でした。醴泉郡の二名の方は、「たいへんな時期で辛い労働ではあったが、大いに暮らしの足しになり、以後の人生にも大いに役立った」と語りました。当時、盧武鉉政府は、補償することを前提に、日本に行って来た人々の申告を督励しました。面の役所の職員がこの二名の方に、何度も申告するよう慫慂《しょうよう》しましたが、彼らは断りました。「私が金儲けに行って来たことなのに、（補償の）申告なんて」という立場でした。

しかしながら、他の多くの人々の回顧は違ったものでした。彼らは、政府がくれるという補償を鋭く意識しながら、「賃金は、びた一文も貰わなかった」と主張しました。しかし、それに続く回顧では、その主張とは辻褄の合わない内容が必ず登場しました。「日曜日には何をされましたか？」と質問したら、「近くの町に出かけ、あずき粥も食べ、劇場にも行った」と言うのです。「そのお金はどこから出て来ましたか？」と訊くと、そこで初めて「そのくらいの金は貰ったさ」

と是認するのでした。

これとは違って、頑強に元の主張を貫徹する人もいました。例えば、蔚州郡のある方は、「二年契約で北海道の炭鉱に行ったが、契約を延長して三年六カ月いた」と言い、そのあと、「お金は一銭も貰わなかった」と言いました。それで、横にいた同僚研究者が、「だったら、何のために契約を延長したんですか？」と責めるように問いました。すると、「あー、延長しろと強制するんだから、どうしようもなかったさ、苦労するだけして帰って来た」と答えました。私はその人の、証言に矛盾が生じないよう細心の注意を払っている姿勢に、感服せずにはいられませんでした。

日本に行った経緯に関する記憶にも、矛盾がありました。ある人においては、インタビューの初めのほうでは、涙ながらに「強制的に連れて行かれた」と言っていたのに、後から話す内容は、それとはまったく違っていました。「日本に行きたくて密航船に乗ったところ、詐欺にあって失敗したことがある」と言うのです。ひと言で言って、三十数名の労務者たちが語った日本での経験にまつわる記憶は、今日我々の知る通説とは相当な乖離《かいり》がありました。

国民の未形成

蔚州郡のある元労務者は、政府の補償方針に相当な期待を寄せていました。当時、盧武鉉政府は、「一九六五年に朴正熙《パクチョンヒ》政府が国交正常化の一環として日本政府から受け取った請求権及び経済協力資金三億ドルは、元々強制動員被害者たちに分けてあげなければならないお金だった」と言いました。二〇〇四年に韓明淑《ハンミョンスク》国務総理は、「被害者として、生存者には二〇〇〇万ウォン以上の補償がなされなければならない」と公言しました。二〇〇七年に提出された「太平洋戦争前後強制動員犠牲者支援法案」では、生存者に、被害の程度とは関係なく一律五〇〇万ウォンの慰労金を支給する、としました。私が蔚州郡の元労務者たちをインタビューしたとき、彼らは、そのような慰労金への期待感を膨らませていました。

ある人は言いました。「朴正熙大統領があの金で高速道路を造らなかったら、あの金は俺たちに来たんだ」「朴正熙があの金を国のために使ったというが、芸は熊がして、金は誰かが取るってことか」。私は事前に未払金供託資料で各人の未払金を把握しており、その人の未払金はゼロであることを知っていました。それで私は訊きました。「おじいさんが貰うお金で高速道路も浦項製鉄もできて、国がこれだけ豊かになったんだから、それで補償されたと考えてもいいんじゃないですか?」とです。そうすると、頑として否定しました。「そりゃできないさ、俺の金は貰わないと」。その言葉を聞いて、私は非常に悲しくなりました。こうやって自分自身と歴史を相手に嘘をついてまでして金銭を追求する民衆の心性は、一体どうして生まれたのだろうかと。そうして、「国ができて六〇年経つのに、未だに国民は未形成なのだ」と嘆息しました。

強制動員被害者に関する補償法は、二〇一〇年にその最終案が決まりました。そこでは、被害者として生存者みなに一律五〇〇万ウォンの慰労金を支給する、という原案の規定が削除され、何の被害もなく無事帰還した人の場合、生存者には年間八〇万ウォン相当の医療支援をする、としました。それなりの金額を期待した人々は、大いに失望しました。そのような修正が加わったのには、日本政府が引き渡した未払金供託資料が大きな役割を果たしました。その資料によると、未払金のある労務者は、全労務者の一部でした。また、未払金と言ったところで、戦争末期の混乱期に精算できなかった少額の賃金、貯金、年金に過ぎず、賃金にすれば一人当たり、月平均の二カ月分に過ぎませんでした。その点が資料によって明白になったため、彼らは一銭も貰えずに奴隷のように働かされ、苦労だけして帰って来たという補償の大前提が、崩れてしまったのです。

多くの人々が失望した反面、思いがけない補償に喜んだ人もいます。死亡した軍人、軍属、労務者の遺族でした。死亡した方々の遺族は当時、既に日本政府や企業から法規による補償金を受け取っていました。一九七五年には朴正煕政府から、一人当たり三〇万ウォンの補償金を受け取りました。そうしてまた盧武鉉以後の政府から、二〇〇〇万ウォンから前回補償の三〇万ウォンの現在価値分（二三四万ウォン）だけ差し引かれた金額の補償金を受け取りました。三度にわたる重複補償です。私が、この補償の仕方は問題だ、と考える理由は、韓国戦争のときに戦死した軍人たちの遺族に対しては、そのような重複補償がなされたことがない、という点にあります。

二〇〇四年、強制動員の真相究明と補償作業を開始した政治家たちは、このような以前の歴史を知り得ませんでした。その作業に参加した歴史家たちも同様でした。当時、この問題に関するこれといった論文はただの一編もない、というのが実情でした。彼らを掻き立てたのは、根拠もなく膨れ上がった奴隷の記憶が全部でした。彼らは、遅ればせながら歴史の正義が実現できた、と自讃しましたが、結果的にこの国の報勲体制を台無しにしてしまいました。国のために犠牲になった人々に対する報勲体制ほど、その国の精神的統合を象徴するものはありません。それが完全に崩れてしまったのです。国民の未形成は、民衆のレベルだけの問題ではありませんでした。政治家のレベルも、歴史家のレベルも同じでした。

嘘の行進

二〇一八年一〇月三〇日、この国の大法院は、呂運沢《ヨウンテク》など四名の原告が日本の新日鉄住金（現日本製鉄）を相手に起こした訴訟において、同会社は彼らに一億ウォンずつ慰謝料を支給せよ、という判決を下しました。原告四名は一九四三～四五年、日本で新日鉄住金の元の会社である旧日本製鉄の労務者として働きました。彼らは、会社から賃金をきちんと払ってもらえなかった等の〝反人道的不法行為〟を受けた、と主張しました。大法院は原告たちの肩を持ちました。肩を持ちながら、韓国内にある新日鉄住金の資産を差し押さえました。この事件で両国の関係は一挙に、以前には見られなかった緊張状態に入りました。日本政府は韓国を戦略物資貿易のホワイト国家リストから除外し、戦略物資の輸出に個別許可制を導入しました。韓国政府は、日本との軍事情報協定ジーソミアを破棄する方針を明らかにしました。このときは米国政府が強力に介入し、危機を免れましたが、両国関係は今もなお、いつ破裂するか分からない危機状態にあります。

私は大法院の判決後、判決文を手に入れ読んでみました。そうしてみて、原告四名が主張している相当な部分は信頼できない嘘である、と判断しました。いささか性急に見えるかも知れませんが、私がそのような判断を下したのは、既に一〇年前に三七名の労務者をインタビューし、原告の四名と類似した主張と多く接し、それらの相当な部分が嘘であるのを実感したことがあったからです。それで前回の『反日種族主義』の中で、我が高邁なる大法院の判事の皆さんに、「嘘の可能性の高い主張を検証しない裁判は果たして有効なのか？」と訊いたのでした。

以後、この本を準備するに当たり朱益鍾《チュイクチョン》と李宇衍《イウヨン》の二人の博士が、呂運沢をはじめとした原告四名の経歴と彼らの証言を綿密に検討しました。その結果がこの本の第6章と第7章です。結論を言えば、原告たちの主張の相当の部分は嘘であるという点で、私の予断は間違っていませんでした。彼らは日本製鉄の募集広告に積極的に応募し、賃金をきちんと受け取っていました。未払金が貯金の形で残っていたのは事実ですが、それを取り立てることができなかったのは、終戦前後の混乱のためでした。相当額の未払金を残していた原告は四名中二名ですが、それぞれ四九六円と四六七円で、当時の四カ月分の賃金程度でした。それも、他の労務者には適用されない彼らだけの特殊な事情によるものでした。彼らが受けたと主張する会社からの虐待行為は、戦時期の軍需工場の労務管理が、一般的に軍事的規律に立脚していたためでした。そのような視点で、もう一度第6章と第7章を読んでいただけたらと思います。ただ、私の予断で間違って記述した部分があるので、ここで修正したいと思います。『反日種族主義』で私は、「原告たちを日本の大阪から朝鮮に引率した寄宿舎の舎監は朝鮮人だった」旨を記しましたが、実は日本製鉄の日本人職員でした。

原告中の二名が日本で訴訟を起こしたのは一九九七年です。その後、日本の最高裁判所が彼らの請求を最終棄却したのは二〇〇三年です。彼らは二〇〇五年から国内での法廷闘争を開始しました。目的は、いわゆる〝強制連行と強制労働〟被害に対する慰謝料を貰う、ということです。彼らは、彼らの闘争を正当化するため、「月給を貰ったことがない」「会社に騙された」「会社から虐待された」などといった虚偽の記憶を創り出し、彼ら自身を、彼らの家族を、彼らの国家を、さらには国際社会を騙しました。

彼らの行為を、一般の日本国民はどのように受け止めるでしょうか？　近世の日本では、藩を離脱した者が幕府に訴訟を起こした場合、自身の君主に背いたとして、まずその者の首を打ってから訴状を開いた、と言います。ある新生国の国民が、国境を越えて元支配国に行き、金銭補償を目的に訴訟を起こすのは、そうでなくても脆弱なその国の名誉を大きく損なうことです。しかも、一九六五年に両国が国交を正常化し、将来提起される一切の請求権を含めて完全に清算する、という協定を締結した事案でもありました。

彼らが真に自分たちの未払金の支払いを要求するつもりだったなら、初めから請求権協定に従って、彼らの国家を相手に訴訟を起こさなければなりませんでした。彼らが日本で日本政府と企業を相手に訴訟を起こしたことで、この国の名誉は大きく毀損されました。彼らの目的が未払金の支払い要求にあったのなら、彼らは盧武鉉政府が実施した補償で満足すべきでした。未払金の資料があるので、申請すれば受け取れたでしょう。彼らの未払金四〇〇～五〇〇円に対する当時の補償額は、八〇万～一〇〇万ウォンでした（一円＝二〇〇〇ウォン）。しかし彼らは、それで満足しませんでした。それで二〇一八年まで執拗に訴訟を続け、ついに二一年ぶりに一億ウォンを取得できるかも知れない大きな成功を手にしました。

私はこの「エピローグ」の初めに、自分に戻って来るはずのお金を朴正煕大統領が勝手に高速道路建設に使った、と悪態をつくおじいさんを見て、「未だにこの国の国民は未形成だ」と嘆息した、と記しました。同じ嘆息を、「〝徴用賠償金〟を貰うべし」として、あらゆるこじつけの主張をし、国境を往来しながら訴訟を起こした原告四名にも、聞かせてやりたいところです。朴正煕大統領の統治期のように政治が厳格だった時代には、考えることもできなかった国民としての逸脱です。

国家危機の発生

原告たちの繰り広げた嘘の行進は、決して一人ぼっちの心細いものではありませんでした。多くの社会運動家と歴史家たちが、それに加わりました。彼らが日本で敗訴したというニュースが届くたびに、韓国人の種族主義的怒りは沸き上がりました。嘘の行進はますます膨らんで、国民的パレードに変わって行きました。当初彼らが起こした日本での訴訟は、日本のいわゆる〝良心的〟知識人によって企画され、支援されました。今日両国の関係がこれほど険悪になっているのにも、彼らの〝良心〟が大きな役割を果たしました。彼らの〝良心〟は、結局は韓国人の〝非良心〟を助長しました。彼らの〝良心〟を引っくり返せば、そこには、二等民族韓国人をいつまでも世話しないといけない、という傲慢な姿勢が根を張っていることが分かります。

国内外に繰り広げられる嘘のパレードを、いつまでも続けさせるわけにはいきません。遅かれ早かれ国家の危機を招来するだろうということは、すぐに予想がつきます。私にとってここ数年間というものは、そのような危機感の連続でした。二〇一八年一〇月末の大法院の判決が、その起爆剤でした。二〇〇五年から国内で起こされた原告たちの訴訟は、地方法院（日本で言う地方裁判所）と高等法院で敗訴しました。彼らを復活させたのは、二〇一二年の大法院判事金能《キムヌンファン》煥でした。報道によると彼は、「国を再建する心情で」事件を高等法院に差し戻したそうです。この言葉が、一国の法秩序と国家体制を守護すべき判事たる人の口から出てもよいものでしょうか。私には納得できかねます。彼にとってこの国の歴史は、唾棄すべき〝不義と機会主義者が勢力を持った歴史〟に過ぎなかったようです。

二〇一八年一〇月末に出た大法院の判決文が、歴史意識と法理においてどれほど脆弱であるかに関しては、朱益鍾博士が書いたこの本の第8章を参考にしてください。朱益鍾博士は、この判決について「触れればすぐに倒れてしまう〝きびがらの家〟に過ぎない」と記しています。「この国の大法院の拭い去れない〝黒い歴史〟だ」とも記しています。我が高邁な判事や法学者の皆さんに、必ず読んで勉強してほしい貴重な内容です。一体何をどうしたら、このような悲劇的な判決を下すことができるのでしょうか？ この本の第16章で指摘しましたが、ここで再び思い起こします。この国の法律家たちの歴史意識は、ひと言で言って大きな空白です。第16章では、この国の法制度が近代化した歴史に対する理解が法学教授や若い検事に欠如していることを、その証拠として挙げました。

大法院の判事たちが作成した判決文にも、同じ証拠を見つけることができます。彼らは「日帝の朝鮮統治は不法だ」としています。判決文はその点を大前提にしています。しかし、日帝のその〝不法行為〟によって、彼らに判事の法服を着せる今日のような近代化された司法制度が成立しました。大法院の判事たちがこのような矛盾を認知できないのは、彼らもまたこの国の司法制度の歴史についての理解が欠如しているからであり、あの判決文はそのことを暴露しています。彼らには、近代文明の根本要素と言える個人、自由、私権、市場に対する信念がありません。成長と出世の過程でそのような教育を受けたり、心の深層に届く読書をしたりする機会がなかったように見受けられます。彼らの法知識の底に流れているのは、没歴史の機能主義だけです。

その認識の空白を、いつからか低級な歴史意識が埋め尽くし始めました。「公は尊く、私《し》は賤しい」という、朝鮮性理学が見せる個人と私権に対する反感、まさにそれでした。朝鮮王朝を敗亡させた、祖先から受け継いだ負の精神遺産でした。現実的には、自由より正義を重視する法実定主義であり、個人より社会を優先する全体主義であり、対外的には不変の敵対感情を基礎に置く、まさに反日種族主義です。それが今日、この国の司法部を支配する時代精神として、国家危機の根源を成しているのです。

歴史は反復されるのか

建国の父李承晩《イスンマン》が一九〇四年、漢城監獄で執筆した『独立精神』の中に、この国の嘘つき文化を嘆く次のような記述があります。少し長めですが、示唆するところ大なので、そのまま引用したいと思います。

今日大韓と清国をここまで滅茶苦茶にしている一番大きな原因は一体何なのかと言えば、嘘をつくこと、それがまず第一だと言うことができる。その嘘をつく悪習をみな列挙しようとすれば切りがない。上の者は下の者を騙し、子供は親を騙すが、他人を上手に騙す者を賢いとか聡明だと言い、騙せない者をできそこないだの間抜けなどと言う。父母が子供を諭すのに他人に気を許すなと言い、先生が子弟に訓じるときに嘘で誉め、人間万事にそれなりに関係のあること、あるいは関係のない事柄にも嘘と謀《はかりごと》が蔓延し、それを礼儀とも言い、権謀術数だとも言って、これは無くてはならぬもの、これ無くして働き手に腕がないと言う。

嘘で家庭を治め、嘘で友人と付き合い、嘘で国を治め、嘘で世界と交渉するが、自分が話すときは肚を見せずに語り、他人の話はうわのそらで聞いているのだから、他人の公明正大な言葉も嘘に聞こえ、私の真実な言葉もまた真っ直ぐには伝わらず、たった二人の間の私的なことも議論できないというのに、どうして国の重大な問題を語り、決定することができるだろうか。それで世界では、大韓と清国を嘘の天地だと言い、公使や領事を選んで送ると真に正直な人は眉をひそめ、かぶりを振り、赴任して来たことをよく思わないが、これは真実を感じることができないばかりか、事を決定することができないからである。実に恥ずかしく悔しく残念なことである。

何度も指摘して来ましたが、朝鮮王朝が衰亡したのは、その時代の社会と文化が堕落していたからです。ひと言で言って、自由と独立の精神が欠如していたからです。李承晩は、息が絶えようとしているこの民族を蘇生させるには、この国に蔓延している愚かでよこしまな風俗と、邪悪で腐敗した心を正さなくてはならない、と力説しました。班常制《パンサン》の束縛を打破すること、心にみなぎっている奴隷根性を剔抉《てっけつ》することなどを列挙した後、彼は、右に挙げたこの国の嘘の文化を猛烈に攻撃しました。今、この国をここまで敗亡させている一番大きな原因は嘘の風土だ、と言うのです。「それによって、たった二人の間の私的なことも共に進めて行くことができず、そのため他の国との外交が難しくなっている。こんな状態で、どうして国の独立を保つことができるのか」と嘆きました。「まことに恥ずかしく悔しく残念なことだ」と言いました。

それから一一六年の歳月が流れました。どれほど改善されたのでしょうか。

ここまで、昨今の日本との関係を危機に追い込んだ戦時期の労務者問題を中心に話を進めて来ました。この国の裁判所が肩を持った彼らの奴隷の記憶は、ひと言で言って嘘の行進でした。聞こえて来る話によれば、彼らが勝訟するやいなや六百余名の元労務者の遺族が、一億ウォンずつの慰謝料を狙って訴訟を起こしたそうです。このような嘘の行進の原動力は、この国民の果てしのない金銭主義です。いくばくかの金のためなら、国の名誉など眼中にもなく元の支配国に行き訴訟を起こす、浅薄な文化の物質主義です。

単に戦時動員の問題だけではありません。私と同僚研究者たちが『反日種族主義』に続いてこの本で告発し批判している、強制動員説、独島《トクト》固有領土説、日本軍慰安婦性奴隷説、植民地収奪説などの全ての問題の底辺には、平気で嘘をつく文化が巣くっています。近代化というのは、決して法と制度だけの問題ではありません。人間の霊性を含めた文化の問題でもあります。そういう点で、前近代と近代の間には、渡り難い深い河のような断絶があります。今のような悪い風俗と浅はかな文化では、決してその河を渡ることができません。しかしながら韓国の大学社会は、今に至るまで一度もその問題を深刻に追求したことがありません。先の『反日種族主義』で私は、その理由として、この国の大学は「嘘の温床だ」と批判しました。大学に属する方々が「不快だ」と言って来ましたが、取り消すつもりは微塵もありません。その深い河が渡れなければ、歴史は繰り返されるに決まっています。目の前で展開されるそのような現実を目撃していながら、私がどうしてその言葉を取り消すことができるでしょうか?

解説　自由人の精神

久保田るり子
（産経新聞編集委員）

「正義」の側からの一方的逆襲

衝撃の前書『反日種族主義』で李栄薫《イヨンフン》氏は、韓国人の意識下にある反日情緒を「反日種族主義」と名づけ、見事に摘出した。種族主義が育ててきた日本に対する歴史歪曲や特異な政治利用を実証で浮き彫りにして、韓国人自身に突き付けた。正義であり続ける反日史観に真正面から異議を唱える学者グループの出現は、多くの韓国人に衝撃を与えた。人々は、このただならぬ気迫の本に、「我々のなかの反日の正体」を探したのかもしれない。絶対視されてきた被害者史観が一冊の本によって揺さぶられたことは確かである。

当初から、李氏はじめ執筆グループは『反日種族主義との闘争』の出版構想を持っていた。なぜなら『反日種族主義』は、歴史歪曲の告発だけでなく、学術や言論の場での歴史の事実をめぐる守旧史観への挑戦状でもあったからだ。韓国においては、対日史観に関する自由な言論空間はない。慰安婦、徴用工、竹島（独島）、日本統治時代の評価、さらに建国史、朝鮮末期からの近代化といった歴史認識について、現在の韓国は実に不自由な自己規定のなかにある。反日史観は政治に君臨し、支配し続け、学者の発言も、一般国民の常識も、メディアも縛り続けてきた。

彼ら「正義」の側からの逆襲は明らかだった。予想通り、『反日種族主義』は出版されるや強烈な批判の渦に投げ込まれた。「吐き気を催す本」と非難したのは当時、法相に指名されたばかりの曺国《チョグク》氏だった。「大学と言論の周辺をうろつく左派運動勢力は逆上しました」「我々にありとあらゆる形態の憤怒と罵倒の言葉を浴びせかけました」と李栄薫氏は書いている。反論書は、数カ月の間に少なくとも六冊が出版された。いずれもこれまでの反日史観からの全面的かつ一方的な否定論であった。李氏らは討論を望んだが、反日論者たちは自らの主宰する研究所で『反日種族主義』批判のためのシンポジウムを開き、執筆陣は「反民族」「裏切り者の群れ」扱いされた。その席に李氏らが招かれることは一切なかった。非難はエスカレートし、「特別法を制定してでも口にくつわを嵌めなければいけない」などという主張まで出た。しかし、総本山の韓国歴史学会は史実を争う意思を見せず、今も沈黙を続けている。

どこまでも実証的な大法院批判

韓国社会に根深く息づくこの種族主義こそが、第二弾「闘争」の対象である。李氏らの「闘争」の準備は着々と進んだ。『反日種族主義との闘争』は、より鋭く政治性を帯びた歴史書となった。この本には三つの注目すべきアプローチがある。

第一に、第2編の徴用工問題である。歴史を俯瞰し、おごる権力を批判してこそ知識人である。日韓両国が生身でぶつかり合っている関係悪化の核心、その賠償判決の全面批判を展開した。判決の基礎となる史実、つまり「徴用工とは誰なのか」から始まり、判決の土台である植民地不法論、判決の骨格である「個人賠償権は存在する」という主張、これら全てを俎上《そじょう》に載せて論理的に解体した。

手法は実証的だ。まず、①原告四人が徴用工ではなく自ら応募して労働者になった事実を、四人の出自から検証して大法院（日本で言う最高裁判所）の司法判断は不成立である、と迫った。次いで②大法院が「不法な植民地支配に直結した日本企業の反人道的な不法行為である」とした判決の前提を項目別に精査し、いずれも間違いであると指摘した。そして「植民地支配は不法」とする一方的な見解については、日韓国交正常化が合法不法論を議論の外に置いた妥協の結果だった経緯を詳述し、「日韓国交正常化以前に戻ろうという意味」と断じた。さらに③条約に相当する日韓請求権協定を軽んじる韓国司法の政治性や歴史認識を批判し、「その判決は韓国大法院の拭い去れない〝黒い歴史〟となる。大法院の判事たちは、恥を知るべきです」と指弾した。

徴用工を奴隷労働として描いた韓国映画「軍艦島」や、あばら骨の浮き出る徴用工像に象徴される日本時代の労働者たちは、慰安婦に続く第二の韓国の反日「トーテム」（部族社会の象徴）になりつつある。これを後押しするのが現在の文在寅《ムンジェイン》政権である。一方、大法院判決で棄損された一九六五年以来の日韓の法的基盤は、致命的なものになりつつある。韓国にも、徴用工判決について一部に批判の声はあるが、表面化しない。法曹界もジャーナリズムも政権の前に口をつぐんでいるからだ。まさに日本企業の資産現金化をめぐる激突が始まろうとするタイミングでの痛烈な政府批判は、文政権の種族主義に屈服する在野の覚醒を促す狙いがある。韓国ジャーナリズムにも問題意識を突きつけた形となった。

李承晩再評価と竹島

二つ目は、第3編の独島（竹島）問題に関する李栄薫氏の再反論のアプローチである。「独島の岩を砕けば韓国人の血が流れる」という副題を持つ詩にも謳われたこの反日の象徴について、李栄薫氏は「領土変更とは、政治的意思と軍事的行動である」と国際政治学から分析した。李承《イスン》晩《マン》大統領は、サンフランシスコ平和条約発効直前の米占領下の日本に向け一九五二年一月「李承晩ライン（以下、李ライン）宣言」を行なった。独立運動家であり、解放と建国の指導者であった李承晩は、戦後の日本にも強い不信感を抱き続けていた。米国が考える戦後の日本を中心とした東アジア政策にも反対し、米韓同盟を結んだ。こうした李承晩大統領を建国史のなかで再評価し、その過程で行なわれた「独島編入」を、当時の韓国国民統合の象徴として歴史的な位置づけを行なった。

前書『反日種族主義』で李氏は竹島について、韓国の「独島は于山の名で新羅時代から韓国領だった」という主張に対し、于山が実際は実在しない幻想の島だったことを実証し、「国際社会に韓国領であると証明できる証拠はない」と指摘した。そして編入後、金泳三《キムヨンサム》政権以降に「独島」を呪術的、種族主義的な象徴に祭り上げたことを批判し、日本との紛争は低いレベルで自制されるべきだと主張した。守旧勢力はこうした李氏を「日本の主張に盲目的に追随した」と激しく攻撃した。だが、李氏は再反論で、当時の国際政治情勢や李承晩大統領の政治的意図を述べたうえで、「李ラインの正当性を歴史文献に求めてはならない。独島問題で歴史学者が正当性を論じる主体として出てくるのは、ナンセンスだ」と論破した。

李栄薫氏は、韓国で「反共の独裁者」としての評価にとどまってきた李承晩政権の位置づけを転換させる視点を提示した。また、朴正熙《パクチョンヒ》政権下の日韓国交正常化で「双方とも自己の領土と主張はするが異議は唱えない」として封印した「竹島密約」は、政治的浪費を防ぐ日韓の相互尊重の知恵であったとして、そのリアリズムを評価した。サンフランシスコ平和条約前の日本にとって李ラインは不法、不当であったが、その後、日韓基本条約で李ラインを日韓漁業協定で消滅させ、竹島問題は密約で事実上の棚上げにした。竹島問題が現在のような紛争レベルに引き上げられたのは、韓国側が島に施設を建設し、反日を政治利用する韓国要人らが上陸を繰り返した挑発が原因だ。文在寅政権は竹島周辺で陸海空軍の演習を行ない、日本を過剰に刺激してきた。まさに種族主義に直結する竹島を利用した反日ポピュリズムである。

韓国併合を直視する

三つ目は「植民地近代化」と題した第5編だ。執筆メンバーは、韓国人にとって最も機微に触れるテーマである韓国併合をどうとらえるべきかについて、歴史的事実を直視する視点から多角的に論じた。日本語版では六つの論文で構成されているが、韓国語版は八つの論文から成り、力が入っている。

一九世紀の朝鮮王朝末期までを支配した政治哲学である性理学において、公私の私《し》は「諸悪の根源」であった。朝鮮王朝は両班《ヤンバン》、常人（サンノム）、奴婢の身分が全て貴賤に二分される閉ざされた世界だった。そして制度は腐敗し外勢から開国を迫られ混乱を極めた。韓国併合によって日本から入ってきた近代法と秩序、そして制度は、停滞した朝鮮に変化をもたらしていった。第5編では朝鮮末期がどういう時代であったかを背景に、日本統治における変化が描かれている。それは、日本統治を日本による侵略と略奪、支配と犠牲でのみ語る韓国国史の教科書史観批判だからである。

韓国併合に至る過程での当事者であった大韓帝国皇帝、高宗《コジョン》とはどういう人物だったのか。韓国の教科書が教えるような「抗日君主」だったのか。日本統治は「朝鮮の自主的近代化の機会を奪った」のか。日本は「制度と政策を用いて収奪をした」のか。「朝鮮人は開発のアウトサイダーに過ぎなかった」のか。

日本による近代化の移植は韓国統治の手段であった。その史実の光と影をどう評価するかは韓国近代史にとって重要な課題である。執筆者たちの筆には熱がこもっていると感じる。

告訴に対する逆告訴

今、「闘争」は現実のものとなった。法廷闘争が始まったのである。

二冊で展開された反日種族主義の研究成果は、二〇二〇年七月七日、文在寅政権与党の幹部が主導する遺族原告団によって刑事告訴された。李氏らの主張が慰安婦、慰安婦遺族、徴用工遺族らの名誉を毀損しているという。原告側は、「著者らは日帝が朝鮮婦女子を慰安婦として強制的に連行したことを事実ではないとし、強制徴用も虚構とした」「日本のコメ収奪は〝輸出だった〟などという虚偽事実を広め、慰安婦など被害者たちに精神的苦痛を与えただけでなく、大衆に歪曲した事実を吹聴《ふいちょう》した」などとし、また「日本の右翼勢力の論理をそのまま借用して植民地の近代化を強調し、慰安婦や被害者を誹謗し、日本帝国主義を称賛するなどの宣伝行為をした。これは反国家団体を取り締まる国家保安法違反行為である」とも主張した。

告訴は異例の記者会見から始まった。与党「共に民主党」の外交統一委員会委員長、宋永吉《ソンヨンギル》氏が、慰安婦、徴用工遺族らを率いて韓国国会内で記者会見を開き、宋議員が記者会見全般を取り仕切った。政治の介入が始まったのである。

李栄薫氏らは逆告訴を行なった。遺族ではなく宋議員と弁護士を名誉棄損で訴えた。「我々の記述のなかに元慰安婦や徴用工の名誉を棄損する記述はない。また我々はそのような発言をしたこともない」と述べ、「我々筆者の名誉が深刻に棄損された。これに対する法的責任を問いたい」と逆告訴の声明書を発表した。李氏は「宋永吉議員に問う」とする動画を発表、「学術的な討論を机を挟んで行なう自信はないのか。韓国に学問、思想の自由はないのか。この裁判は反知性の暴挙、ひと言で言えば人民裁判である」と質《ただ》して、目下、全面対決の姿勢である。

加速する危機的状況

朝鮮半島情勢は歴史的岐路に立っている。世襲三代目の北朝鮮金正恩《キムジョンウン》体制は核ミサイル体系の完成で核兵器をすでに保有した。金正恩委員長の指導力は不安定で予測不能となっており、挑発行動や有事のありうる体制だ。一方で、大統領弾劾で政権についた文在寅体制は、これまでの米韓同盟や日韓関係を極端な南北関係重視と親中傾斜で変革しようとしている。文政権は反日で愛国主義を煽動し、司法改革を名目にして保守陣営に圧力をかけており、韓国はアイデンティティの分裂に直面している。

北朝鮮には無批判に同調し、日本にはむき出しの敵意を向ける文政権が、韓国の危機的状況を加速させるなかで、『反日種族主義』『反日種族主義との闘争』は韓国の知性の凝縮として生み出された。わたしたちはこの二冊の本で、韓国の反日の裏側に潜むシャーマニズムの世界観や死生観などの精神土壌が育てた種族主義の相貌を見ることになった。そして知識人の種族主義との闘いが壮絶であることを知った。

執筆グループにひるんでいる暇はない。『反日種族主義』出版後、守旧の歴史観にとらわれない二〇代、三〇代の若者、青年層が李氏らの学問に加わろうとしている。闘争は書物のなかに収まりきれるものではなく、日韓外交の現場で、韓国司法の場で、韓国学界、ジャーナリズムで現在進行形である。法廷闘争は数年かかると見込まれる。このような事態も覚悟で書かれた本書の執筆者たちの筆は、より注意深く、より緻密に、より論理的になった。彼らは「この国が知性を取り戻さなければ、亡国が現実になる」という思いで立ち上がった自由人の精神の人たちだ。

池内敏『竹島問題とは何か』名古屋大学出版会、2012年刊
池内敏『竹島—もうひとつの日韓関係史』中公新書、2016年刊
伊藤孝司編著『〈証言〉従軍慰安婦・女子勤労挺身隊—強制連行された朝鮮人女性たち』風媒社、1992年刊
遠藤三郎『日中十五年戦争と私』日中書林、1974年刊
遠藤誉『毛沢東 日本軍と共謀した男』新潮新書、2015年刊
金洛年（キム・ナクニョン）『日本帝国主義下の朝鮮経済』東京大学出版会、2002年刊
古庄正「朝鮮人強制連行の戦後処理—未払金問題を中心として」（戦後補償問題研究会編『在日韓国・朝鮮人の戦後補償』明石書店〔1991年刊〕所収）
古庄正「日本製鉄株式会社の朝鮮人強制連行と戦後処理—「朝鮮人労務関係」を主な素材として—」（駒沢大学『経済学論集』第25巻第1号〔1993年刊〕所収）
柴田善雅『占領地通貨金融政策の展開』日本経済評論社、1999年刊
謝幼田著、坂井臣之助訳『抗日戦争中、中国共産党は何をしていたか—覆い隠された歴史の真実』草思社、2006年刊
蔣介石『敵か味方か：蔣介石総統の対日言論』東亜出版社、1952年刊
城田すず子『マリヤの讃歌』日本基督教団出版局、1971年刊
石炭統制会九州支部『炭山に於ける半島人の勤労管理』1945年刊
千田夏光『従軍慰安婦・慶子』光文社文庫、1985年刊
田中直樹『近代日本炭礦労働史研究』草風館、1984年刊
朝鮮銀行史研究会『朝鮮銀行史』東洋経済新報社、1987年刊
西岡力『でっちあげの徴用工問題』草思社、2019年刊
日本銀行調査局『日本金融史資料』第30巻、大蔵省印刷局、1971年刊
北海閑人著、寥建龍訳『中国がひた隠す毛沢東の真実』草思社、2005年刊
堀和生「東アジアの歴史認識の壁」（2015年の手稿）
宮田節子『朝鮮民衆と「皇民化」政策』未來社、1985年刊
ロー・ダニエル『竹島密約』草思社、2008年刊

2005 年刊
[국사편찬위원회 · 한일역사공동위 한국측위원회 (2005),『일본제철 강제동원 소송기록』1~3]
「1924 年生まれのイ・チュンシク（李春植）があらわにした世界」（『時事 IN』第 623 号〔2019 年 8 月 27 日〕所収）
[「1924년생 이춘식이 드러낸 세계」,『시사 IN』623(2019년8월27일자)]
ソウル高等法院「ソウル高等法院判決　2016 ナ 2084567　損害賠償」2019 年 1 月 30 日
[「서울고등법원 판결 서울고등법원 2016나2084567 손해배상」,2019년1월30일]
対日抗争期強制動員被害調査及び国外強制動員犠牲者等支援委員会『委員会活動結果報告書』2016 年刊
[대일항쟁기강제동원피해조사및국외강제동원희생자등지원위원회 (2016),『위원회 활동 결과보고서』]
大法院「大法院判決　2009 ダ 68620 損害賠償」2012 年 5 月 24 日
[「대법원 판결 2009다68620 손해배상 (기)」, 2012년 5월 24일]
大法院「大法院判決　2013 ダ 61381 損害賠償」2018 年 10 月 30 日
[「대법원 판결 2013다61381 손해배상 (기)」, 2018년 10월 30일]
朝鮮総督府『朝鮮土地改良事業要覧』各年度
[조선총독부 ,『조선토지개량사업요람』각연도]

英語文献

Cha, Myung Soo (2015), "Unskilled Wage Gaps within the Japanese Empire", *Economic History Review 68(1)*.
Cha, Myung Soo and Kim, Nak Nyeon (2012), "Korea's First Industrial Revolution,1911-1940", *Explorations in Economic History 49*.
Fogel, Robert W. (2004), *The Escape from Hunger and Premature Death , 1700 -2100* , Cambridge: Cambridge University Press.
Kim, Duol and Park, Heejin (2011),"Measuring living standards from the lowest: Height of the male *Hangryu* deceased in colonial Korea", *Explorations in Economic History 48*.
Kwon, Tai Hwan (1977), *Demography of Korea* , Seoul: Seoul National University Press.
Lee, Chulhee (2019), "Economic Development and Changing Socioeconomic Differences in Health: Evidence from South Korea, 1946-1977".（2019 年の経済史学会春季学術大会における発表論文）
Maddison Project Database (2018): https://www.rug.nl/ggdc/historicaldevelopment/maddison/releases/maddison-project-database-2018.
Steckel, Richard (1995), "Stature and the Standard of Living", *Journal of Economic Literature 33*.

日本語文献

『明日への選択』編集部編『「強制連行」はあったのか―朝鮮人・中国人「強制連行」論の虚構』日本政策研究センター、2004 年刊

[한승훈 (2015),「19세기 후반 조선의 대영정책 연구 (1874 ~ 1895) : 조선의 均勢政策과 영국의 干涉政策의 관계 정립과 균열」, 고려대학교 박사학위 논문]
ハン・ヨンウ（韓永愚）『取り戻す我々の歴史』経世園、1997年刊
[한영우 (1997),『다시 찾는 우리 역사』, 경세원]
ビショップ, イザベラ・バード著、イ・インファ（李仁和）訳『韓国とその隣りの国々』サルリム、1994年刊
[이사벨라 버드 비숍 지음 , 이인화 옮김 (1994),『한국과 그 이웃나라들』, 살림]
ファン・テヨン（黄泰淵）『日帝種族主義』NEXEN MEDIA、2019年刊
[황태연 (2019),『일제종족주의』,NEXEN MEDIA]
ホ・スヨル（許粋烈）「日帝下の実質賃金（変動）の推計」（『経済史学』第5号〔1981年刊〕所収）
[허수열 (1981),「일제하 실질임금 (변동) 추계」,『경제사학』5]
ホ・スヨル『開発なき開発』銀杏の木、2011年刊
[허수열 (2011),『개발 없는 개발』, 은행나무]
ホ・スヨル「植民地近代化論は“気まずい真実”でなく“気まずい虚構”だ」（『ハンギョレ新聞』2019年8月28日付）
[허수열 (2019),「식민지 근대화론은 ‘불편한 진실’ 아닌 ‘불편한 허구’ 다」,『한겨레신문』2019년8월28일자]
ホン・ソングン（洪聖根）「李栄薫の“独島”に反駁する」（『週刊朝鮮』2019年10月14日号）
[홍성근 (2019),「이영훈의 ‘독도’ 를 반박한다」,『주간조선』2019년10월14일자]
ホン・ソングン、ムン（文）・チョルヨン、チョン（全）・ヨンシン、イ（李）・ヒョジョン『独島！　鬱陵島からは見える』東北アジア歴史財団、2010年刊
[홍성근 · 문철영 · 전영신 · 이효정 (2010),『독도 ! 울릉도에서는 보인다』, 동북아역사재단]
ユ・ジンリョン（柳鎮龍）他『テキ屋の銭がなぜ臭うのか？』根の深い木、1992年刊
[유진룡 외 (1992),『장돌뱅이 돈이 왜 구린지 알어 ?』, 뿌리깊은나무]
ユ・ミリム（柳美林）『我が国の史料の中の独島と鬱陵島』知識産業社、2013年刊
[유미림 (2013),『우리 사료 속의 독도와 울릉도』, 지식산업사]
ユ・ミリム、チェ（崔）・ウンソク『近代日本の地理書に表われた鬱陵島・独島への認識』韓国海洋水産開発院、2010年刊
[유미림 · 최은석 (2010),『근대 일본의 지리서에 나타난 울릉도 · 독도의 인식』, 한국해양수산개발원]
ユン・ミョンスク（尹明淑）「稼ぎの良い個人営業者だなんて」（『ハンギョレ新聞』2019年9月5日付）
[윤명숙 (2019),「돈벌이 좋은 개인 영업자라니」,『한겨레신문』2019년9월5일자]

● 団体 ●

「KBS　時事直撃—チュンシク（春植）の時間」2019年10月10日放映
[KBS 시사직격 – 춘식의 시간 (2019.10.10. 방영)]
国史編纂委員会、韓日歴史共同委韓国側委員会『日本製鉄強制動員訴訟記録』1～3、

ニュース』2019年10月8日付）
[전강수 (2019b),「총칼로 빼앗는 게 아니면 '수탈' 이 아닌가?」, 오마이뉴스2019년 10월8일자]
チョン・ソンファ（鄭城和）他『日露戦争と東北アジアの変化』鮮仁、2006年刊
[정성화 외 (2006),『러일전쟁과 동북아의 변화』, 선인]
チョン（鄭）・テサン「"反日種族主義"の"独島"に反駁する」（『週刊朝鮮』2019年10月21日号）
[정태상 (2019),「'반일 종족주의' 의 '독도' 를 반박한다」,『주간조선』2019년10월21일자]
チョン・ビョンジュン（鄭秉峻）「韓日間独島領有権論争と米国の役割」（『歴史と現実』第60号〔2006年刊〕所収）
[정병준 (2006),「한일 독도영유권 논쟁과 미국의 역할」,『역사와 현실』60]
チョン・ヘギョン（鄭恵瓊）「記憶から歴史に：日帝末期、日本製鉄（株）に連行された朝鮮人労働者」（『韓国民族運動史研究』第41号〔2004年刊〕所収）
[정혜경 (2004),「기억에서 역사로 : 일제 말기 일본제철 (주) 에 끌려간 조선인 노동자」,『한국민족운동사연구』41]
チョン・ヘギョン「強制動員でなく就職？　朝鮮人"逃亡者"40%はなぜ出て来たのか」（『ハンギョレ新聞』2019年9月2日付）
[정혜경 (2019),「강제동원 아닌 취업 ? 조선인 '도망자' 40% 는 왜 나왔나」,『한겨레신문』2019년9월2일자]
チョン・ヘギョン他『反対を論ずる』鮮仁、2019年刊
[정혜경 외 (2019),『반대를 론하다』, 도서출판 선인]
ト・シファン（都時煥）「韓日請求権協定に関連する大法院判決の国際法的評価」（『国際司法研究』第19巻第1号〔2013年刊〕所収）
[도시환 (2013),「한일청구권협정 관련 대법원 판결의 국제법적 평가」,『국제사법연구』19(1)]
ト・ミョンフェ（都冕会）『韓国近代刑事裁判制度史』青い歴史、2014年刊
[도면회 (2014),『한국 근대 형사재판제도사』, 푸른역사]
ノ・ジュソク（魯柱碩）『帝政ロシア外交文書から読む大韓帝国秘史』イダムブックス、2009年刊
[노주석 (2009),『제정러시아 외교문서로 읽는 대한제국 비사』, 이담북스]
パク・チョンヒョ（朴鍾涍）『激変期の韓露関係史』鮮仁、2015年刊
[박종효 (2015),『격변기의 한・러 관계사』, 도서출판 선인]
パク・チョンヒョ『韓半島分断論の起源と日露戦争（1904～1905）』鮮仁、2015年刊
[박종효 (2015),『한반도 분단론의 기원과 러・일전쟁 (1904 ~ 1905)』, 도서출판 선인]
パク・ペグン（朴培根）「日帝強制徴用被害者の法的救済に関する国際法的争点と今後の展望」（『法学論叢』第30巻第3号〔2013年刊〕所収）
[박배근 (2013),「일제강제징용 피해자의 법적 구제에 관한 국제법적 쟁점과 향후 전망」,『법학논총』30(3)]
ハン（韓）・スンフン「19世紀後半朝鮮の対英政策研究（1874～1895）：朝鮮の均勢政策とイギリスの干渉政策の関係　定立と亀裂」（高麗大学校博士学位論文、2015年）

第59巻第1号〔2011年刊〕所収）
[차명수 (2011),「식민지 시대의 도시간 직종간 비숙련 임금격차」,『경제학연구』59(1)]
チャ・ミョンス『飢餓と奇跡の起源』海南、2014年刊
[차명수 (2014),『기아와 기적의 기원』, 해남]
チャ・ミョンス「韓国人の生理学的進化、1910−2010年」（未刊行原稿）
[차명수 (2020),「한국인의 생리학적 진화 , 1910−2010」, 미간행 원고]
チャン（張）・ギョンホ「日清戦争直前の高宗の対米依存深化と米館播遷の試み」（『韓国近現代史研究』第86号〔2018年刊〕所収）
[장경호 (2018),「청일전쟁 직전 고종의 대미의존 심화와 미관파천 시도」,『한국근현대사연구』86]
チュ・イクチョン（朱益鍾）「もともと請求するものなどなかった」（『反日種族主義』未来社〔2019年刊〕所収）
[주익종 (2019),「애당초 청구할 게 별로 없었다」,『반일 종족주의』, 미래사]
チョ・グァンジャ（趙寛子）「“民族の力”を欲した“親日ナショナリスト”李光洙」（『解放前後史の再認識』Ⅰ、冊の世上〔2006年刊〕所収）
[조관자 (2006),「‘민족의 힘’을 욕망한 ‘친일 내셔널리스트’ 이광수」,『해방 전후사의 재인식』Ⅰ, 책세상]
チョ・ソクコン（趙錫坤）『韓国近代土地制度の形成』海南、2003年刊
[조석곤 (2003),『한국 근대 토지제도의 형성』, 해남]
チョ・ヨンジュン（趙映俊）、チャ・ミョンス（車明洙）「朝鮮中後期の身長の推移、1547−1882」（『経済史学』第53号〔2012年刊〕所収）
[조영준・차명수 (2012),「조선 중후기의 신장추세 , 1547−1882」,『경제사학』53]
チョン・アンギ（鄭安基）「1930年代陸軍特別志願兵制の成立史研究」（『韓日関係史研究』第61号〔2018年刊〕所収）
[정안기 (2018),「1930년대 육군특별지원병제의 성립사 연구」,『한일관계사연구』61]
チョン・アンギ「陸軍特別志願兵、彼らは誰なのか？」（『反日種族主義』未来社〔2019年刊〕所収）
[정안기 (2019),「육군특별지원병 , 이들은 누구인가 ?」,『반일 종족주의』, 미래사]
チョン・アンギ『忠誠と反逆：大韓民国創軍、建国と護国の主役、日本軍陸軍特別志願兵』チョ・ガプチェ（趙甲済）ドットコム、2020年刊
[정안기 (2020),『충성과 반역 : 대한민국 創軍・建国과 護国의 주역 일본군 육군특별지원병』, 조갑제닷컴]
チョン・インソプ（鄭印燮）「1965年韓日請求権協定対象範囲に関する研究」（『省谷論叢』第25巻第1号〔1994年刊〕所収）
[정인섭 (1994),「1965년 한일 청구권협정 대상범위에 관한 연구」,『성곡논총』25(1)]
チョン・ガンス（田剛秀）a「“親日派”批判が理不尽？　自業自得だ—『反日種族主義』を批判する①—」（『オーマイニュース』2019年8月14日付）
[전강수 (2019a),「『반일 종족주의』를 비판한다 ① ‘친일파’ 비판이 억울 ? 자업자득이다」, 오마이뉴스 2019년 8월 14일자]
チョン・ガンスb「銃剣で奪ったのでなければ“収奪”ではないのか?」（『オーマイ

キム・ミンチョル（金敏喆）「陳腐なレパートリー、しかし悪意に満ちた嘘の煽動―強制動員、強制労働否定論批判―」（民族問題研究所、日本軍慰安婦研究会『「反日種族主義」緊急診断：“歴史否定”を論駁する』〔学術会議論文集、2019年刊〕所収）
[김민철 (2019),「진부한 레퍼토리 , 그러나 악의에 찬 거짓 선동들 – 강제동원 · 강제노동 부정론 비판 –」,『「반일종족주의」긴급진단 : ‘역사부정’ 을 논박한다』]
キム（金）・ヨンス「高宗と李奎遠の鬱陵島と独島の位置と名称に関する認識過程」（『士林』第63号〔2018年刊〕所収）
[김영수 (2018),「고종과 이규원의 울릉도와 독도 위치와 명칭에 관한 인식 과정」,『사림』63]
クム・ジャンテ（琴章泰）『鬼神と祭祀―儒教の宗教的世界―』J&C、2009年刊
[금장태 (2009),『귀신과 제사 – 유교의 종교적 세계 –』, 제이앤씨]
ケエ・スンボム（桂勝範）『停止した時間―朝鮮の大報壇と近代の入口―』西江大学校出版部、2011年刊
[계승범 (2011),『정지된 시간 – 조선의 대보단과 근대의 문턱 –』, 서강대학교출판부]
シム・ジェウ（沈載祐）『汝の罪を告げよ』山のように、2011年刊
[심재우 (2011),『네 죄를 고하여라』, 산처럼]
シン・ヨンハ（愼鏞廈）『朝鮮土地調査事業研究』知識産業社、1982年刊
[신용하 (1982),『조선토지조사사업연구』, 지식산업사]
シン・ヨンハ『韓国の独島領有権研究』景仁文化社、2006年刊
[신용하 (2006),『한국의 독도 영유권 연구』, 경인문화사]
シン・ヨンハ『日帝植民地政策と植民地近代化論批判』文学と知性社、2006年刊
[신용하 (2006),『일제 식민지정책과 식민지 근대화론 비판』, 문학과 지성사]
シン・ヨンハ『日帝朝鮮土地調査事業収奪性の真実』ナナム、2019年刊
[신용하 (2019),『일제 조선토지조사사업 수탈성의 진실』, 나남]
ソン・ギュジン『国民日報』2019年8月13日付インタビュー
[송규진 (2019),『국민일보』2019년8월13일자 인터뷰]
田保橋潔著、キム（金）・ジョンハク訳『近代日鮮関係の研究』上下、一潮閣、2013・2016年刊
[다보하시 기요시 지음 · 김종학 옮김 (2013, 2016),『근대 일선관계의 연구』(상 · 하), 일조각]
チェ（崔）・ギョンヒ「親日文学のまた別の層位―ジェンダーと〈野菊の抄〉」（『解放前後史の再認識』Ⅰ、冊の世上〔2006年刊〕所収）
[최경희 (2006),「친일 문학의 또 다른 층위 – 젠더와〈야국초〉」,『해방 전후사의 재인식』Ⅰ, 책세상]
チェ（崔）・ソンラク『100年前、英国の言論は朝鮮をどのように見たのか？』ペイパーロード、2019年刊
[최성락 (2019),『100년 전 영국 언론은 조선을 어떻게 봤을까 ?』, 페이퍼로드]
チャ・ミョンス（車明洙）「朝鮮後期の出産力、死亡力及び人口増加」（『韓国人口学』第32号〔2009年刊〕所収）
[차명수 (2009),「조선 후기의 출산력 , 사망력 및 인구 증가」,『한국인구학』32]
チャ・ミョンス「植民地時代の都市・職種間の非熟練労働者の賃金格差」（『経済学研究』

2007年3月号）
[김상진 (2007),「한일협정 체결 5개월 전 '독도밀약' 있었다」,『월간중앙』2007년 3월호]
キム・ジョンウク（金鐘旭）「高宗の抗日闘争史そして受難史」（『日帝種族主義』NEXEN MEDIA〔2019年刊〕所収）
[김종욱 (2019),「고종의 항일투쟁사 그리고 수난사」,『일제종족주의』, NEXEN MEDIA]
キム・ジョンソン（金鍾星）「日本のお金を貰って強制徴用を否定する」（『オーマイニュース』2019年8月14日付）
[김종성 (2019),「일본 돈 받고 강제징용 부정」, 오마이뉴스2019년8월14일자]
キム・ジョンソン『反日種族主義、何が問題なのか』ウィズダムハウス、2020年刊
[김종성 (2020),『반일 종족주의, 무엇이 문제인가』, 위즈덤하우스]
キム（金）・ソクヒョン、チェ（崔）・テヒョン『独島領有権とSCAPIN文書の効力関係』韓国海洋水産開発院、2006年刊
[김석현・최태현 (2006),『독도영유권과 SCAPIN 문서의 효력관계』, 한국해양수산개발원]
キム・チャンロク（金昌録）「韓日請求権協定により"解決"された"権利"」（『法学論考〔慶北大〕』第49号〔2015年刊〕所収）
[김창록 (2015),「한일 청구권협정에 의해 '해결' 된 '권리'」,『법학논고 (경북대)』49]
キム・テギュ（金泰圭）「徴用賠償判決を考察する」（2019年7月30日 Tae Kyu Kim facebook, https://www.facebook.com/taekyu.kim.146/posts/2310822795660005）
[김태규 (2019),「징용배상판결 살펴보기」(2019년7월30일자 Tae Kyu Kim facebook, https://www.facebook.com/taekyu.kim.146/posts/2310822795660005)]
キム・ナクニョン（金洛年）『日帝下の韓国経済』海南、2003年刊
[김낙년 (2003),『일제하 한국경제』, 해남]
キム・ナクニョン「植民地朝鮮経済の制度的遺産」（『精神文化研究』第33巻第4号〔2010年刊〕所収）
[김낙년 (2010),「식민지 조선경제의 제도적 유산」,『정신문화연구』33(4)]
キム・ナクニョン、パク・キジュ（朴基炷）、パク・イテク（朴二沢）、チャ・ミョンス（車明洙）編『韓国の長期統計』Ⅰ・Ⅱ、海南、2018年刊
[김낙년・박기주・박이택・차명수 (2018),『한국의 장기통계』Ⅰ・Ⅱ, 해남]
キム・ナクニョン他『韓国の長期統計：国民計定1911-2010年』ソウル大学校出版文化院、2012年刊
[김낙년 외 (2012),『한국의 장기통계 : 국민계정 1911−2010』, 서울대학교출판문화원]
キム・ハクウン（金学恩）『李承晩とマサリク』BOOK & PEOPLE、2013年刊
[김학은 (2013),『이승만과 마사리크』, 북앤피플]
キム（金）・ビョンリョル、ノ（盧）・ヨング、イ（李）・サングン『独島研究60年の評価と今後の研究方向』韓国海洋水産開発院、2009年刊
[김병렬・노영구・이상근 (2009),『독도연구60년 평가와 금후의 연구방향』, 한국해양수산개발원]
キム・ホンシク（金鴻植）他『朝鮮土地調査事業の研究』民音社、1997年刊
[김홍식 외 (1997),『조선토지조사사업의 연구』, 민음사]

イ・ヨンジェ（李栄宰）「陸軍特別志願兵、学徒志願兵制歪曲批判」（『日帝種族主義』NEXEN MEDIA〔2019年刊〕所収）
［이영재 (2019),「육군특별지원병 · 학도지원병제 왜곡 비판」,『일제종족주의』,NEXEN MEDIA］
イ・ヨンフン（李栄薫）『朝鮮後期社会経済史』ハンギル社、1988年刊
［이영훈 (1988),『조선후기사회경제사』, 한길사］
イ・ヨンフン「土地調査事業の収奪性再検討」（『歴史批評』第22号〔1993年刊〕所収）
［이영훈 (1993),「토지조사사업의 수탈성 재검토」,『역사비평』22]
イ・ヨンフン「国史教科書に描かれた日帝の収奪相とその神話性」（『時代精神』第28号〔2003年刊〕所収）
［이영훈 (2003),「국사 교과서에 그려진 일제의 수탈상과 그 신화성」,『시대정신』28]
イ・ヨンフン『韓国経済史』Ⅱ、一潮閣、2016年刊
［이영훈 (2016),『한국경제사』Ⅱ, 일조각］
イ・ヨンフン『世宗は果たして聖君なのか』百年の間、2018年刊
［이영훈 (2018),『세종은 과연 성군인가』, 백년동안］
イ・ヨンフン「日本軍慰安婦問題の真実」（『反日種族主義』未来社〔2019年刊〕所収）
［이영훈 (2019),「일본군 위안부 문제의 진실」,『반일 종족주의』, 미래사］
イ・ヨンフン「我々の中の慰安婦」（『反日種族主義』未来社〔2019年刊〕所収）
［이영훈 (2019),「우리 안의 위안부」,『반일 종족주의』, 미래사］
イ・ヨンフン「独島、反日種族主義の最高象徴」（『反日種族主義』未来社〔2019年刊〕所収）
［이영훈 (2019),「독도, 반일종족주의의 최고 상징」,『반일 종족주의』, 미래사］
イ・ヨンフン『湖はどこに？』百年の間、近刊
［이영훈 (근간),『호수는 어디에』, 백년동안］
ウィ・ジャヒョン（魏滋炯）「軍事都市での淪落女性に対する社会医学的調査研究」（ソウル大学校保健大学院修士学位論文、1967年）
［위자형 (1967),「군사도시에서의 윤락여성에 대한 사회의학적 조사연구」, 서울대학교 보건대학원 석사학위논문］
太田修「韓日請求権協定"解決完了論"批判」（『歴史批評』第129号〔2019年刊〕所収）
［오타 오사무 (2019),「한일청구권협정 '해결완료론' 비판」,『역사비평』129]
小川原宏幸著、チェ（崔）・ドクス、パク（朴）・ハンミン訳『伊藤博文の韓国併合構想と朝鮮社会』開かれた本、2012年刊
［오가와라 히로유키 지음, 최덕수 · 박한민 옮김 (2012),『이토 히로부미의 한국병합 구상과 조선사회』, 열린책들］
カン・ソンヒョン（康誠賢）「韓国ニューライトの歴史修正主義の論理と欲望—日本軍慰安婦問題を中心に」（民族問題研究所、日本軍慰安婦研究会『「反日種族主義」緊急診断：" 歴史否定"を論駁する』〔学術会議論文集、2019年刊〕所収）
［강성현 (2019),「한국 뉴라이트의 역사수정주의 논리와 욕망 – 일본군 위안부 문제를 중심으로」, 민족문제연구소 · 일본군위안부연구회,『「반일 종족주의」긴급진단 : '역사부정' 을 논박한다』］
キム（金）・サンジン「韓日協定締結の5カ月前、"独島密約"があった」（『月刊中央』

参考文献一覧

韓国語文献は日本語に訳して掲示し、著者名（韓国語読み）の五十音順に並べてあります。それぞれの下に記したのは元の韓国語です。英語文献は著者名のアルファベット順、日本語文献は著者名の五十音順に並べました。

韓国語文献

● 個人 ●

アン・ビョンジク（安秉直）翻訳、解題『日本軍慰安所管理人の日記』イスップ、2013年刊
　[안병직 번역 · 해제 (2013),『일본군 위안소 관리인의 일기』, 이숲]
イ・ウヨン（李宇衍）『韓国の山林所有制度と政策の歴史 1600 ～ 1987』一潮閣、2010 年刊
　[이우연 (2010),『한국의 산림소유제도와 정책의 역사 1600−1987』, 일조각]
イ・ウヨン「戦時期（1939 ～ 1945）日本に労務動員された朝鮮人炭坑夫・鉱夫の賃金と民族間格差」（『経済史学』第 61 号〔2016 年刊〕所収）
　[이우연 (2016),「전시기 (1939 ～ 1945) 일본으로 노무동원된 조선인 탄 · 광부의 임금과 민족 간 격차」,『경제사학』61]
イ・グングァン（李根寛）「韓日請求権協定上の強制徴用賠償請求権処理に対する国際法的検討」（『ソウル大学校法学』第 54 巻第 3 号〔2013 年刊〕所収）
　[이근관 (2013),「한일청구권협정상 강제징용배상청구권 처리에 대한 국제법적 검토」,『서울대학교 법학』54(3)]
イ・スンイル（李昇一）『朝鮮総督府法制政策—日帝の植民地統治と朝鮮民事令—』歴史批評社、2008 年刊
　[이승일 (2008),『조선총독부 법제 정책 − 일제의 식민지 통치와 조선민사령 −』, 역사비평사]
イ（李）・ソンファン「太政官と“太政官指令”とは何なのか—独島問題と関連して—」（『独島研究』第 20 号〔2016 年刊〕所収）
　[이성환 (2016),「태정관과 ‘태정관지령’ 은 무엇인가 − 독도문제와 관련하여 −」,『독도연구』20]
イ・ソンミン（李先敏）a「“国史学専攻”記者が李栄薫教授に聞く」（『週刊朝鮮』2019 年 8 月 26 日号）
　[이선민 (2019a),「‘국사학도’ 기자가 이영훈 교수에게 묻다」,『주간조선』2019 년 8 월 26 일자]
イ・ソンミン b「“国史学専攻”記者が“反日種族主義”に対して再反論」（『週刊朝鮮』2019 年 9 月 30 日号）
　[이선민 (2019b),「‘국사학도’ 기자 ‘반일종족주의’ 재반론」,『주간조선』2019 년 9 월 30 일자]

写真

古地図

6　注記

5　図表類

図

表

3 人名

韓国・朝鮮人

あ行

か行

さ行

2　資料名

は行

ま行

や行

さ行

索 引

・索引の語句は、1～360頁の本文、小見出し、図表類のキャプション、注記、参考文献から拾い、目次（7～14頁）及び各編・各章のタイトルからは拾っていません。
・語句の配列は「5 図表類」と「6 注記」を除き五十音順。「3 人名」中の韓国・朝鮮人の名前も韓国語読みの五十音順にしてあります。
・語句に付した亀甲型のカッコ〔 〕は、その語句の読み、あるいは補足説明です。

1 事項

あ行

か行

朱 益鍾（チュ・イクチョン）

ソウル大において日帝下韓国経済史研究で博士学位取得。ハーバード大訪問学者と大韓民国歴史博物館学芸研究室長を経て、現在、李承晩学堂理事。教科書フォーラムの『代案教科書　韓国近現代史』（キパラン、2008年刊）の編纂に加わったほか、『大軍の斥候』（青い歴史、2008年刊）、『高度成長時代を開く』（共著、海南、2017年刊）、『反日種族主義』（共著、未来社、2019年刊）などの著書・共著がある。

鄭 安基（チョン・アンギ）

京都大において日本経済史研究で博士学位取得。日本学術振興財団（JSPS）特別研究員、立命館大講師、高麗大研究教授、ソウル大客員研究員を歴任。主に朝鮮、日本、満洲を対象に東アジアの近現代史を研究している。『満洲、東アジアの融合と空間』（ソミョン出版、2008年刊）と『近代満洲資料の探索』（東北アジア歴史財団、2009年刊）の編纂に加わったほか、『国際経営史』（ハヌルアカデミー、2010年刊）などを翻訳。著書に『忠誠と反逆』（趙甲済ドットコム、2020年刊）、共著に『反日種族主義』（未来社、2019年刊）などがある。

李 宇衍（イ・ウヨン）

成均館大において朝鮮後期から現在に至る山林とその所有権の変遷に対する研究で博士学位取得。ハーバード大訪問研究員、九州大客員教授を歴任。現在、落星垈経済研究所研究委員。『韓国の山林所有制度と政策の歴史 1600-1987』（一潮閣、2010年刊）、“Commons,Community in Asia”（Singapore National University Press, 2015、共著）、『反日種族主義』（共著、未来社、2019年刊）などの著書・共著がある。

朴 尚厚（パク・サンフ）

MBC 放送で北京特派員、国際・文化部長を歴任。延世大国際学大学院で中国近代史を修める。現在、『月刊朝鮮』と「ペン＆マイク」の客員コラムニストとして活動中。

著者プロフィール

李 栄薫（イ・ヨンフン）

ソウル大において韓国経済史研究で博士学位取得。韓神大、成均館大を経てソウル大経済学部教授に就任。定年退職後は、李承晩学堂の校長として活動している。『朝鮮後期社会経済史』(ハンギル社、1988年刊)、『数量経済史で捉え直す朝鮮後期』(共著、ソウル大学校出版部、2004年刊)、『大韓民国の歴史』(キパラン、2013年刊)、『韓国経済史』Ⅰ・Ⅱ（一潮閣、2016年刊)、『反日種族主義』(編著、未来社、2019年刊) などの著書・編著・共著がある。

金 洛年（キム・ナクニョン）

東京大において日帝下韓国経済史研究で博士学位取得。現在、東国大経済学科教授、落星垈経済研究所理事長。近代以後の韓国の長期統計を整備する作業と、韓国の経済成長や所得と富の分配に関する研究を行なっている。『日本帝国主義下の朝鮮経済』(東京大学出版会、2002年刊)、『植民地期朝鮮の国民経済計算1910-1945』(東京大学出版会、2008年刊)、『韓国の長期統計』Ⅰ・Ⅱ（海南、2018年刊)、『反日種族主義』(共著、未来社、2019年刊)、*Historical Statistics of Korea*（共編、Springer、2020年刊) などの著書・編著・共著がある。

車 明洙（チャ・ミョンス）

英国ウォーリック大において金本位制度下での国際景気変動の研究で経済学博士学位取得。現在、嶺南大経済金融学部教授。東アジア経済成長史の研究をしている。"Consequences of Growth: Living Standards, Inequality, and Consumption" in *Cambridge Economic History of Modern World*（共著、近刊)、*Historical Statistics of Korea*（共編、Springer、2020年刊)、『飢餓と奇跡の起源』(海南、2014年刊) などの著書・編著・共著がある。

金 容三（キム・ヨンサム）

中央大文芸創作学科、慶南大北韓大学院で学を修め、『朝鮮日報』や『月刊朝鮮』の記者として活動、現代史を担当。現在、「ペン&マイク」記者や李承晩学堂教師のかたわら韓国の近現代史を研究している。『李承晩と企業家時代』(BOOK&PEOPLE、2013年刊)、『李承晩のネイション・ビルディング』(BOOK&PEOPLE、2014年刊)、『大邱10月暴動、済州4.3事件、麗順反乱事件』(百年の間、2017年刊)、『金日成神話の真実』(BOOK&PEOPLE、2019年刊)、『朴正熙革命』1・2（チウ、2019年刊)、『反日種族主義』(共著、未来社、2019年刊)、『今、ゆっくり高宗を読む理由—国家はどのようにして滅亡するのか』(百年の間、2020年刊) などの著書・共著がある。

本書は韓国で出版された『反日種族主義との闘争』（2020年、ソウル・未来社刊）をもとに、編著者が日本語版を作成したものです。

反日《はんにち》種族《しゅぞく》主義《しゅぎ》との闘争《とうそう》

2020年 9月20日　第1刷発行
2020年10月 5日　第2刷発行

編著者　李《イ》栄《ヨン》薫《フン》

発行者　新谷学

発行所　株式会社文藝春秋

〒102-8008
東京都千代田区紀尾井町3-23
電話 03-3265-1211

印刷・製本　株式会社 光邦

定価はカバーに表示してあります。
万一、落丁乱丁の場合は送料当社負担でお取り替え致します。小社製作部宛、お送り下さい。

ISBN978-4-16-391259-2